全域共兴

振乡扶民实践与创新

QUANYU GONGXING
ZHENXIANG FUMIN
SHIJIAN YU CHUANGXIN

⊙ 吴志才 林辉煌 等编著

精准扶贫模式的高校探索
华南理工大学的实践与启示丛书

主编 章熙春 副主编 麦均洪

華南理工大學出版社
SOUTH CHINA UNIVERSITY OF TECHNOLOGY PRESS
·广州·

图书在版编目（CIP）数据

全域共兴：振乡扶民实践与创新 / 吴志才等编著．—广州：华南理工大学出版社，2020.10

ISBN 978-7-5623-6470-2

Ⅰ．①全…　Ⅱ．①吴…　Ⅲ．①扶贫－研究－中国　Ⅳ．①F126

中国版本图书馆 CIP 数据核字（2020）第 173237 号

全域共兴：振乡扶民实践与创新

吴志才　林辉煌　等编著

出 版 人：卢家明

出版发行：华南理工大学出版社

（广州五山华南理工大学 17 号楼，邮编 510640）

http：//www.scutpress.com.cn　E-mail：scutc13@scut.edu.cn

营销部电话：020-87113487　87111048（传真）

出版统筹：王　磊

责任编辑：李秋云

责任校对：梁樱雯

印 刷 者：广州市人杰彩印厂

开　　本：787mm × 960mm　1/16　印张：15　字数：268 千

版　　次：2020 年 10 月第 1 版　2020 年 10 月第 1 次印刷

定　　价：88.00 元

精准扶贫模式的高校探索
——华南理工大学的实践与启示丛书

编委会

总 序

章熙春

习近平总书记指出，消除贫困是当今世界面临的最大全球性挑战，“消除贫困、改善民生、逐步实现共同富裕，是社会主义的本质要求，是我们党的重要使命”[①]。新中国成立以来，党和政府带领人民持续向贫困宣战，经过改革开放四十多年来的努力，我国成功走出了一条中国特色扶贫开发道路，成为世界上减贫人口最多的国家，也是世界上率先完成联合国千年发展目标的国家，充分彰显了中国共产党领导和中国特色社会主义制度的巨大优越性。其中，高校作为中国特色扶贫体系的一支重要力量，具有人才资源集中、教育资源丰富、校友资源广布等特点，在激活贫困地区脱贫内生动力和持续发展能力方面具有显著优势，为中国减贫事业做出了不可或缺的贡献，并将在助力长效脱贫、阻断返贫链条以及助推乡村振兴的实践中扮演更为关键的角色。因此，总结高校扶贫经验与模式对后扶贫时代的扶贫工作具有重大现实意义。

作为国家重点建设的“双一流”大学，华南理工大学与定点帮扶地区人民携手八载、砥砺前行，始终坚持以人的可持续发展为核心，构建“大教育扶贫”帮扶格局，打造重教扶智、兴业扶产、振乡扶民“三扶一体”的“全方位扶贫”体系，实施智力扶贫、产业扶贫和组织扶贫等“精准化扶贫”帮扶举措，取得了贫困地区发展动力、发展活力与发展能力“三力协同”的“可持续发展”帮扶成效，为精准扶贫模式的高校探索贡献了“华工方案”。

笃行：砥砺八载构建“大教育扶贫”帮扶格局

华南理工大学坚持将定点扶贫纳入全校“一盘棋”来谋划，并作为“一把手”工程来推进，构建了学校党委书记和校长挂帅亲征、扶贫开发领导小组牵头统筹、各部门分工合作、全校师生员工和校友共同参与的“大教育扶贫”帮扶格局。

早在 2004 年，根据广东省“十百千万”干部下基层驻农村的要求，华

①习近平．在中央扶贫开发工作会议上的讲话（2015年11月27日）［M］//十八大以来重要文献选编：下．北京：中央文献出版社，2018：31.

南理工大学就开始选派驻村干部参与扶贫开发工作。2013 年起，按照教育部关于滇西边境山区区域发展与扶贫攻坚工作的统一部署，华南理工大学定点扶贫云南省临沧市云县，同时选派干部到云南省普洱市孟连傣族拉祜族佤族自治县（下称孟连县）挂职。2016 年 4 月开始，华南理工大学又积极响应教育部和广东省定点扶贫工作部署，全力推进广东省揭阳市惠来县孔美村的扶贫工作。学校以习近平总书记关于扶贫工作重要论述精神为指导，紧紧把握“扶贫开发贵在精准，重在精准，成败之举在于精准”的核心要义，认真落实教育部陈宝生部长“四个真”和“四件事”的具体要求，结合当地实际情况，依托学科优势、人才力量、科研实力、社会资源等，充分发挥智库作用和专业优势，精心谋划、长远布局，着力从传统的“输血式扶贫”转变为“造血式扶贫”，全方位落实落细帮扶举措，充分激活了定点帮扶地区的“内生造血”能力。

在具体举措上，2013年以来，华南理工大学累计选派扶贫干部20人，深入定点帮扶地区开展“三支一扶”工作的师生超过2500人次，培训定点帮扶地区党政领导干部和专业技术骨干累计超过8000人次。华南理工大学举全校之力，组建了云县全域旅游规划项目团队，确定了“1510”一体化全域发展策略（即1套顶层设计、5大落地抓手、10项推进行动），为云县精准扶贫谋划了清晰的“路线图”；积极发挥校友等社会资源的重要作用，为云县梳理谋划了近100个“旅游+”和“+旅游”相关项目，并以校友为纽带，发动一流企业和一流投资商到地方落地投资，总额近5000万元；开展“白花木瓜资源开发基础研究”和“木瓜醋及膳食纤维饮料开发”科研项目，对云县茅粮酒业集团司岗里果酒系列产品的开发和营收贡献达上亿元；完成孔美村《社会主义新农村示范村整治创建规划》编制，获得“南粤村庄（整治）规划设计大赛特等奖”；成立“孔子美种植专业合作社”，为孔美村引进和种植“软华优1179”等3个优质水稻品种……在全体师生以及帮扶地区各级党政机关干部、人民群众共同努力之下，华南理工大学精准扶贫工作成效振奋人心：2018年9月，云县成为云南省史上第一次、滇西第一批、临沧市第一个脱贫摘帽县，正式退出国家贫困县行列，2019年云县贫困发生率为零；2019年12月，孔美村94户贫困户412人全部脱贫，孔美村退出贫困村之列。

华南理工大学精准扶贫工作成效得到了社会各界的广泛认可。学校定点扶贫项目从2017—2020年连续四年被评为教育部直属高校精准扶贫精准脱贫典型项目，定点扶贫工作连续两年被国务院扶贫办评定为“好”（最高等次）。2015年，学校“构建多层次、多形式的教育帮扶体系”被教育部评为

"滇西边境片区精准扶贫典型落地项目"，并收入《高校定点扶贫典型案例集》。2016年，学校"孟连县生态牧场建设、肉牛育肥及特色牛肉制品加工关键技术研究与产业化"科研项目，被推荐为"云南科技创新强省计划（农业）州（市）党政一把手科技示范工程项目"。2017年，学校"普洱茶文化旅游产教融合新模式的探索与示范"获批教育部"西南地区旅游和健康教育扶贫试验项目"。2018年，学校作为8所扶贫经验介绍高校之一，在全国教育扶贫论坛上做主旨发言。2019年，学校作为4所部属高校之一，在教育部直属系统扶贫工作推进会上交流定点扶贫典型项目经验。学校定点扶贫经验还被收录到《中央单位定点扶贫案例》和《全国教育扶贫典型案例》中。

求索："三扶一体"的"全方位扶贫"帮扶体系

在长期深入的帮扶实践中，华南理工大学通过打造重教扶智、兴业扶产、振乡扶民"三扶一体"的"全方位扶贫"帮扶体系，逐步探索出智力扶贫"I–DEA"模式，基于品牌价值提升的高校全产业链扶贫模式以及高校扶贫"RAISE"模式等"精准化扶贫"帮扶举措。三个层面的帮扶举措在塑造贫困乡村发展动力、增强发展活力、强化发展能力，推动贫困地区民智、民生、民志共同发展，让贫困群众心思"活起来"、生产"动起来"、生活"富起来"等方面，形成了"三力协同"的"可持续发展"帮扶格局。

一、以重教扶智塑造内生动力

习近平总书记指出，扶贫必扶智，治贫先治愚。良好的知识结构是农村脱贫的内在动力。华南理工大学在智力扶贫工作中不断贯彻"大教育扶贫"理念，通过知识的传播与渗透，提升贫困家庭自我发展的内生动力，并将这些内生动力转化为脱贫发展的势能，逐步构建起以"党政引智"（intelligence delivery）为"纲"，以"孕才育智"（intelligence education）为"柱"，以"长效增智"（intelligence accumulation）为"径"的智力扶贫"I–DEA"模式。

华南理工大学重视通过挂职干部对定点帮扶地区的群众进行"扶志化民"，灌输先进的思想理念并培植积极的脱贫信念，从而塑造优良的乡风民风，培育和壮大贫困地区群众"靠辛勤劳动改变贫困落后面貌"的内生动力。依托本校及各级附属教育机构的办学优势，华南理工大学重点扶持对口支援贫困地区的教育事业发展，集中开展两地中小学、幼教教师交流和各类教师培训指导活动，加强教育人才输送以及物质性教育资源投入，构筑并强化了贫困地区人力资本提升、贫困代际传递阻断的组织标杆。

智力扶贫不仅包括常规的基础教育扶贫，还包括对基层干部、普通村民的能力培训。华南理工大学依托自身党建组织工作优势，通过挂职党政干部和学生党员志愿者队伍，充分发挥党建引领作用，积极依靠现代信息技术开展“云上”培训和党建活动等，对定点帮扶地区干部队伍进行思想“扶志”软培训，从组织建设上提升对口帮扶地区干部的认识水平和精神风貌，构筑起当地脱贫工作的坚强战斗堡垒。依托高校专业研究与教学优势，华南理工大学组织相关院系对接定点帮扶地区的生产经营企业，通过开展线上技术技能培训与实地技术帮扶指导，以及组织帮扶地区企业家赴发达地区先进企业参观学习等活动，从“请进来”和“走出去”两方面为定点帮扶地区产业发展提供智力支持。同时，学校不定期开展针对企业负责人的经营管理培训，从生产经营“硬技术”和经营管理“软技能”两个方面为定点帮扶地区企业提供智力支持，实现“扶智”与“扶产”目标的有效衔接，将教育扶贫举措真正延伸至可直接提高贫困地区经济效益的领域。

二、以兴业扶产增强发展活力

良好的产业结构与基础，是实现农村脱贫与可持续发展的重要条件。华南理工大学在组织实施产业扶贫的过程中，十分注重农村产业需求与高校优势资源的适配性。在开展产业扶贫项目之前，注重对农村产业基础的科学调研，在充分把握当地产业发展需求的基础上，结合高校的优势资源，综合研判未来产业与市场发展趋势，规划与部署产业扶贫项目，从而有效提升农村产业的发展活力。在“需求—供给相适配”的理念和“全产业链扶贫”的思路指引下，华南理工大学将当地产业发展的实际需求和学校的专业优势结合起来开展产业扶贫工作，切实提高了当地农民的收入。

华南理工大学在孟连咖啡产业和云县云酒产业、云茶产业、云鸡产业、云县电商产业的扶贫实践中，逐步形成了“基于品牌价值提升的高校全产业链扶贫创新模式”。例如，华南理工大学在对孟连地区的农特产品进行调研后发现，优质咖啡种植是振兴当地经济的一个重要产业资源，但是产业初级、生产粗放，没有深加工产业链，没有畅通的销售渠道以及品牌知名度不高等问题，都严重制约着当地咖啡产业的发展，优质咖啡在市场上被贱卖，直接导致咖啡种植户的收入难以提高。产业振兴的关键在于品牌振兴，只有打通渠道、提升品牌价值，才能带动咖啡产业整体链条的价值提升。为此，学校挂职干部和帮扶团队全面导入“品牌农业”战略，创建了一个少数民族文化与校园文化结合的品牌——“华&连咖啡”，开发和创新咖啡产品，以独特的中国风味主张回溯咖啡生产加工、产品研发以及绿色高效种植等环节，实现以品牌价值拉动咖啡种植、研发、生产、加工、销售等产业链各环节的价值提升，最终有效提升了云南孟连咖啡的市场竞争力。除了孟连咖啡，华南理工大学还为云县茶、酒、鸡等产业，提供了“全产业链扶贫”的帮扶举措，产生了巨大的商业价值和社会效益。

三、以振乡扶民强化持续能力

农村组织建设是扶贫工作的重中之重，是应对农村扶贫需求与扶贫供给“双重分散性”挑战的重要举措①，也是乡村振兴的必备能力要件②。除了智力扶贫和产业扶贫，华南理工大学也非常重视组织扶贫，包括人才队伍的培育和良善制度的建设。华南理工大学以全域共兴作为理念引领，以组织化为路径，通过农村社会关系重塑、人居环境提升以及文化治理三个方面重塑农村社会的公共性，形成了高校扶贫“RAISE”模式——把贫困地区作为一个有机整体，以“R”（reorganize，再组织化）为路径、“A”（autonomous，基层自治）-“I”（inspiring，文化激励）-“S”（sustainable，环境可持续）为行动指引、“E”（ego，内生动力）为目标，为贫困地区构建一个组织的“稳态”。

在农村经济社会的发展中，人才是核心，领导干部是关键。无论是智力扶贫还是产业扶贫，最终所有工作都要由人来执行，从这个意义上讲，人才队伍的组织建设是扶贫工作中最为重要的因素。华南理工大学的扶贫工作改变了过去单纯向贫困地区输送干部人才的做法，转而为贫困地区培养大批本土化的科技和管理人才，并通过人居环境与文化治理使人才队伍与制度建设相互嵌合，以组织化建设回应基层治理公共性的提升需求，真正实现组织动员功能。具体举措包括以下几个方面：一是通过挂职干部人才输送、培养当地的基层干部队伍和新型农民，塑造政府、社会、市场等领域的多中心公共治理主体。通过引入良善的组织制度，例如基层党建制度、村民自治制度等，持续不断地吸引更多的人才进入村级组织，激励其更好地开展扶贫发展工作。二是从“全域—社区—民居”三个层面实现突破，通过人居环境建设与提升，为乡村组织化建设提供一个稳定、可持续的公共空间载体。三是推动贫困地区文化传统、文化经济与文化精神三个要素的再造，复兴乡村公共

①夏支平．农村精准扶贫的组织问题［J］．农业经济问题，2019（9）：31-38.
②贺雪峰．农民组织化与再造村社集体［J］．开放时代，2019（3）：186-196.

精神。在扶贫资源统筹配置、治理关系组织重塑、人居环境场域建设和地方文化活化再造中，发挥党建下乡与组织引领的作用，激活乡村社会的公共利益、公共空间和公共精神，有力推动了贫困地区的减贫与发展。

致远：以“可持续发展”帮扶成效推动乡村振兴

习近平总书记指出，2020年“是决战决胜脱贫攻坚和全面建成小康社会的收官之年，要千方百计巩固好脱贫攻坚成果，接下来要把乡村振兴这篇文章做好，让乡亲们生活越来越美好”[①]。面向未来，高校帮扶工作不仅要关注农民减贫、不返贫问题，更需要发挥自身知识集聚的科研优势，思考乡村可持续发展的问题，担当好乡村发展的转化器、适配器、接合器角色，肩负起助推乡村振兴的时代使命。

一、内生潜能与发展势能的转化器

高校智力扶贫应当做好乡村内生潜能与发展势能的转化器。农村贫困很大程度上是由于知识贫困，农民的认知能力和技能水平受到限制，无法形成自我发展的势能，难以摆脱贫困。因此，农村的脱贫发展需要一场知识革命，通过教育和技能培训提升农民的认知能力，激发其自我发展的内生动力。农民知识技能的提升将直接助力产业发展，使他们能够更好地参与到相关的产业工作中，从而提升其经济收入。同时，农村基层组织的完善也需要管理人才作为支撑，农民知识技能的提升可以为组织扶贫提供能力基础，有利于基层组织制度的良性运行和维护。

高校具有丰富的知识储备和传播团队，智力扶贫可以说是高校扶贫的重头戏。在智力扶贫中必须坚持内在潜能与发展势能的良性转化，强调全社会的“大教育扶贫”，让高校帮扶成为农村内生潜能与发展势能的转化器。除了传统的教育帮扶，高校也要重视对农民的技能培训，确保知识能够转化为农民脱贫发展的能力储备。更为重要的是，高校在智力扶贫中应进一步强调将内在能力储备转化为强大发展势能，在精神层面实现从“要我脱贫”到“我要脱贫”的转变，在乡村社会完成一次全面发展的知识革命。扶贫既要“扶智”，更要“扶志”，这是高校智力扶贫能够切实发挥作用的关键。

二、市场需求和产业供给的适配器

高校产业扶贫应当做好外部市场需求与乡村产业供给的适配器。所谓

①2020年5月11—12日，习近平总书记在山西考察时的讲话.

贫困，其基本含义在于家庭收入难以维持家庭的合理支出。对此，扶贫的首要任务是提高农民家庭的经济收入。而要提高农民的经济收入，产业发展是基础，只有发展更多更好的产业，才有可能持续提升农民的收入。同时，产业的发展也有助于智力扶贫的开展，尤其是在提升农民生产技能方面。换言之，智力扶贫尤其是技能扶贫离不开产业载体，只有在推动产业发展的实践中，农民的知识技能才有可能真正得到提升。同时，产业发展也为组织扶贫提供了经济支持，产业的发展正是农民组织化发挥作用的重要契机，例如管理人才的培养、组织制度的完善，都可以在产业发展中得以实践。只有农村的产业发展起来，组织建设所需要的人才方能留得下，组织的制度才有可能长期有效运转。

高校产业扶贫必须坚持需求与供给的适配性，倡导“全产业链扶贫”的思路。作为科研单位，高校的产业扶贫非常注重前期的需求调研，通过实地考察、座谈访谈、数据采集分析，明确扶贫对象的真实困难与可能的市场需求，尤其是全产业链各环节中存在的问题和原因，继而结合高校自身的优势资源（尤其是学科资源和科研优势）进行需求匹配，在需求—供给相适配的基础上，制定合理的扶贫发展规划。

三、善治人才和良序组织的接合器

高校组织扶贫应当做好乡村善治人才和良序组织的接合器。农村的脱贫和可持续发展，本质上是一项公共产品供给的过程，所有人都将在这个过程中受益，也都需要深度参与其中。在这个意义上，脱贫发展从来就不是贫困人员的个人事情，而是具有公共属性的组织活动。农村的贫困往往就是因为农民缺乏组织，分散的个体无力对接基础设施建设的需求，无法消化外部市场的机会与风险。因此，农村的脱贫发展需要将农民组织起来，通过干部队伍重建和组织制度完善，确保各项扶贫发展工作能够得到良善执行。农村基层组织建设有助于公共产品的有效供给，例如农田水利和机耕道的建设、碎片化土地的整合治理等，这些都有助于优质产业的引入和发展。农民的教育和技能培训，同样离不开基层组织的动员，基层组织助推一把、引导一下，将更能激发农民接受新知识新技能的热情和动力。

组织扶贫必须坚持人才与制度的嵌合性，回应农村社会公共性重塑的现实需求。组织建设的关键有三个方面：一是培养合格的管理人才，二是设置良善的组织制度，三是人才培养与制度建设相辅相成。高校的组织扶贫工作在这三个方面都大有可为——利用教学资源丰富的优势开展多层次的人才培养，采取党建引领的方式完善农村基层组织的管理制度，培养的人才能够承接基层组织的工作任务，而基层组织对人才也有较大的吸引力。正因如此，高校的组织扶贫能够有效提升基层治理的公共性，进而推动农村的脱贫与可持续发展。

察往知来，砥砺创新。站在2020年全面建成小康社会目标实现之年、全面打赢脱贫攻坚战收官之年，华南理工大学尝试从一个个鲜活的扶贫实践案例中，总结和提炼出一条可复制、可推广的高校精准扶贫之路。在学校扶贫开发领导小组的领导下，一方面通过多部门联动，跨学科专家共同研讨，编写组深入扶贫现场开展多轮实地调研，与学校扶贫干部、地方干部、企业、农户等主体进行深度访谈。另一方面，结合大量既有的研究文献和华南理工大学扶贫过程中所形成的数据资料，理论联系实践，着力还原高校扶贫的经验逻辑。历经一年多，“精准扶贫模式的高校探索——华南理工大学的实践与启示丛书”应运而生，丛书从三个领域分别总结了高校扶贫的模式与启示，即《授人以渔：重教扶智实践与创新》《产业崛起：兴业扶产实践与创新》《全域共兴：振乡扶民实践与创新》。

这套丛书至少在以下三个方面具有创新意义。一是强调理念对于行动的指引性，这是高校扶贫工作的最大优势，可以为农村发展政策提供新思路。二是构建了农村脱贫发展“智力—产业—组织”三层结构体系，检验农村发展政策是否有效，就看这些政策是否与这一结构的需求相吻合。三是明晰高校本身所具有的资源与优势，有助于将理念引领作用精准投射于农村脱贫发展的三层结构上。丛书中涉及的经验总结和模式提炼，具有内在的科学性与合理性，不仅适用于高校扶贫工作，部分经验与模式也可以适用于其他主体的帮扶工作。乡村脱贫后的振兴与发展，可以充分借鉴高校扶贫的经验和模式，在巩固脱贫成果的同时，进一步推动乡村的可持续发展。

这套丛书既是对华南理工大学八年扶贫工作的总结和提炼，也是对新时代乡村振兴之路的探索。仅以丛书致敬我们的时代，致敬所有投身于我国扶贫大业的人们，致敬筑梦复兴的祖国大地！展望未来，华南理工大学将继续投身于稳定脱贫和乡村振兴事业，为中华民族伟大复兴的中国梦贡献“华工智慧”和“华工力量”！

（作者系华南理工大学党委书记）

前言

还记得2013年我们怀揣着家国情怀和属于教育工作者的梦想与热忱走进乡村，发现城市化背景之下农村的人、财、物等社会资本正不断流出，农村“空心化”现象背后实质是乡村社会公共性的消解，具体表现为“公共利益削弱、公共空间萎缩、公共精神凋零”，村社共同体逐渐解体，乡村社会丧失凝聚力和内生发展动力。以往“保姆式”扶贫模式已经难以适应新时期农村发展需求，“群而不统、集而不合”的农村社会发展现实为我们扶贫工作的开展带来了挑战。面对这些挑战，我们不禁要问：贫困地区实现稳定脱贫并走向振兴的出路在哪里？

农民的组织化建设为我们的扶贫工作提供了思路和良好的实践路径。作为教育工作者，面向历史、当下和未来，我们至少要回答三个大的问题：第一，如何总结中国的扶贫经验；第二，如何规划2020年后的扶贫道路；第三，中国农村如何从减贫走向全方位的“振乡扶民”，即乡村振兴与农民生产生活的持续发展。因此，我们希望从农村中的“人”出发，以“陪伴者”和“乡村导师”的身份参与到农村建设当中来。无论是扶贫干部还是专家学者，都是其中的协作者，始终应该将乡村建设的主体地位释放给村民，使其自我成长、自我治理、自我发展、自我造就。我们期望通过农村组织化建设，搭建一个可供高校、村民、政府、企业以及其他社会组织共同参与社会治理的互动、合作平台，具体通过农村的制度体系重构、人居环境更新、文化价值活化，实现公共利益、公共空间、公共精神的重新塑造，使农村拥有稳定脱贫、走向振兴的能力——把更多的“人”团结起来，打造农村社区共同体，这是我们的目标。

自2013年以来华南理工大学师生行走于中国的农村开展精准扶贫工作，并尝试与当地村民一同探索一种新的农村发展模式。华南理工大学作为国家重点建设和支持的高水平大学，始终肩负精准扶贫的历史重任，按照教育部关于滇西边境山区区域发展与扶贫攻坚工作的统一部署，自2013年起定点扶贫云南省临沧市云县，同时选派干部到云南省普洱市孟连傣族拉祜族佤族自治县挂职。2016年按照广东省委、省政府统一部署，作为揭阳市惠来县隆江镇孔美村的帮扶责任单位，启动精准帮扶工作。历时8年，历经2900多个日与夜，华南理工大学倾注全校师生的智慧与汗水深入“两县一村”，与当地村民共同探寻稳定脱贫的发展道路。在全校师生与帮扶地区民众的共同努力之下，云县作为云南省第一批、临沧市第一个脱贫摘帽县，在2018年9月正式退出贫困县；2019年孔美村全村94户贫困户412人全部脱贫出列，孔美村入选国家住建部评定的“中国传统村落”。

脱贫摘帽不是终点，而是新生活、新奋斗的起点。华南理工大学站在脱贫攻坚与乡村振兴有效衔接的历史节点，需要思考：高校如何助力农村做好乡村振兴这篇大文章？通过大量的实地调研和案例经验分析我们发现，基层组织建设和农民组织化在农村扶贫中的作用具有重要的意义。8年来华南理工大学在“两县一村”开展了一系列振乡扶民行动，致力于通过组织建设、人居环境改造、文化治理三个方面重新构建农村社会的公共性，探索形成高校扶贫“RAISE”模式。高校扶贫“RAISE”模式强调把贫困地区作为一个有机整体，以“R（再组织化，reorganize）”为路径、“A（基层自治化，autonomous）–I（文化振奋人心，inspiring）–S（环境可持续，sustainable）”为行动指引、“E（自我实现，ego）”为目标，为贫困地区构建一个组织的“稳态”，当扶贫力量逐渐减少直至撤出当地时，当地依然具备自我运转、自我管理、自我发展的可持续性的发展态势。

本书整体架构安排如下：上篇“问道”，建立全书的分析框架，探讨组织化扶贫模式通过资源的统筹与分配达致减贫的效果，分析组织化扶贫通过减贫机制的本地化和自主化实现减贫效果巩固的功能，研究如何通过基层组织建设农村公共性的提升，实现农村从减贫到可持续发展的目标，从而对中国农村与市场的关系、农村与国家的关系做出新的理论思考。中篇“探索”，以华南理工大学对口帮扶为典型案例，围绕“理念–问题–实践”的分析逻辑，深入探讨党建下乡与组织引领在扶贫资源的统筹配置、人居环境的场域建设和地方文化的活化再造中的作用机制，以及资源统筹、场域建设和文化再造如何反过来强化基层组织建设和基层治理公共性，从而共同推动农村的减贫与发展。下篇“启示”，基于华南理工大学对口帮扶的实践经验，从公共利益、公共空间和公共精神三个层面构建高校扶贫“RAISE”模式，推动乡村从“良序”走向“善治”，为2020年之后的返贫治理以及衔接农村减贫与可持续发展的关系提供理论借鉴。

本书出版于脱贫攻坚收官之际和乡村发展中两大战略任务接续的关键时机，既是对过去8年华工定点扶贫工作的经验总结，对当下脱贫攻坚现实形势与需求的理性思考，更是对脱贫攻坚与乡村振兴有效衔接的创新探索，为高校精准扶贫的重大理论突破贡献华工智慧，打造我国精准扶贫精准脱贫理论创新和实践借鉴的地方样板。谨以此书与同侪交流，让更多社会力量参与到农村建设当中，共同做好乡村振兴这篇大文章，使农村生活越来越美好。

目录

全面建成小康社会、实现第一个百年奋斗目标，农村贫困人口全部脱贫是一个标志性指标。对这个问题，我一直在思考，也一直在强调，就是因为心里还有些不托底。所以，我说小康不小康，关键看老乡，关键看贫困老乡能不能脱贫。全面建成小康社会，是我们对全国人民的庄严承诺，必须实现，而且必须全面实现，没有任何讨价还价的余地。

——2015年11月27日，习近平总书记在中央扶贫开发工作会议上的讲话

上篇

问道

第一章
组织化扶贫：重塑资源的公共性

第一节　组织化扶贫与减贫

中国的脱贫攻坚战，到2020年已经进入尾声，但贫困尤其是相对贫困依然会以各种形态存在于2020年之后的中国社会。如何巩固脱贫攻坚战的既有成果、预防返贫及新型贫困形态的产生以及如何有效治理相对贫困问题，是2020年之后贫困治理工作的关键所在。为此，我们亟须从既有的扶贫实践经验出发，进一步在理论层面上厘清贫困的属性与产生机制。

评价扶贫工作是否有效，不仅仅在于有多少人脱离了贫困，更重要的是有多少人没有重新返贫。农村返贫的原因，主要是因为减贫机制未能本地化和自主化，一旦扶贫资源撤出，原本已经脱贫的农村往往会迅速回到贫困的状态。而巩固农村减贫成果的关键就在于将减贫机制本地化和自主化，要实现这一目标离不开基层组织的建设。组织化扶贫强调党引领下的村民自我组织，其既是本地化的，也是自主化的。在强有力的基层组织的建设下，资源分配的公正性、公平性与公共性能够得到重塑，有助于将内外部资源与村庄社会需求对接起来，实现减贫防贫机制的长效性。

一、贫困源于资源匮乏与分配不均

作为一个社会问题，贫困现象似乎浅显易懂，无论是学者、政客，还是工人、农民，谁都可以讲出一番道理。然而，不同的人所讲的贫困却往往并非同一事物，对贫困问题的争论也常常不在同一层次。“他家里没有钱，因此是个穷人”，这是比较流行的说法。而另外一种说法是，“那些消费水平低的人才是穷人”。但是，消费水平低的人可能并不缺钱，只是因为宗教信仰抑或生活习惯而拒绝高消费的生活，这些人很难被当作真正的穷人看待。而那些消费水平高的人也不一定是自己有钱，其消费的资金可能是筹借来的，这些人也很难被当作富人看待。第三种说法是，收入和消费的情况都不足以评判贫困与否，关键是看家庭资产的拥有情况。然而，对于权利和能力缺失的群体来说，拥有房子和土地等资产也不一定能够确保其过上富足的生活。第四种说法是，能力的缺失才是贫困的根源。可是，能力到底指的是什么？不同类型的能力是否具有可比较性？上述种种说法各有道理，却无不处于冲突之中。那么，贫困的本质到底是什么？

（一）贫困是一种资源匮乏状态

围绕贫困的属性所展开的讨论主要分为三个层次。第一，是否存在客观的（绝对的）贫困标准，亦即贫困到底是一种客观的（绝对的）存在，还是一种主观的（相对的）存在？第二，如何识别个体化的贫困，通过哪些指标可以将贫困与非贫困区分开来，并对个体家庭的贫困进行测量？一般用于评判贫困的指标如收入、消费、资产和能力等是否适用？第三，如何对个体化的贫困进行加总，即如何对贫困进行区域化、整体性的评估和测量？这是关于减贫的学术研究和政策研究据以开展的基础。

从一般的意义来理解，贫困描述的是一种资源匮乏的状态，即家庭基本需求（用以维持充足生活的标准）无法得到满足的一种匮乏状态①。而家庭基本需求是否得到满足，最终都可以通过家庭可支配收入来衡量。贫困的衡量指标包括收入、消费、资产和能力，它们实际上是三个不同层次的指标：收入衡量的是购买力，收入越高、越稳定，购买力越强，家庭基本需求越容易得到满足；消费是收入的下游指标，一般来说收入越高、越稳定，消费水平就可能越高，但是消费高不一定意味着收入高，有可能是负债消费；资产和能力是收入的上游指标，一般来说资产越多、能力越强，收入水平就越高。换言之，资产和能力衡量的并不是贫困的状态，而是贫困的原因，只有当它们转化为收入时，才能用来衡量贫困本身。因此，当在讨论贫困是什么时，需要关注的是家庭的可支配收入能否满足家庭基本需求的情况。消费水平低，有可能是贫困的后果（也有可能不是）；资产少、能力弱，则往往是贫困的原因。

①Michael M，John B W. Poverty and public policy：an analysis of federal intervention efforts［M］. New York：Greenwood Press，1986.

家庭可支配收入是一个测量贫困的便捷而可靠的指标。可支配收入低于家庭基本需求成本即为贫困。家庭基本需求成本覆盖的内容一般包括基本生存需求（食物、衣服等）和基本社会需求（基础教育、基本医疗、基本住房等）。由此看来，贫穷就是“缺乏日常的生活必需品”[①]或者没有能力去支付“生活必需品”费用的生活状态[②]。这两大基本需求的平均成本越高，实际贫困线水平就应当越高，在家庭可支配收入不变的情况下，则意味着贫困人口将增多。

若官方确定的贫困线不变，家庭收入的增长（超过贫困线）则意味着贫困人口在统计数据上减少；如果在这个过程中家庭基本需求的实际成本增长速度更快，收入的增长很有可能无法弥补家庭基本需求的新增成本，那么虽然贫困人口在统计数据上持续减少，但这显然不是一种真实的减贫效果[③]。一般来说，家庭基本生存需求的成本相对稳定，而家庭基本社会需求的成本则有较大的波动。家庭基本社会需求成本深受教育制度、医疗制度和住房制度等的影响，其成本高低在很大程度上取决于国家和社区的调控力度。

（二）贫困治理是一项长期任务

如果说绝对贫困测量的主要是家庭收入无法满足基本需求的一种匮乏状态，那么相对贫困测量的主要是社会的不平等；相对贫困不再基于基本需求，而是基于社会比较形成的判断[④]。如果所有家庭都能够实现其基本需求，那么还会存在贫困问题吗？相对贫困理论要回答的就是这个问题。根据该理论，那些在物质和生活条件上相对于他人匮乏的状态就是相对贫困。相对贫困关注的不仅仅是物质条件在客观上的差异（当然，只有当差异达到一定程度时才能称为相对贫困），还有因为这种差异所可能带来的社会排斥与相对剥夺感。经济发展所带来的贫富差距的扩大以及这一差距所带来的严重的社会和政治紧张局面，对社会凝聚力具有极大的破坏性[⑤]。贫富差距剧增以及相对贫困的形成，实质上是整个社会资源分配不平等所导致的相对窘迫

①（美）卡尔兰，（美）阿佩尔．不流于美好愿望：新经济学如何帮助解决全球贫困问题［M］．傅瑞蓉，译，北京：商务印书馆，2014.

②张明龙，池泽新．贫困研究概况与述评［J］．经济研究导刊，2015（8）：4-6.

③陈宗胜，等．中国农村贫困状况的绝对与相对变动：兼论相对贫困线的设定［J］．管理世界，2013（1）：67-77.

④杨立雄，谢丹丹．“绝对的相对”抑或“相对的绝对”：汤森和森的贫困理论比较［J］．财经科学，2007（1）：59-66.

⑤庄巨忠．亚洲的贫困、收入差距与包容性增长：度量、政策问题与国别研究［M］．本书翻译组，译．北京：中国财政经济出版社，2012.

状态①。

当前，检验扶贫是否成功的标准主要是贫困户、贫困村是否达到了脱贫的要求，例如家庭收入是否超过了贫困线，是否满足了“两不愁三保障”②的要求。实际上这些标准是不充分的，它们只是证明了在某个时间节点的脱贫状态，却不能保证这种脱贫状态能够持续多久。真正有效的脱贫并非只是某个时间节点的，而是一种持续的脱离贫困的状态。换言之，贫困治理不仅涵盖了返贫治理以及减贫治理的要求，还要考虑更多处于相对贫困状态的群体，这意味着贫困治理始终是一项面向当下、没有终期的任务。

二、组织化扶贫重构资源体系

由于贫困的本质源于社会资源匮乏与资源分配不均，因此从资源的角度而言，农村扶贫恰恰需要解决三个问题。一是如何承接来自国家和市场等的外部资源，二是如何激活传统资源和集体资源，三是如何分配区域内的公共资源。这三个问题的解决都离不开强有力的组织基础。组织化扶贫能够改变贫困地区的资源结构，有助于提升当地资源统筹的能力和资源配置的公共性，实现当地资源体系的重构，从而达成扶贫的目标。

（一）承接外部资源

一般来说，目前我国贫困农村主要分布在中西部地区。经过几轮扶贫工作之后，贫困人口基本聚集在14个集中连片的特困地区，尤其是“三区三州”③的深度贫困地区。这些地区虽然各有不同，但是都缺少赖以发展的本地资源。不仅如此，多数贫困地区还面临环境恶劣、生态脆弱等“负资源”现状。贫困农村缺少的重要资源主要包括区位资源（由于位置偏远、现代化的各项资源难以介入）和经济基础设施（缺少道路交通、通信网络、可开发的土地资源等）以及社会基础设施（缺少师资及教育设施、医生及医疗设施、安全可靠的居所等）。不利的区位条件使贫困村庄处于现代化发展的边缘位置，缺少发展的机会；经济基础设施的匮乏，直接导致贫困村庄与外部隔绝；社会基础设施的不足，则使得贫困村庄无法积累起自身发展所需的人

①Peter T. The concept of poverty ［M］. London：Heinemann Educational Books Ltd., 1970.

②“两不愁三保障”是我国“十三五”期间脱贫攻坚的主要目标，即到2020年稳定实现农村贫困人口不愁吃、不愁穿（两不愁），农村贫困人口义务教育、基本医疗、住房安全有保障（三保障）。

③“三区三州”是国家层面的深度贫困地区，“三区”指西藏、新疆南疆四地州和四省藏区；“三州”指甘肃临夏州、四川凉山州和云南怒江州。

力资本。这些因素共同造成了结构性贫困的状况。

组织化扶贫有助于将国家资源与农村发展需求有效地进行匹配。由于自身资源的匮乏，贫困农村的脱贫与发展需要大量外部资源的支持。根据不同的资源主体，可以将其外部资源分为国家资源和市场资源。自上而下的国家资源，既包括以扶贫名义下拨的专项资源，也包括以发展为名义下拨的一般资源。一般资源具有普遍性，作用于所有的农村，如财政转移支付、农业补贴等。专项资源则仅仅投放于贫困农村和贫困人口，如教育扶贫资源、产业扶贫资源等。要使得这些国家资源有效进入农村并发挥减贫效果，离不开基层组织的承接并发挥相应作用。农村基层组织将来自顶层的国家治理需求与底层的群众发展需求有机整合，并能动性地根据具体情况和问题性质的差异做出迅速的应对，缓解了国家公共权力和技术治理策略“无法转化为基层治理能力”的问题①。同时，依托农村基层组织，通过组织化的方式，推动外部帮扶主体形成开放性的社会网络关系，发挥多元的社会力量，将国家资源引入村庄后真正落到实处，准确回应村庄发展的需求，并将这些需求向上反馈给国家，从而确保国家下渗的资源能够更好匹配村庄发展的需求。

组织化扶贫有助于农村把握好、运用好市场资源。不同于国家资源所具有的较强的自主性，来自市场的资源更强调资本流动的经济规律。简单而言，国家资源的投放可以是纯公益性质的，市场资源的引入则需要满足其盈利需求。从这个层面上讲，贫困农村对市场资源的运用更加困难，但是如果运用得好，其减贫和发展效果将更具持久性。对于村民来说，市场资源主要是指就业机会，包括输出性和输入性的就业机会。所谓输出性的就业机会，是指农民离开农村到外部市场寻求劳动力的变现，也就是外出打工。对于大多数农村来说，农民外出打工是自然发生的经济过程。然而在很多贫困地区，由于区位偏远及自身人力资源不足、观念保守（安土重迁、不愿外出）等原因，贫困地区的农民很少外出务工。如果存在强有力的基层组织，则可以较好地将农民动员起来参加技能培训，并帮助他们对接外部市场的就业信息，为他们外出务工提供重要支持。所谓输入性的就业机会，是指外部资本进入农村开发办厂，为农民提供在本地就业的机会。对于贫困农村来说，要做到这一点并不容易，但也并非完全不可能。如果存在强有力的组织基础，能够将当地的人力资源、土地资源及其他资源进行有效的统筹整合，并积极

①杨华．乡村治权与基层治理能力建设［J］．湖湘论坛，2018，31（5）：51-61．

对接外部资本，也有可能引入合适的市场资源。

（二）激活村庄资源

并不是所有贫困农村都“一无所有”，事实上有些贫困农村可能具备一定的发展资源，例如美丽的自然风光、优质的农业资源或其他自然资源。这些农村之所以贫困，往往是因为既有资源缺乏整合，或者资源处于未被激活的状态，从而导致资源闲置和浪费。更为重要的是，对于村庄所承接的外部资源，如果缺乏有效整合，这些资源也可能处于未被激活的状态，导致弱化了减贫的效果。换言之，农村减贫目标的实现不仅仅需要（承接）大量的资源，也需要培养起资源利用的能力，否则资源投放越多，扶贫效果和扶贫效率反而可能越差。另外，还有一项重要的资源——传统社会文化往往容易被忽视。一般来说，传统社会文化能被较好激活的村庄，在各项资源的整合利用以及将资源转化为减贫成果方面往往具有更好的成效。

组织化扶贫有助于激活农村社会。在一定程度上讲，中国农村大规模减贫不仅仅是国家资源投入的成果，更是农村社会主体性的体现①。脱离了社会的支持，无论是农村既有的资源还是承接的外部资源，都很难发挥最大的减贫效应。而农村社会的激活，本质上就是社会组织化的过程。在传统社会，承担这一组织功能的主要是家族；中华人民共和国成立后，家族的组织功能逐渐被农村基层组织所替代。农村基层组织具有双重属性，一方面它是自上而下的党政力量在农村的代表，另一方面也是自下而上的农村社会的代表。因此，基层组织具有党政权力和社会权力的双重合法性，这使其能够在农民群体中产生较大的影响力。基层组织对农村社会的激活，首先体现在社区认同感层面，通过组织整合与动员，农民的社区认同感得到强化，从而实现“最大限度吸纳村民参与公共事务”②；其次，体现在社会互助体系层面，通过组织引领、完善农民的社会互助体系，使得农村集体行动更容易达成。农村基层组织通过发挥其在这两个层面的作用，为激活农村资源工作奠定了良好的社会基础。

（三）分配减贫资源

资源分配是对资源利用主体与利用方式的配置结构。与资源分配不同的

①王春光．中国社会发展中的社会文化主体性：以40年农村发展和减贫为例［J］．中国社会科学，2019（11）：86-103．

②黄巨臣．乡村振兴中的农村教育扶贫政策：价值意蕴、实践困境与推进路径——基于“权力—技术—组织”的分析框架［J］．教育与经济，2019（6）：18-26．

是，资源承接强调资源的生产，即资源的来源；而资源激活强调的是资源的利用，即资源的后果。资源分配介于资源承接和资源激活之间，强调的是资源从生产到利用的过程。资源分配之所以重要，是因为它决定了资源与资源使用者之间的配置关系，进而决定了资源使用的有效性与合法性。具体到扶贫领域，扶贫资源的配置结构直接影响了农村的减贫成效。一般来说，贫困村之所以贫困，除了资源不足之外，更重要的原因是资源分配不合理，最常见的就是精英俘获与平均主义，导致农村资源使用的不公或低效。

组织化扶贫有助于农村内部资源的合理分配。农村的内部资源，除了农村所拥有的自然风光和地方特色产业之外，还包括农村普遍拥有的土地资源和水利资源。土地资源和水利资源的合理分配尽管不一定能够让农民发家致富，但却可以在一定程度上降低农民的生产生活成本，有助于减贫工作的开展。在一些基层组织能力较弱的村庄，内部资源的分配首先呈现出公共性不足的问题。例如农田水利的分配往往缺乏有效统筹，导致上游农户不交费却可以充分用水，而下游农户交了水费却用不到水，最终使整个公共水利系统陷于崩溃，农户只能采用成本高、风险大的小水利系统①。强化基层组织的统筹能力，能够提升水利资源分配的公共性，最大程度减少农民的用水成本。内部资源分配的另外一个问题是集体性不足。例如耕地的分配缺乏弹性，一方面导致耕地碎片化，大大增加了农民耕作的成本；另一方面使得耕地无法进行调整，导致耕地占有的水平不均衡。集体性不足还体现在宅基地分配的不均衡上，有的农户一户多宅，有的农户居住空间则明显不足。强化基层组织能力能够提升耕地分配和宅基地分配的公平性与有效性，强化资源合理分配所带来的减贫效应。

组织化扶贫有助于外部资源的合理分配。2006年以来，随着农业税费的取消，国家不断增加涉农资金的投入。同时，各项扶贫资源也不断涌入贫困村，农村基层治理开始从“资源提取”向“资源分配”转变。很多研究发现，资源分配的工作丝毫不比资源提取轻松，相反分配资源的过程中问题重重，首当其冲的就是精英俘获。在农村各项资源的分配中，地方精英们凭借自身的经济实力和社会关系，更容易获得来自外部的资源，即使这些资源本不该由他们享有。例如产业扶贫资源，更有可能落入富人而非穷人的手

①贺雪峰. 中国农田水利调查：以湖北省沙洋县为例［M］. 济南：山东人民出版社，2012.

中[①]。“当经济发展和社会不平等的程度不再有利于贫困人口受益时，真正意义上的扶贫决策涉及资源的动员和重新配置，这便需要超越不同的利益群体并克服已有程序和规范的约束，如果没有一个强有力的政治机制是很难实现的”[②]。强有力的基层组织，尤其是能够贯彻自上而下的党政意志的基层组织，能够在主导资源配置的过程中更多地照顾真正有需求的穷人。另外一个问题则是平均主义。一些农村由于基层组织能力不足，无法或不愿进行贫困户的甄别，而将扶贫资源平均分配给所有农户，严重弱化了减贫效果。加强基层组织的能力建设，有助于更好地开展贫困户的甄别以及更准确地分配扶贫资源，从而提升减贫效应。

三、组织化扶贫依托于农村基层组织

贫困治理不仅仅要求外部资源——包括物质资源和人力资源等的支持，更为重要的是需要在当地建立起强有力的基层组织，使其成为可持续减贫在地化机制的承载主体。

（一）明确农村基层组织的角色

以组织化扶贫推进减贫机制的本地化与自主化，关键就在于强化基层组织的自身能力。大致而言，可以把基层组织分成四个类型，它们不仅是加强农村组织化工作中最直接的对象，同时也是贫困治理过程中承接资源、激活资源与分配资源的关键主体。

第一类是农村党支部，它是承接自上而下的党政意志的主要载体，是党和国家开展农村工作的基石。在组织化扶贫的工作中，党组织发挥着统筹引领的作用，尤其是在争取和承接外部资源、对接外部资源和村庄社会需求中更是发挥了主导性的引领作用。

第二类是村民委员会，它是回应、反映村庄社会需求的基本载体，通过村民自治来充分表达农村减贫与发展的内在需求。一般来说，党支部和村委会是紧密联系的整体，特别是党支部和村委会交叉任职的制度设计，在很大程度上实现了“你中有我、我中有你”的互构状态。这种互构状态，有利于发挥基层组织在自治中的引领功能。从这个意义上讲，强化基层组织能力不仅仅是增强党支部和村委会各自的能力，更要强化两者之间的统筹互构

①邢成举．乡村扶贫资源分配中的精英俘获［D］．北京：中国农业大学，2014.

②李小云，徐进，于乐荣．中国减贫四十年：基于历史与社会学的尝试性解释［J］．社会学研究，2018，33（6）：35-61.

能力。

第三类基层组织是农村内生的血缘组织和互助组织，例如宗族组织。在华南地区的农村，宗族组织在村庄治理中依然发挥着重要的作用。如何发挥好宗族组织在减贫与发展中团结村民的作用，是基层组织建设的重要议题。

第四类基层组织是进驻农村的社会组织，它们是介于政府和企业之间的社会团体，是在社会转型过程当中由不同社会阶层的公民自发成立的，具有非营利性、非政府性和社会性等特征[①]，发挥着连接外部资源和组织公共活动的功能，对于农村的返贫治理同样具有重要作用。

推动农村减贫与发展，需要增强不同层面的基层组织的建设，从而培育起农村社会的自我组织能力，巩固减贫的成果。

（二）强化农村基层组织建设

强化农村基层组织建设，有助于扶贫资源的承接、激活与分配。在基层组织的带动下，既有的村庄资源有可能得到整合利用。例如成立专业合作社，将优质的农业资源（具有地方特色的种养产品）打造成特色品牌，使分散的小农以组织化的方式与外部市场建立对接网络，提高农民的经济收入。在承接了外部资源的情况下，基层组织对资源激活的作用更为明显。例如产业扶贫资源进村之后，基层组织需要将农民组织起来进行资源的对接与利用，很多情况下还需要组织农民参与相关的技术培训。如果缺乏强有力的基层组织，那么产业扶贫资源进村之后只能以碎片化的方式与农民相结合，其结果往往以失败而告终。

通过强化基层组织建设，提升基层治理公共性，激活农村既有的资源，分散的小农能够以组织化的方式与外部市场进行对接。对于进入农村的扶贫资源，也能够以集体的方式进行整合衔接，确保扶贫资源的有效利用。农村社会作为一种传统资源也将得到有力的激活，通过强化社区认同感，建立社会互助体系，形塑集体主义的公共精神，促进农村扶贫这项公共品建设的顺利推进。

客观而言，许多贫困村都缺乏减贫与发展的资源，因此外部的资源就显得非常重要。强有力的基层组织，有助于承接外部的资源，将外部资源转化成村庄减贫与发展的基础。事实上，基层组织在应对外部资源时的作用还不

①王名．走向公民社会：我国社会组织发展的历史及趋势［J］．吉林大学社会科学学报，2009，49（3）：5-12，159.

仅如此，其另外一个重要的功能是将外部资源的供给常态化。强有力的基层组织不会被动等待资源的到来，而会积极寻求外部资源并将其内部化。除此之外，基层组织还具有激活本地资源的功能，能将所有可利用的资源动员起来。从这个意义上讲，基层组织具有引领型自治的属性，一方面借助基层党建的引领作用，将外部资源和内部资源统筹利用；另一方面发挥村民自治的民主作用，使村庄社会的内在需求得到有效的表达。

（三）达成减贫的本地化与自主化

本地化与自主化的减贫机制即使在扶贫资源撤出或停止后也依然能够发挥作用。例如，确保公共事务能够组织起来，农民合作能够充分实现，社会互助体系能够有效维持，社会需求能够得到表达，外部资源能够持续对接，等等，这样的减贫机制将有助于预防返贫问题的出现。强化农村基层组织建设，提升基层治理的公共性，形塑减贫的本地化机制和自主化机制，有助于在脱贫的阶段性任务结束以及与之伴随的扶贫资源撤出之后，继续保持农村和农民脱贫发展的内在动力，从而避免返贫问题的出现。

减贫机制的本地化，强调的是源于村庄自身的减贫方案，亦即村庄自我“造血”的功能，与之相对的是纯粹源于村庄外部的减贫方案。纯粹源于外部的“输血”方案很难发挥持续减贫的效果，一旦外部资源撤出，农民很容易就会返贫。因此，在强调通过基层组织建设、提升基层治理的公共性时，需要促使外部的资源能够转化为村庄自身的发展能力。从这个意义上讲，减贫机制的本地化并不排斥外部资源，而是要求村庄具有将外部资源内部化的能力，排斥的是纯粹体外循环的扶贫景观。为避免社会扶贫资源投入的分散、重叠、遗漏等问题，需要加强农村基层组织建设，建立社会各方面力量参与扶贫的联动机制，推进资源供给与扶贫需求的无缝对接，实现减贫机制的本地化。

减贫机制的自主化，强调的是源于个体内在动力的减贫方案，亦即农民自我发展的能力，与之相对的是源于外部动力或压力的减贫方案。所谓源于外部动力或压力的减贫方案，既可能是村庄外部的减贫要求，比如上级政府要求在某个时间节点将贫困人数降到某个水平，也可能是村庄自身的减贫要求，比如基层组织希望尽快摆脱贫困状态。仅有这些外部压力并不能产生持久的减贫效果，只有当农民内在的减贫动机被激活之后，才有可能真正产生持久的减贫效果。通俗地讲，减贫机制的自主化就是将“要我脱贫”转化为“我要脱贫”，构建一种自我脱贫的公共精神。

第二节　公共性：组织化扶贫的新视角

既有研究对中国大规模减贫的发生机制进行了大量的讨论。这些讨论主要涉及经济发展、扶贫投入、政治体制和社会文化，却忽略了组织体制尤其是基层组织以及重塑基层治理公共性在中国减贫事业中的关键作用。所谓基层治理的公共性，是指围绕乡村社会的公共利益，构建多元互动的公共空间，形塑集体主义的公共精神。从这个意义上讲，强有力的基层组织和保持基层治理的公共性，是农村减贫和可持续发展最重要的脚手架。

一、公共性目标：组织化扶贫的持续动力

从组织化角度探讨乡村组织、精英、社区、外部帮扶单位等多元主体的公共参与行为和互动机制，是强调达成乡村公共性的重要路径。社会学强调的公共性是一种主体间性，是主体之间共处、共商、共有、共享、共创的关系①。公共性理论的核心内涵在于其关注公共利益、公共空间、公共精神等公共需求与价值的呈现②，其在现代性、社会性、治理性上的特点使其成为解释乡村面对脱贫攻坚向乡村振兴转型及现代化治理极为契合的理念。

农民组织天然是乡村公共性的重要载体，而农民组织化过程天然地蕴含了乡村公共性的建构过程。公共性落地乡村的初始状态体现为目前乡村已经出现草根精英、社区能人等乡村公共人的角色，逐步推动乡村公共利益、公共服务、公共空间等公共领域的完善。组织化扶贫为完成减贫任务而形成了一套基层组织框架和基层治理公共性体系，将为乡村的后续发展提供持久的动力，两者形成交互性建构的关系。

①谭清华．从人的公共性到公共性的人：论人的公共性及其发展［M］．北京：中国社会科学出版社，2015.

②马克林．论我国社会治理中的公共性困境及其超越［J］．甘肃社会科学，2020（1）：31-37.

二、公共性要素：组织化扶贫的落脚点

组织化扶贫的三个落脚点是公共利益、公共空间和公共精神。增进乡村的公共性是实现乡村社会共同利益、满足村民公共需求的关键路径。乡村自身能够体现和激活公共性的公共空间和公共文化功能[①]，包括传统宗法制度资源、宗族祠堂、集体仪式等在内的传统乡村资源在公共性构建方面具有重要意义。

（一）激活乡村的公共利益

公共性建构的本质在于促进公平公正的资源分配机制与利益联结机制，组织化扶贫需要通过社会关系的重塑来激活乡村的公共利益。在乡村社区、市场和基层政府等多元主体参与的情况下，以组织化的方式推动乡村基层组织体系建设达到一种结构均衡的状态，这其实与乡村公共性的构建具有内在一致性[②]。公共利益的实现并非个人利益的简单加总，也不是依靠少数精英就能够实现的，只有通过公共参与方能得以彰显和积累。因此，组织化扶贫实际上就是通过组织关系的重新塑造，寻求更大范围的社会网络、信任与规范，提升乡村的社会资本；通过社会动员，将乡村社区的“内力”最大限度地发挥出来；通过再组织化建设，将乡村多元网络进行固化，推动公共利益的实现。

（二）构建乡村的公共空间

乡村公共生活重建的重点在于提供能够有效提高农民生活质量的公共空间[③]，人居环境是当前构建乡村公共空间的全面性载体。乡村公共空间是乡村社会联结再生产、承载村落公共事务与激发基层社会治理的关键场域，本质上体现的是公共产品供给中资源的有效配置情况。从抽象意义上来说，乡村公共空间的有效构建也是乡村基础治理权力、社会既得利益集团、国家权力三者之间达到有效制衡的体现。要实现乡村社会公共空间的公共性，需要创造可达性高的公共场所，建立多元包容的空间理念，打造混杂复合的功能，以促成合作参与的集体行动，实现公益共享的价值追求。从这个意义上

①芦恒，芮东根．“抗逆力”与“公共性”：乡村振兴的双重动力与衰退地域重建［J］．中国农业大学学报（社会科学版），2019，36（1）：25-34．

②郑姗姗，朱荫．基层组织建设、公共性生产与新型农村社区建设：以天津市A村为例［J］．广东行政学院学报，2020，32（4）：15-20，66．

③贺雪峰．农村的半熟人社会化与公共生活的重建：辽宁大古村调查．中国乡村研究，2009（6）：139-152．

讲，以人居环境整治推动乡村空间功能升级，不仅仅是物理空间的变革，更是社会交往空间的再造。

（三）重塑乡村的公共精神

公共精神体现为村民在集体行动时的意识、态度、情感、利益和行动，是村民对乡村共同体在观念、价值、情感上的认同，有了这种公共精神，村民就能自主通过集体行动对公共事务、公共资源、公共利益加以有效的参与和维护①。组织化扶贫需要通过本土文化的建设来重塑乡村的公共精神，其依托的是一种文化治理范畴的方法与路径。乡村文化的复苏和繁荣有助于培育民间文化组织的产生，文化治理本质上解决的是贫困地区“智”与“志”不足的问题，通过提升个体对乡村的认同感和归属感，以进一步提高减贫主体的文化治理参与度与增强其主体性意识。乡村公共精神的重塑，能够将乡村文化治理体系中的集体自觉、集体认同、公共责任等都固化成一种本土化的价值观念，真正实现乡村自治、法治与德治的协调统一。

①王慧斌，董江爱．乡村振兴战略背景下农民公共精神的培育路径研究［J］．社会科学论坛，2020（1）：107-114.

第二章
全域共兴：后脱贫时代的价值取向

随着“发展全域旅游”写入政府工作报告、上升为国家战略，中国逐步从“景点打造”向“全域发展”转变，全域工作也成为地方促进供给侧结构性改革，推动第一、第二、第三产业融合发展，不断满足人民日益增长的美好生活需要的重要抓手和民生工程①。“全域”从理论争鸣走向实践探索，全域治理也成为后脱贫时代一种全新的发展理念和管理模式创新。全社会参与、全空间融合、全方位发展共同构成了全域共兴的内涵，高校依循组织化扶贫的路径以实现全域共兴的内涵与目标，使得帮扶地方将分散化的社会力量重新组织起来、将无序的扶贫资源实现公平分配。

第一节　全域共兴的内涵

全域共兴作为一种区域发展理念，强调的是资源整合、空间均衡、全社会共享。运用全域治理的理念能够为治理主体推动区域全局发展提供具体可推进的逻辑框架和行动指南。

一、全社会参与

全域共兴提倡通过乡村社会关系的重新塑造，以社会动员的方式联动起各方力量，意味着这不仅是全社会共同的责任，达成的也是全

①李春莹，等．县域全域旅游竞争力评价研究：以福建省为例［J］.福建师范大学学报（自然科学版），2020，36（4）：81-92.

社会的利益共享。正如习近平总书记2018年2月12日在打好精准脱贫攻坚战座谈会上的讲话中所提出的："脱贫攻坚，各方参与是合力。必须坚持充分发挥政府和社会两方面力量作用，构建专项扶贫、行业扶贫、社会扶贫互为补充的大扶贫格局，调动各方面积极性，引领市场、社会协同发力，形成全社会广泛参与脱贫攻坚格局。"全域共兴强调依托一个平等开放包容的合作平台和载体，发挥政府、社会两股力量的作用，来引领市场、社会大众发挥合力作用。扶贫与扶志、扶智相结合，对形成全社会广泛参与脱贫攻坚格局具有重要意义，有助于让全社会成员共同享有脱贫攻坚与乡村振兴的成果。

二、全空间融合

全域共兴倡导的是实现全要素资源分配的有效性与空间公平性，通过对自然要素、社会要素、经济要素等全要素资源的整合，推动全空间的多层功能嵌套与深化。扶贫资源往往散落在各个扶贫机构中，扶贫机构相互之间缺乏合作与整合，导致出现扶贫资源浪费和不足并存、资源配置不均衡、难以有效对接社会需求、难以得到有效监督等问题。因此，与碎片化的要素配置不同，全域共兴强调打破扶贫资源在政策分散、管理分散、资金分散、项目分散、队伍分散、对象分散、宣传分散等方面的壁垒①。同时通过实现跨部门、跨层级、跨地区的常规性合作机制，来克服本位主义和资源分配不均衡的难题。在更高层级的推动和统筹下，全域共兴的理念还强调要全面深化多领域协同治理的体制机制改革，打破边界壁垒，强化跨边界的合作治理，提升综合治理能力。因此，实现全空间融合，实际上回应的是如何破解单一领域单一层级的项目式扶贫困境，强调统筹谋划横向与纵向层级间的部门联动，进行全要素的综合性配置。

三、全方位发展

全域共兴追求乡村在物质层面与精神层面的全域焕新，是以人与人、人与乡村、人与自然等多层关系为出发点的。全域共兴强调乡村振兴是一项系

①段忠贤．社会扶贫"碎片化"如何治理［EB/OL］．（2016-5-30）［2020-8-30］．http://theory.people.com.cn/n1/2016/0530/c49154-28388823.html．

统性与全面性的工程，它所达成的政治、经济、文化等多维意义既是显性层面的，又是隐性层面的；既是当下的，又是未来的，带动乡村当前的生产生活变化，也影响乡村与村民长远性的发展；既是个体性的，又是集体性的。全方位发展立足于人才、产业、文化、生态、组织等五大方面的内容，围绕乡村社会的公共利益，通过再组织化路径、重塑与扩宽乡村的社会关系网络来强化资源配置效率，构建多元互动的公共空间，形塑集体主义的公共精神，实现全域发展。

第二节　组织化：全域共兴的实现路径

有效的扶贫，需要处理“三个面向”的问题。首先是要“面向过去”，解释中国农村大规模减贫的内在机制。制度优势、政治意志、经济发展、资源投放等要素，共同解释了中国农村大规模减贫的部分原因，但是最终将这些要素吸纳整合并转化为强大减贫动力的要素是组织化机制，这是理解中国减贫奥秘的核心钥匙。其次是要“面向当下”，解决减贫成果巩固的问题。2020年中国宣布完成扶贫任务之后，实际上是完成了减贫工程的首期目标，即贫困人口脱离贫困线、实现“两不愁三保障”。但是减贫工程的后续任务更为艰巨，能否保证减贫后不返贫，才是检验扶贫是否成功的根本标准。强有力的基层组织不仅能够在某个时间节点将贫困人口带出贫困线，而且有助于防止他们再次掉入贫困的陷阱。最后是“面向未来”，解决农村可持续发展的问题。组织化建设和公共性提升不仅是中国能够大规模减贫的内在机制原因及当下进行返贫治理的基本保障，也是衔接农村减贫与可持续发展的重要媒介。

基于此，中国乡村的未来，不能止步于脱贫的过往成就，而是要持续推进减贫和预防返贫的工作，将中国乡村的减贫和发展转变成全社会协同发展的问题，并实现全要素资源有效、公平地分配，实现地方的全方位发展，真正达到一种全域共兴的局面，逐步缩小城乡差距，实现共同富裕。

一、搭建社会资源的纽带桥梁

农村在摆脱贫困并且有效避免返贫的情况下，要想实现全域共兴、获得持续的发展还需要具备两个条件：一是人力资本的整体提升，二是产业结构的提升优化。通过组织化扶贫，搭建社会资源进驻乡村的纽带与桥梁，实现全社会参与的帮贫格局，从整体上提升和优化农村的人力资本和产业结构。

人力资本的匮乏是农村贫困的重要原因，也是农村难以持续发展的结构性困境。对于多数贫困农村来说，它们没有良好的先天资源，比如区位条件、自然资源等。因此这些农村的可持续发展的能力，本质上就是人力资本可变现的程度，可变现程度越高，农村越有可能持续发展。但在这些贫困村庄，人力资本几乎是普遍不足的。一方面是教育资源不足，由于缺乏师资以及教育基础设施落后，加上农民对教育不够重视，贫困村庄的农民受教育程度往往不高①；另一方面是医疗资源不足，医务人员缺乏、医疗设备落后、医疗技术及医疗保障水平偏低，导致贫困村庄的农民常常陷入因病致贫、因病返贫的困境之中。

组织化扶贫强调通过党建引领持续对接和统筹外部资源，包括教育资源和医疗资源，这是农村提升人力资本的重要保障。积极作为的基层组织，能够帮助村庄向政府争取各项资源支持，无论是以项目资金还是以人才支持政策的方式；同时，强有力的基层组织可以通过开展更多的工作、创造更多的条件来留住优秀人才，使得这些人才能够在当地持续发挥作用。此外，强有力的基层组织还有助于动员农民积极安排子女入学，积极参与技能培训，养成健康的生活方式和及时就医的习惯，从而提升整个村庄的人力资本。随着人力资本的提升，村民一方面有更多的机会参与外部就业市场，另一方面也能够更好地参与到村庄内部的发展建设上，从而推动村庄的可持续发展。

强有力的农村基层组织是产业结构提升优化的重要基础，是对接整合内外部资源、链接供给与需求的纽带桥梁。农村产业结构提升优化有两条主要的路径，一是人口的非农化，二是做强做大集体经济。人口非农化是指将更多的农业人口转移到工业部门和服务业部门，从而提高劳动力变现的价值。一方面是将第二、第三产业引入农村，提供本地就业机会，这就需要农村基

①黄巨臣．乡村振兴中的农村教育扶贫政策：价值意蕴、实践困境与推进路径——基于“权力—技术—组织”的分析框架［J］．教育与经济，2019（6）：18-26.

层组织发挥统筹协调的功能，包括外部资源的对接（尤其是对接政府资源和企业资源，将好的项目和企业引入村里）以及内部资源的协调（比如协调农民及时完成征地拆迁工作，为项目和企业入驻创造良好条件）。另一方面是向外输出劳动力，这是当前普遍的做法。有效的劳动力输出，需要农村基层组织发挥用工信息统筹（为农民提供更多的就业信息，对接农民的务工需求与企业的用工需求）、技能培训支持（邀请技术专家尤其是用工企业内部专家，为农民开展实用技能的培训）等功能，从而为农民外出务工提供更充分的信息和技术支撑。

除了农业人口的非农化，有条件的农村还可以通过做强做大集体经济来实现可持续发展。在这方面，农村基层组织需要发挥土地整合（将碎片化的土地整合成便于耕作的成片土地）①、技术支持（向政府积极争取农业技术人员的支持，为农民提供相应的技术培训）和市场对接（尤其是农产品销售市场的对接）。

二、构建公共参与的能力体系

在现代国家建设中，组织化的本质在于实现社区需求与国家资源的有效对接，从而为乡村社会提供公共服务和公共品②。基层组织能够提供越多、越好的公共品，家庭的可支配收入就越有可能得到提升，而家庭基本需求成本则有可能得以降低，从而减少贫困发生的可能性。例如，农村社区若能将农民组织起来，有效实现小水利与大水利的对接，农民的生产成本将大大降低，农业收入也将得以提升③。在提升组织化和公共性的过程中，关键是不断强化基层组织的治理能力。基层组织的治理能力可以进一步分解为三种能力，即表达能力、整合能力和执行能力。构建公共参与的能力体系，有助于提升基层组织在促进乡村全空间融合以及全方位发展方面的能力。

表达能力是指村庄作为一个整体表达意见和需求的能力，可以通过表

①将农民组织起来的最重要的制度基础是农民集体土地制度及建立在该制度基础之上的农民集体经济，恢复农村集体土地的生产资料性质，有望同时解决当前农村土地细碎化与农民难以组织起来的两大困境，从而为乡村振兴提供组织条件。参见：贺雪峰．乡村振兴与农村集体经济［J］．武汉大学学报（哲学社会科学版），2019，72（4）：185-192.

②徐延辉，龚紫钰．社会质量、社区能力与城市居民的能力贫困［J］．湖南师范大学社会科学学报，2015（5）：116-125.

③陈柏峰，林辉煌．农田水利的“反公地悲剧”研究：以湖北高阳镇为例［J］．人文杂志，2011（6）：144-153.

达人数和表达渠道来衡量表达能力的强弱。村庄的表达能力越强，公共品建设越能够体现多数社区成员的真实需求，包括公共品的类型、数量、位置、管理方法等等，村庄的家庭也就能够从中获得更多的收益。村庄表达能力较弱，具体体现为没有表达或只有少数人进行了表达。一般来说，导致村庄表达能力较弱的因素，一是村庄公共资源少，影响村庄成员表达的意愿；二是基层民主制度不完善，影响村庄成员表达的渠道；三是既有社会结构的阻碍，使得只有强势群体的诉求能够得到表达。从表达能力的角度来看，基层治理能力建设的主要目标还为了帮助那些在经济社会政策中被剥夺话语权的贫困村庄及其成员，通过基础治理的表达能力建设，恢复并强化他们的表达意愿与表达能力①。

整合能力是指村庄作为一个整体对不同意见、不同利益进行协商并使之达成一致的能力，可以通过协商次数和协商达成一致的次数来衡量整合能力的强弱。村庄的整合能力越强，村庄成员在公共品建设上的利益诉求越容易得到统一，村庄成员也就越能够从中获得更多的收益。村庄的整合能力较弱，具体体现如下：一是议而不决，每个人的意见得到充分的表达，但是却无法形成最终的方案；二是未能将村庄需求与国家资源整合起来。影响村庄整合能力的因素一般有三：一是村庄的结构化程度，例如宗族力量越强大，村庄整合越容易；相反，村庄越是“原子化”，则越难以整合。二是基层组织的权威性，权威越高，村庄整合越容易。三是整合国家资源所需要的成本，如果需要村庄配套的成本极大，超出村庄的经济能力，那么整合就无法实现。村庄整合的关键在于建立村庄合作伙伴关系，将各个群体的冲突转化为共同的信任和愿景②。

执行能力是指村庄作为一个整体将村庄公共意志落到实处的能力，可以通过治理钉子户的效果和公共品建设是否如期完成来衡量执行能力的强弱。村庄的执行能力越强，公共品建设越容易顺利完成，村庄成员也就能够从中获得更多的收益。村庄执行能力较弱，其具体体现就是决而不行，虽然大家共同通过了一致的建设方案，但是方案执行起来却困难重重。影响村庄执行

①徐延辉，黄云凌．社区能力建设与反贫困实践：以英国“社区复兴运动”为例［J］．社会科学战线，2013（4）：204-210.

②Chavis D M. The paradoxes and promise of community coalition［J］. American Journal of Community Psychology，2001，29（2）：309-320.

能力的因素，一是基层组织的治理资源，可利用的资源越多，钉子户越容易治理；二是基层组织的治理权威，权威越高，公共品建设方案越容易得到执行。可见，基层治理能力建设并不是将村庄当作外界影响的消极接受者，为实现特定目标而采取行动的力量是基层治理能力的核心①。

村庄的表达能力、整合能力、执行能力环环相扣，互相渗透。在村庄公共意志的整合、执行过程中，离不开表达能力的基础性作用；而充分的表达，实际上能起到一定的整合功能。而村庄执行能力的有效实现，在本质上就是对不同意见的再整合，充分的表达与有效的整合最终将有利于推动村庄公共意志的执行，推动全域共兴的实现。

三、激发自主脱贫的内生动力

扶贫，在一定程度上来说就是外部资源对贫困村庄的投放过程，离开外部资源的支持，多数贫困村庄很难摆脱贫困的结构化约束。中国的扶贫也是组织化建设和公共性培育的过程，通过党建下乡和干部下乡，农村基层组织得以夯实。而对于一些软弱涣散的基层组织，党和政府明确要求进行整治。在自上而下的组织重建过程中，村民自我组织、自我管理和自我监督的能力也不断得到强化，各地都出现了不同的村民自治模式，形成了具有中国特色的引领型乡村自治体制。通过引领型乡村自治体制，农村基层组织一方面对内整合社会发展需求，另一方面有效承接国家资源和市场资源，将这些外部资源转化为村庄发展的公共利益，从而推动大规模减贫的实现。

通过组织化扶贫实现全域共兴的内在逻辑主要还是依托于强有力的农村基层组织来激发乡村自主脱贫的内生动力，以此推动全域共兴的长效性与可持续性。强有力的农村基层组织，首先有助于深入了解和回应农民的内在需求，这是形塑减贫本地化和自主化机制的关键环节。只有准确把握农民的所思所想以及农民所面临的生活困境，才能够在后续的组织工作中真正打动农民的心，激发其内在的动力。其次是通过基层组织的集体动员，在农民群体中形成有效的协商机制和共鸣机制。“独木不成林”，个体化的农民在脱贫发展的道路上往往容易迷失自我，而基层组织的集体动员、集体学习和集体

①Beckley T M，Martz D，Nadeau S，et al. Multiple capacities，multiple outcomes：delving deeper into the meaning of community capacity［J］. Journal of Rural and Community Development，2008，3（3）：56-75.

发展，能够产生强大的心理共振效应，从而激活农民自我发展的内在动力。最后，通过基层组织人员的带头示范，能够给农民的脱贫发展带来直观且具体的指引作用。农民的脱贫发展不仅需要抽象的发展意愿，更需要具体的发展思路，两相结合才能使全域共兴的信念得以形成并持续发力。

第三节　全域共兴下高校的担当

全域共兴的组织化扶贫意味着扶贫工作是全社会的共同责任，人人有责，人人尽责。而高校由于拥有大量的内部资源，且在信息和资源传递方面具有突出的枢纽作用，因此在组织化扶贫中具有重要地位。

一、高校在组织化扶贫中的使命

在全域共兴发展理念指导下，后脱贫时代农村基层治理将走向多主体协同的参与格局，高校有必要在脱贫攻坚与乡村振兴有效衔接的关键节点，探寻新时期高校的作为与担当。

公共性为高校参与乡村振兴提供了一个行为框架。高校介入组织化扶贫，能够发挥其整合资源的优势，快速与帮扶地区形成一个相互交织的、强有力的资源动员网络和公共空间。高校作为一个社会资源的重组平台，有助于促进农村的公共参与，在具体的参与实践当中能够推动组织化与公共性交互建构的多元主体协同建构，能够促进多元主体凝聚共同价值，从而使得多元主体追求的全域共兴目标得以实现。

二、华南理工大学组织化扶贫先行起步

华南理工大学肩负精准扶贫的历史重任，自2013年起按照教育部关于滇西边境山区区域发展与扶贫攻坚工作的统一部署，定点帮扶云南省临沧市云县，同时选派干部到云南省普洱市孟连傣族拉祜族佤族自治县挂职。2016年起按照广东省委、省政府统一部署，作为揭阳市惠来县隆江镇孔美村的帮扶责任单位，启动精准帮扶工作。华南理工大学在开展定点帮扶时，十分重视返贫的预防工作，即如何避免已经脱贫的农民重新陷入贫困或未曾贫困的农民陷入新一轮的贫困之中。因此，华南理工大学在整个扶贫过程十分重视组织化实践，期望通过组织化手段促进农村的全社会参与、全空间融合、全方位发展，重构乡村公共性。以云县帮扶为例，华南理工大学制定了详细的帮扶时间计划路线图，推进云县脱贫攻艰工作的开展（图2-1）。

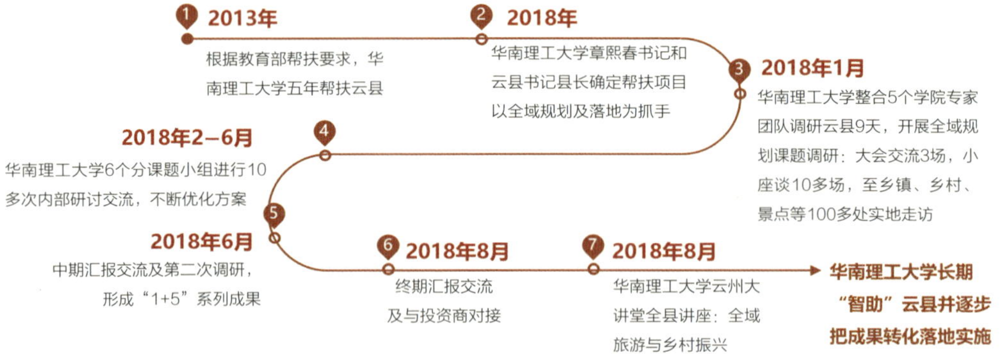

图2-1　华南理工大学全域推进云县脱贫时间路线图

本书主要选取华南理工大学定点帮扶地区——云南省临沧市云县以及广东省揭阳市惠来县隆江镇孔美村作为案例，重点剖析华南理工大学定点帮扶工作的组织化过程。之所以选取以上两个案例，是由于两者在致贫原因上存在显著差异。

云县位于滇西南、滇中、滇西北三区交界的少数民族地区，具有得天独厚的旅游文化资源优势，但是整体发展缺乏顶层规划设计，各领域“单兵作战”，资源有效利用率不高，各乡镇产业发展与其区域优势严重不匹配。因此，云县特色产业弱，拳头产品少，宣传效果差，运营机制缺乏活力。同时受到内生发展动力不足和交通运输不便、基础设施配套不足等主客观因素影响，全县发展缓慢，陷入贫困。另一帮扶地区孔美村位于广东省揭阳市惠来县隆江镇，是拥有厚重历史的传统古村落，保存了大量历史建筑和文物资源，街巷纵横、宗祠星罗棋布，形成具有潮汕地区特色的“田—水—巷—祠”村落格局。但是由于20世纪90年代中期村中制毒、贩毒泛滥，孔美村背负了“白粉村”的污名，导致村民人心涣散，主动发展意识不强，村中青壮年劳动力外流情况严重，使得村中劳动力支撑不足。

针对云县发展资源零散、产业缺乏抓手的问题，华南理工大学采取的是“自上而下”的帮扶策略，以“‘1+5’五位一体”全域旅游规划为抓手，深度盘点云县家底，促进县与乡镇政府、县政府各个职能部门跨界合作，竭力破解“权力不对等、财力不够、智力不足”问题；促进云县优质资源在空间上的整合，构建起“‘云县+社会+华工’三力驱动”扶贫链造血机制，让原本缺乏活力的落后地区自身具有造血功能和自我发展能力。

针对孔美村基层组织涣散、村民的文化自信和自我认同缺失的问题，华南理工大学采取“自下而上”的帮扶策略，通过派出专业团队精准设计、优秀驻村干部精确定点，重点以潮汕宗祠文化凝聚村民与乡贤，发挥红色文化的熏陶功能，以基础设施建设为驱动，一改孔美村以往“涉毒村”的颓势，实现村庄由“白”转“红”，以“美”为美，实现孔美村的蝶变。

近年来，华南理工大学结合自身具有的高校资源整合优势，开展组织化扶贫实践，为帮扶地实现全域共兴打开了新的思路。后文将对华南理工大学在云县和孔美村开展组织帮扶的实践案例展开深入的剖析，并尝试总结高校扶贫“RAISE”模式，为推进脱贫攻坚与乡村振兴有效衔接提供模式借鉴和路径参考。

要坚持乡村全面振兴，抓重点、补短板、强弱项，实现乡村产业振兴、人才振兴、文化振兴、生态振兴、组织振兴，推动农业全面升级、农村全面进步、农民全面发展。

——2018年7月5日，习近平总书记对实施乡村振兴战略作出的重要指示

中篇

探索

第三章
关系重塑：整合乡村的公共利益

第一节　嫁接资源：高位双优对接

资源的嫁接、吸纳、激活与提升能够推动乡村社会关系网络的重塑，能够促进贫困地区在“后脱贫时代”达成社会资源公平公正地分配，推动乡村公共利益与集体价值的实现与达成。公共利益的实现并非个人利益的简单加总，也不是通过少数社区精英的努力就能实现，而是需要通过公共参与才能得到彰显和积累。组织化建设能够促使乡村社区的“内力”达到最大限度的发挥，依循这一思路，华南理工大学的扶贫实践工作正是通过社会动员、社会资本的积累等组织化行动来促进集体参与，最终重新塑造帮扶地区的社会关系。

乡村社会关系的重塑，并以乡村多元网络的形式加以固化，关注的其实是如何拓展社会网络的广度与深度来提升乡村的社会资本及资源黏性，从而在人际互动中达成有效的合作精神与参与意识。乡村的可持续发展最终离不开一群富有公共事务自组织能力和执行能力的热心村民，只有村民携手，才能走出以往“有事不议—议而不决—决而不行—行而无监督”的发展怪圈。

脱贫攻坚不是“独角戏”，仅靠几个人的努力是难以收到成效的。它更像是“集体舞”，需要动员各个方面的积极力量，共同发力推动，共同攻坚克难。华南理工大学坚持把定点帮扶工作纳入全校“一盘棋”来谋划和推进，从高位介入进行资源嫁接，强化显性和隐性资源的双轨输入，向帮扶地区输入专业性人才并实行本地化策略，从而实现帮扶责任单位优势学科和贫困地区优势资源之间的“双优对接”。

一、保姆式扶贫的制约

以往的扶贫工作常常带有很强的“保姆式”扶贫理念，帮扶责任单位往往以一种高姿态介入和关怀贫困地区，大包大揽式地开展扶贫工作，容易忽视贫困群体的主体本位。此外，贫困群体对于自身角色及主体性的认知稍显不足，通常表现为脱贫的内生动力不足，当帮扶责任单位撤离后，他们极其容易再次陷入贫困之中。具体而言，扶贫实践中多存在以下三种现象。

（一）基层治理悬浮现象

精准扶贫的“悬浮”是指政策在执行过程中并没有达到预期目标，出现了目标偏离的现象，尤其是精准扶贫政策在具体设计和执行时，很多时候都无助于解决贫困问题，造成了运动式治理贫困的政策失灵①。在扶贫工作的过程中，由于基层政策传播者长期缺位，村民特别是贫困户对于政策信息的获取能力、整合能力和运用能力较弱，相关政策的执行与推进都和贫困户整体的关联度不大，尚未形成一种自下而上、由内而外的参与主动性，从而影响精准扶贫政策的具体实施，甚至造成村民对基层政权的认同感下降，基层治理呈现出尴尬的夹心层状态。

（二）资源输入水土不服

以往不少扶贫开发项目均通过输入资源实现帮扶目标，这种帮扶方式更多的是出于对当地自然条件的考虑，但往往忽略了对村民能力的挖掘和培养。尽管资源输入这一方式能够在短时间内为贫困地区带来新的能量，但是由于贫困地区处于相对封闭的状态，劳动力人口流出较为明显，囿于资源得不到充分开发、留乡村民对资源的把握程度低以及远离需求市场等先天瓶颈，往往难以将新输入的资源有效地转化为改善村民生存状况的优势，出现了资源因“水土不服”而利用效率不高的情况，为当地实现稳定脱贫埋下了不确定性因素。

（三）权力博弈与不合作

由于扶贫工作时间紧、任务重，产业环境和帮扶对象个体变化快、不确定性强等特点，驻村第一书记和村书记一般缺乏足够的反思、自我检讨、修正和互相磨合的时间。现有不少研究也发现，驻村第一书记和村书记在基层相遇时表现出博弈和不合作的关系，这种关系状态主要源于两个方面：一是

①袁明宝．扶贫吸纳治理：精准扶贫政策执行中的悬浮与基层治理困境［J］．南京农业大学学报（社会科学版），2018，18（3）：57-64，153-154．

权力边界的模糊性导致权力侵扰，引发村书记的不满与不合作；二是权力分散导致责任分散，驻村第一书记作为一个外来者，难以在短时间内介入乡村公共事务之中并获得村民的信任，这也将驻村第一书记推向一个十分微妙的权力位置。

二、高校智慧本土化

在高校定点帮扶工作中，高校的驻村工作队作为一种乡村治理的外部输入力量，善于对接乡村振兴国家战略，通过自身特殊的政治资源优势和社会关系网络，实现更为广泛的社会动员，并且采取调研、视察、走访等“超常规”的工作方式和特色的渠道，可以实现信息的越级传递和资源的跨层级调动，从而使基层组织呈现出一种多元治理的局面①。作为国家在扶贫领域一种新的资源输入形式，驻村工作队成为社会扶贫网络中一支“高位嫁接”的外生力量“嵌入”乡村治理结构中，可实现对扶贫资源的广泛动员②。

（一）高位介入“四两拨千斤”

在具体的扶贫工作中，帮扶责任单位领导的调研和视察往往是一种超越常规体制和渠道的帮扶方式，能够“四两拨千斤”地争取到上级的扶贫资源。帮扶责任单位领导的调研和考察，往往有地方官员的陪同，这种高位介入为扶贫工作实践中的信息传递和资源调动提供了一条便捷而高效的途径。因此，责任单位的领导对于扶贫工作的重视程度、对于定点帮扶地区实地调研和考察的频繁程度，都会直接影响驻村扶贫工作的开展。

（二）显性和隐性资源的双重输入

目前，我国扶贫往往以“输血”作为第一步，其中最重要的一项内容是显性资源的输入，即国家在制度上进行明确表达，是一种具有确定性的扶贫资源的输入。另一项内容则是隐性资源的输入，主要指扶贫干部个人及其所在的单位所拥有的资源，正如孔美村驻村第一书记苏秋斌在访谈中提到的，在扶贫工作中“要多挖掘和争取学校资源，要依靠个人关系特点来帮助村里”。隐性资源作为一种从贫困地区特殊性出发，经过帮扶责任单位或个人挖掘、筛选后输入的资源，更具有灵活性和生命力。但隐性资源亦存在不

①王丹莉，武力．干部驻村：西藏乡村基层治理方式再透视——基于西藏六地一市干部驻村的问卷调查［J］．河北学刊，2017，37（3）：164-169.

②钟海．超常轨化运行：驻村工作队的角色塑造与运作逻辑——基于陕南L村的田野调查［J］．求实，2020（3）：95-108，112.

确定性和不稳定性，它与驻村干部特别是驻村第一书记所在单位以及私人资源的丰富程度密切相关。因此，高校在选派扶贫干部时就需要从资源配置的角度出发，以一种积极作为的方式充分调动学校、驻村干部等显性和隐性资源，对其进行整合、优化配置和输送。

（三）人才输送与本地化策略

高校在委派扶贫干部时，一般根据帮扶地区自身特点和需求遴选干部挂职，强调技术专业的权威性。高校扶贫干部以一名“人民教师”的身份介入农村工作，其角色和行为更倾向群众化，更容易得到村民的信赖。同时，高校扶贫干部更容易突破科层制的层级节制从而获得可利用的体制内和体制外的资源，有助于提升扶贫干部和村民之间的信任度。

在人才输入后，还需要实行本地化策略。扶贫干部通过同吃、同住、同劳动的“田野调研”方式考察村落发展的现实性问题，逐步与村民构建起一个频率相同的“话语体系”。扶贫干部站在源于农民又高于农民的立场，能够平衡农民需求与资源供给的关系。扶贫干部一方面要向村民传播、解释国家政策，另一方面要向政府以及学校反映村民的需求信息，争取资源。可见，扶贫干部扮演的良好的当家人角色需要以满足群众需求为基本条件，以帮助农民摆脱贫困并树立起对美好生活向往的信心为基本目标①。

三、高校和地方多层嫁接

精准扶贫及乡村振兴之所以难，难在这是一项需要系统性与整体性协调运转的任务。目前，乡村建设需要重新建立人与人、人与文化、人与自然之间的关系，对扶贫干部而言，就是需要得到当地政府、村民等不同主体的信任。若高校提出的建设观念过于超前，则会出现当地的干部和村民不能完全理解和接受的现象。因此在介入扶贫工作时，华南理工大学特别强调资源的多层次嵌入，在宏观格局层面强调学校党政领导与帮扶地区党政领导顶层资源的整合与对接；在中观层面以专家学者调研、座谈的形式向当地党政机关部门负责人以及扶贫干部、村民输入思想与理念；在微观层面则以驻村第一书记为媒，以更平易近人的姿态与村民构建联系，为乡村发展实现稳定脱贫输入现实资源。

①尹利民，况伟．代理人抑或当家人：第一书记的双重角色与融合——基于G镇的经验［J］．南昌大学学报（人文社会科学版），2018，49，196（2）：54-60.

（一）战略驱动，整合资源

华南理工大学在开展定点帮扶行动之初，就构建了学校党委书记、校长亲自抓，扶贫开发领导小组牵头统筹，各部门分工合作、全校师生和校友共同参与的“大扶贫”格局（图3-1）。华南理工大学扶贫开发领导小组由学校党委书记、校长担任组长，学校党委副书记担任副组长；小组办公室设在学校党委组织部，组织部部长担任扶贫开发领导小组办公室主任，相关二级单位主要负责人为组员，形成了运行高效的组织领导机制；校内各二级单位都对口帮扶一家贫困户，成为精准扶贫、精准脱贫坚强的组织保障。

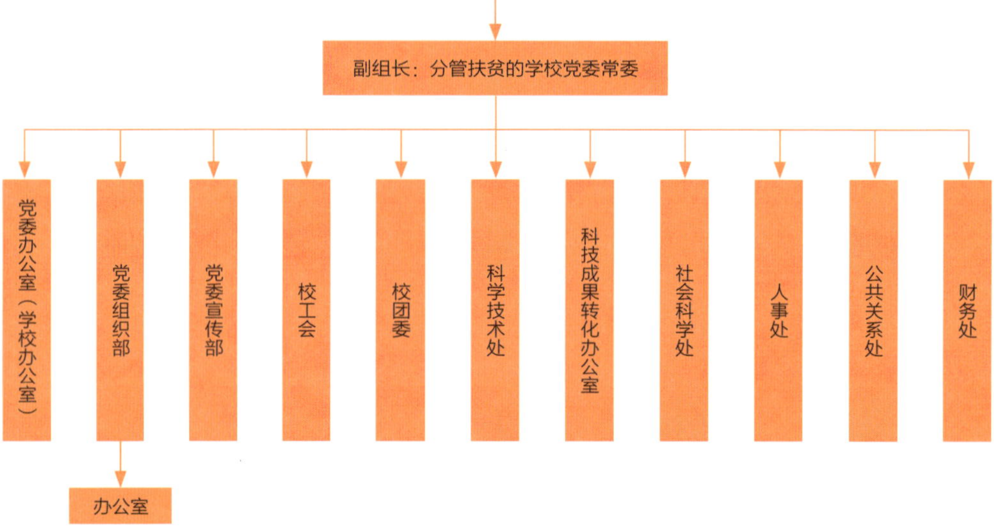

图3-1　华南理工大学扶贫开发领导小组架构

在过去8年的扶贫工作当中，华南理工大学党政部门领导多次前往帮扶地区进行实地调研，走访当地党政机关部门，通过主持召开扶贫工作推进会、听取汇报、座谈交流、实地考察（图3-2～图3-8）等方式，不断强化对扶贫工作信息的了解和掌握。以孔美村扶贫工作为例，华南理工大学在帮扶之初便制定了关于孔美村脱贫攻坚的工作方案（图3-9），每年召开4~5次扶贫工作小组会议，学校党委组织部每两周召开一次孔美村脱贫攻坚工作例会，每年年初召开2~3次相关职能部门和资产经营公司帮扶孔美村的工作协调会，研究部署孔美村脱贫攻坚工作。

由于学校及帮扶地区党政机关领导对各自单位的相关资源有着更强的动员能力和整合能力，双方更容易在同样的平台上对贫困地区发展的战略性问题展开对话，因此双方领导的顶层对接在帮扶工作中显得尤为重要。例如，2018年华南理工大学与云县人民政府签订了《华南理工大学—云县人民政府深化定点帮扶实现脱贫奔康备忘录》《华南理工大学—云县人民政府消费扶贫意向书》和《华南理工大学“爱心茶”采购协议》等方案或文件，为华南理工大学帮扶云县明确了顶层布局和长远计划。

图3-2　华南理工大学校召开扶贫工作协调会

图3-3　华南理工大学调研考察组与云县领导班子座谈

图3-4　学校党委书记章熙春（左四）考察云县产业

图3-5　学校校长高松院士（右一）慰问贫困户

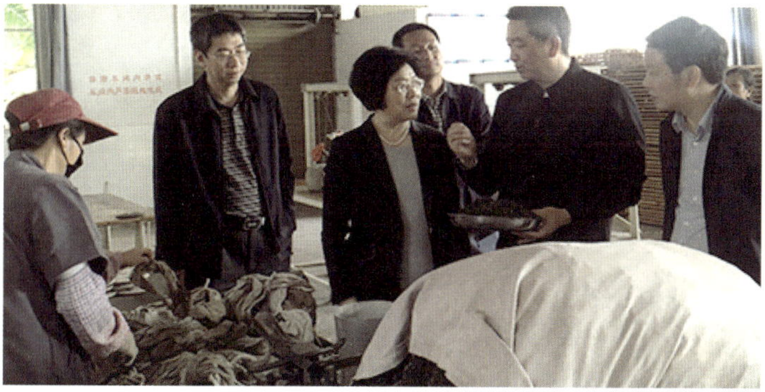

图3-6 学校党委副书记刘琪瑾（左三）调研云县茶叶产业

图3-7 学校党委副书记陶韶菁（左三）慰问云县贫困户

图3-8 学校党委副书记麦均洪（左四）一行到滇西应用技术大学考察调研

基本原则	主要思路	实施方案
· 问题导向 · 目标引领 · 尊重民意 · 因地制宜 · 特色发展	· 党建为抓手 · 短期上基建 · 中期靠产业 · 长远看教育	· 整体规划 · 分步实施 · 成熟一项 · 实施一项

图3-9 华南理工大学关于孔美村脱贫攻坚的思路方案

筹画

目标是千家万户都脱贫——“造血”还在继续，我们号召华南理工大学的校友到对口帮扶地区去办企业，把当地的资源优势、生态优势和华工人的技术优势结合起来，进一步开发各种产品，帮助云县和孔美村脱贫致富。华南理工大学不但要全程参与扶贫攻坚，还要把这项工作作为学生“大思政”教育的重要方面，汇聚涓涓智慧之流形成建设全面小康社会的强大势能。

——华南理工大学党委书记章熙春

（资料来源：112万！华南理工师生扶贫济困的爱心有分量，http：//news.scut.edu.cn/_s5/2019/0705/c41a40225/page.psp）

华南理工大学充分发挥干部人才资源优势，在全校范围精心遴选和选派驻村工作队员，队员数量、学历层次、专业结构、履职能力等在帮扶单位中均名列前茅。例如在遴选孔美村驻村工作队队员时，实行了“3+1”模式——队长苏秋斌派出前为学校华南协同创新研究院副院长，熟悉产学研结合和科技成果转化；队员张玉彪刚刚结束驻厄瓜多尔大使馆财务岗位的借调归国，财务经验丰富；队员韩红操刚刚结束上一轮的驻村任务，主动提出继续留任直至脱贫攻坚胜利结束。在派出3人常驻孔美村的同时，学校还选派了华南理工大学建筑设计研究院高级工程师李彬彬作为孔美村工程项目设计负责人，定期到村开展工作。

在扶贫干部的管理上，华南理工大学坚持严管和厚爱结合、激励和约束并重，夯实挂职干部成长和培养的制度保障。一是在学校《党政领导干部选拔任用工作办法》中，明确规定“经学校组织推荐参加一年及以上扶贫、支教、借调、挂职等工作，并经考察表现突出者，可作为选任的优先考虑条件”“由组织选派扶贫、支教、借调、挂职的干部，原则上保留现有职级和待遇”；二是在学校《干部队伍建设规划（2020—2024）》和《优秀年轻干部队伍建设规划（2019—2024年）》中，明确提出进一步统筹用好支援边疆、对口帮扶、脱贫攻坚、乡村振兴等各类实践锻炼平台，加大对脱贫攻坚干部人才的任用和关心关爱，并制定了《华南理工大学挂职人员挂职期间工作补助待遇管理办法》《党委组织部关心关爱干部实施细则》等一系列保障性政策；三是认真落实教育部对脱贫攻坚干部人才的考察要求，积极与挂职单位沟通、对接考察工作，并结合工作实际，将平时工作汇报、年度总结考核、期满挂职考察相结合，不断完善考核管理体系；四是及时归档考核材料，为今后对材料的进一步使用提供依据，充分发挥考核的“指挥棒”作用。

（二）调研为本，规划引领

高校作为学术科研机构、国内前沿思想的汇集地和“摇篮”，在思想和理念的传播和输出上具有先天的优势。华南理工大学走进帮扶地区的第一件事就是整合校内专家学者的资源给当地“诊脉”，开出一张综合性的“药方”——通过顶层设计和战略性规划引领地区的长远发展。华南理工大学在开展扶贫工作的过程中，十分重视前期调研和情况摸查，在开展正式帮扶工作前，首先开展了大量的前期调研。

基于前期实地考察调研，2018年，由学校党委书记和校长“双挂帅”的扶贫开发领导小组开展了云县全域旅游总体规划项目，召集了文化旅游、规划设计、新闻传播、品牌营销等学科领域的专家学者，组建了一个全域旅游规划项目团队，全面发挥跨学科的优势助力云县发展。

华南理工大学首先以规划为先锋，画好脱贫攻坚的路线图。学校先后派出4批次共30余人次，历时半年深入云县山水田间开展调查研究、问诊把脉，足迹遍布县、乡、村，召开各类交流座谈会和专题研讨20余次（图3-10），最终举全校之力着力为云县打造了“‘1+5’五位一体”的全域规划方案，即一部全域旅游总体规划，另加一组特色产品推广方案、一套旅游形象设计系统、一套乡村民居改造指引、一个招商引资项目库、一部招商宣

图3-10 专家团队前往云县开展全域旅游规划调研

传专题片。其后，又将规划方案细化落地，打造“云游云县，康养一生”的总体形象，确定了“1510”一体化全域发展策略，即1套顶层设计、5个平台抓手、10项推进行动，构建了“政府统筹推进、社会合力帮扶、学校全程智助”三大合力保障的扶贫链造血体系，为精准扶贫谋划了清晰的路线（图3-11）。

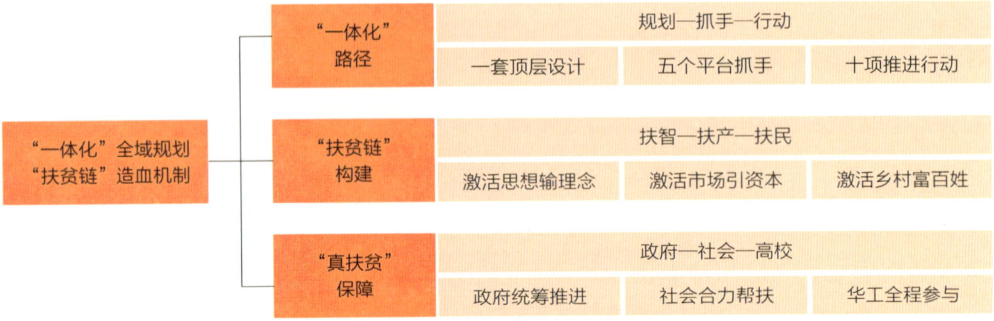

（资料来源：跳出“产业双人舞”，《中国教育报》头版报道学校定点帮扶工作经验，http://news.scut.edu.cn/_s5/2019/0601/c41a40009/page.psp.）

图3-11　华南理工大学构建的云县“一体化”全域规划、“扶贫链”造血机制

《云县全域旅游发展总体规划》深入挖掘了云县的资源特点、亮点与创新点，指明了云县旅游战略性发展方向，得到了市、县的重点关注。在市级层面，该规划成果内容被列入《临沧市旅游产业“十三五”发展规划》，其中云县被提及25次，在多方面得到临沧市的重点关注。在县级层面，云县将其纳入“围绕全县经济发展格局、城镇体系布局和交通设施规划建设布局，按照‘一核两线三水’思路总体布局”的云县旅游发展整体规划，并且着力推动云县打造徐霞客旅游文化名片，成立徐霞客游线标志地认证申报工作领导小组，积极参与2018年全国第四批“徐霞客游线标志地”寻找与认证现场终审会，聚焦乡村振兴战略。云县以昔宜村为引爆点，持续完善旅游基础设施与公共服务体系建设，鼓励本地村民参与旅游就业与创业。

调研的过程同时也是一个输出理念、激活思想、提振士气的过程。华南理工大学多次的实地考察调研和座谈交流（图3-12）在当地引起了热烈反响，规划策划对帮扶地区的特色与亮点进行了凝练和提升，极大地激发了帮扶地区领导干部和人民群众的信心，不少人发出“原来我的家乡资源这么丰富！”的感叹。当地企业家甚至主动加入调研团队，在调研过程中共谋家乡发展的蓝图，进一步点燃了当地群众摆脱贫困、谋求发展的热情。

图3-12 各类正式与非正式的云县发展研讨会

筹画

让学校优势学科和扶贫点的优质资源跳出“产业双人舞”，把高新科技转化成老乡手中的“真金白银”，为扶贫点开拓脱贫致富新路子。华南理工大学整合食品科学与工程等优势学科，构建学校、扶贫点、社会三力驱动的扶贫链造血机制，形成精准扶贫强大合力，帮助扶贫点做优做特传统种植产业，做大做强做优新兴产业。

——华南理工大学校长高松院士

（资料来源：心手相连不以山海为远——高松校长带队深化定点帮扶云县工作，http：//news.scut.edu.cn/_s5/2018/1212/c41a39080/page.psp.）

回响·乡土音声

自2013年华南理工大学定点帮扶云县以来，学校领导多次带队前来云县深入调研，同时派驻多位优秀挂职干部扎根云县。华南理工大学为云县的脱贫攻坚提供强有力的人力、物力和智力支撑。

——云南省临沧市人大常委会党组成员、副主任，云县委书记李明奎

华南理工大学给云县人民群众带来的不仅仅是物资上的帮助，更重要的是给云县巩固提升脱贫攻坚、谋划实施乡村振兴和推动全县经济社会发展提供了智力帮扶，成为云县发展最宝贵的资源，助力云县扎实推进经济社会又好又快发展，如期建成全面小康社会。

——云南省云县委副书记、县人民政府党组书记、县长字清华

在孔美村，驻村工作队在进入村庄后，首先开展了大规模的入户调研，迅速摸清孔美村的村情，了解到孔美村存在许多发展制约，如存在涉毒活动猖獗、无支柱产业、集体经济薄弱、地少人多、基础设施和公共服务设施建设滞后等情况。驻村工作队与村两委密切配合，达成了“一手抓禁毒保稳定，一手抓扶贫促发展”的共识，并确立了扶贫工作的“五个一”工程。这项工程具体包括：着力打造一支懂农业、爱农村、爱农民的工作队伍，在党建引领、禁毒、乡村治理、产业振兴中发挥带头作用；做好一个规划——做好新农村示范村整治创建规划，为孔美村的未来发展指明方向，实现新农村建设的弯道超车；打造一个品牌——打造“孔子美”品牌（包括香米、绿豆饼、水果等子项目），推进扶贫产业建设，增强孔美村“自我造血”功能，把优秀人才、青壮就业人群留在村中；复兴一个村的文化——通过申报中国传统村落、广东省古村落，增强村民文化自信，摆脱涉毒的负面形象，为旅游强村打下坚实基础；建立一套精准扶贫精准脱贫的工作机制——通过产业扶贫、精准帮扶、教育扶贫、就业扶贫、大病救助等方式，建立扶贫的长效机制。

在具体进行乡村建设时，华南理工大学帮扶团队深知对于贫困地区而言，乡村建设是一项“小而美”的改造，因此特别强调建设前的充分论证与规划，依循“先规划后建设”的实施路径，充分发挥自身在建筑、乡村和旅游规划等方面的特长和优势，邀请学校建筑学院和经济与贸易学院具有丰富规划实践经验的老师及学者作为负责人，对云县和孔美村分别开展建筑、乡村和产业规划。其中，由华南理工大学建筑学院叶红副教授担任孔美村规划设计总负责人，带领师生团队利用3个多月的时间完成了孔美村《社会主义新农村示范村整治创建规划》的编制工作，为孔美村的新农村建设提供了依据和参考。

（三）当家人双轨合作

扶贫干部是学校定点扶贫的先锋队、尖刀班，其作用的发挥情况直接影响到脱贫攻坚的成效。深入扶贫地区一线的扶贫干部就像高校的“触角”，可谓学校扶贫开发“中枢”和扶贫地区之间的桥梁和纽带。一方面，他们将高校的帮扶理念和发展思路分解转化为技术操作层面的工作，并将高校的各类优势资源整合引入贫困地区；另一方面，他们针对贫困地区民众的需求提出具体可实施的策略。例如挂职干部张健挂职云南省临沧市云县副县长后，上茶山、下田地、进农户，了解云县县情、民情、社情，在此基础上科学编制精准扶贫的指引，通过教育帮扶和产业帮扶两轮驱动，不断提升云县自身的“造血”功能。挂职到岗后，张健积极联系沟通校地双方，对接校地双方高层12位领导的9次互访，高层的频繁交流形成了强大的帮扶合力，实现乡村资源的多元利用，让原本缺乏活力的乡村落后地区具备了造血功能和自我发展能力，促进云县走上产业化脱贫之路①。

图3-13 挂职云南省云县副县长张健（左二）走乡串户入户调研

掠影·扶贫干部事迹

张健：在云县的扶贫“云”生活

2017年5月，华南理工大学扶贫干部张健离开了妻儿和母亲，来到云南云县开展定点帮扶工作。在大寨镇新合村走访时，张健遇到两个小女孩，她们住在破旧的土坯房里，梦想能够好好读书，用知识改变命运。这让张健深有感触，扶贫先扶志、扶贫必扶智，只有办好教育，才能呵护孩子们纯真的梦想。

几年来，张健和队员们的扶贫工作取得了丰硕的成果：共培训云县和临沧市领导干部和各类专业技术人员2000余人次，争取捐赠物资价值1300余万元。通过爱心浴室项目，让1600余名中小学生洗上了热水澡；通过“爱心包裹”项目，让1154名小学生用上了新书包和新文具；通过教育信息化提升，让5000余名山区中小学生零距离接触到计算机及互联网；通过医疗帮扶，让云县200多名患者减轻了病痛……张健和工作队的队员们通过展销会等形式，把云县的农产品引进了华南理工大学开展消费扶贫，学校饭堂专门开设了云县米线专窗，“爱心茶”和“爱心水”

①奋战在滇西脱贫攻坚一线的“教育兵团”：教育部第六批赴滇西扶贫挂职干部工作纪实［EB/OL］.（2019-9-19）［2020-8-30］. http://news.scut.edu.cn/_s5/2019/0922/c44a40583/page.psp.

的畅销也反哺着云县教育。

扶贫路上，张健曾与山顶滑落的巨石擦肩而过，也曾和泥石流不期而遇。几年来，在家庭中的缺位使他深感愧疚。但正是在他和扶贫工作者的共同努力下，华南理工大学与云县六年携手攻坚，云县贫困人口数量从2012年末的5.28万人下降到2018年末的813人，贫困发生率从11.70%下降至0.24%。2018年9月，云县成为云南省首批、临沧市首个脱贫摘帽县，云县的扶贫项目连续两年被评为教育部直属高校精准扶贫精准脱贫十大典型项目，张健也获得了云南省"扶贫先进工作者"荣誉称号。

近期，张健又专程到大寨镇走访了那两个小女孩，为她们带去了文具和书籍。看到她们的家迁到了半山腰拥有"360度无敌山景"的新房里，张健感到由衷的欣慰。

（资料来源：科学网．甘当"燃灯者" 奋发新时代 华南理工大学举行主题教育先进事迹与经验报告会，http://news.scut.edu.cn/_s5/2019/1111/c44a41184/page.psp．）

在村一级层面，高校扶贫第一书记尽管掌握着来自帮扶责任单位、政府以及个人的各类社会资源，且具备较高的"技术嵌入"能力，但是在与村民沟通、获得村民的群体信任等方面往往力不从心。这时候，他们就需要村中熟悉村庄情况、具备施行"本地策略"能力的"引路人"提供协助。长期在基层社会摸爬滚打的村干部就是"引路人"的首要人选，他们掌握与村民沟通的工作方法，拥有劝服村民的能力——这是作为外来干部的驻村第一书记在治贫工作中所缺乏的。只有驻村第一书记与村书记构建起良序的"小团体"，两个当家人形成双轨合作的默契和工作机制，两者联合治理，才能为乡村社会资本的初步积累创造良好的社会关系基础，提升扶贫绩效。

早在2014年，在外经商的孔美村乡贤唐财喜临危受命，经村民推举和上级党委考察后被任命为孔美村党支部书记，并与熟悉乡情、踏实肯干、敢于奉献的唐国忠、唐镇涛等村民组成村委会。在孔美村的扶贫工作中，驻村第一书记苏秋斌和村书记唐财喜彼此形成了趋同的价值目标和工作默契。苏秋斌时常称赞唐财喜是"三观最正"、最有执行力的村支书，而唐财喜每次谈论起孔美村的建设蓝图，都感叹"多亏华南理工大学的帮助，不然我们哪知道做什么"。曾有一次，别村的人说起帮扶单位给他们带来了多少资金时，唐财喜表达了他自己的意见，他认真地说："给一千万元又能怎样？花完了

图3-14　孔美村驻村第一书记苏秋斌（左一）与村书记唐财喜（右一）入户访谈

我们还是不知道该干啥。华南理工大学是最好的，什么事情都教给我们，这对我们的帮助最大！”每次苏秋斌外出办完事回村，唐财喜都会打电话问他：“你什么时候到车站？我开车过来接你。”驻村第一书记和村书记在长期的共同交往中建立起来的关系和情感必然会嵌入扶贫的具体实践中，在很大程度上超越了驻村工作队的工作制度或扶贫项目“常轨式”的过程管理机制，形成了夯实的信任基础和紧密的合作关系（图3-15、图3-16）。

图3-15　小忙兔村驻村第一书记毛善超（中）开展产业发展情况调研

图3-16　小忙兔村驻村第一书记刘卫忠（左二）和村民一起交谈

感悟·挂职干部说

脱贫岂是终点？跨越发展才是梦想！在新时代，我辈就要有新的担当、新的作为，创造属于人民的新辉煌！

——云南省云县挂职副县长张健

作为驻村第一书记，要心系群众、担当实干，把扶贫之路作为“心中的新长征”全身心投入，为国家的乡村振兴事业做出贡献。

——云南省云县小忙兔村驻村第一书记刘卫忠

总有一些人甘愿为别人负重前行，举着骨头当火把，给别人带来一些暖和光，照耀他人生命的旅程。

——广东省孔美村驻村第一书记苏秋斌

作为一名挂职干部，我来到中国脱贫攻坚主战场之一的滇西工作，面对滇西落后的高等教育设施和办学理念，我们“挂友”们一起奋斗、拼搏！

——滇西应用技术大学普洱茶学院挂职副院长周雪松

掠影·挂职干部事迹

毛善超：在滇西大地谱写脱贫攻坚的新篇章

跨越澜沧江，第一次踏足云南云县，年轻的驻村第一书记毛善超根据学校安排，在小忙兔村驻村工作两年。

他先从支部建设做起，慢慢建立起党组织的凝聚力，带动大家一起关心和参与村里的公共事务。要想富，先修路；路不通，财不通。可是村里没有钱，路就没法修。毛善超说，“没有钱，我们还有人嘛”。他带头拿出一千元，把几个小组的村民组织起来，热火朝天地干起来，两天时间就把进村的大路修得“滑溜溜”。杨家村组和山头寨组之间有条300

米的泥土路，一到雨天就没法走。爱心企业捐助了25吨水泥，大家出工出力，又新修了这条路。毛善超表示，只要大家关心村里的事，再苦再累心里都是甜的。

巩固小忙兔村脱贫成果的工作，得到了学校的全力支持。学校党委书记章熙春、校长高松院士等学校领导先后到村走访，学校帮助小忙兔村小学建设华云计算机教室，出资建设太阳能路灯点亮乡村。此外，学校还依托学科优势做好村庄发展规划：2018年7月，经济与贸易学院的师生来村开展产业扶贫和品牌建设专题调研，以智力支持乡村振兴，明确了围绕核桃“一村一品”打造全产业链的策略；同年11月，建筑学院师生深入8个村民小组现场踏勘，编制了《小忙兔村村庄建设规划》。2019年7月，经济与贸易学院师生到小忙兔村小学支教，欢声笑语洒遍山村。

毛善超说，脚上有多少泥巴，就意味着你离群众有多近、群众对你有多亲，“只要用心用情付出，群众是看在眼里记在心里的”。

（资料来源：科学网．甘当“燃灯者” 奋发新时代 华南理工大学举行主题教育先进事迹与经验报告会，http：//news.scut.edu.cn/_s5/2019/1111/c44a41184/page.psp.）

第二节 吸纳资源：搭建关系桥梁

扶贫工作想要有所成效，就需要发动社会成员特别是村民的参与，这就涉及农民认知和行为模式的再塑造以及精准扶贫场域内国家、社会与农民关系的重构等问题。倘若这种再塑造与重构不充分，扶贫工作就很容易陷入“号召乡村动而乡村不动”的困境。

我国乡村历史上沉淀了典型的人情社会纽带。在中国农村，农民依赖关系行事，会把对关系的考虑作为为人处事重要的参考内容①，甚至有研究者认为在传统乡村中关系对村民的社会行为选择具有支配性作用②。因此，在

①刘金海．农民行为研究：“关系—行为”范式的探讨及发展［J］．中国农村观察，2018（5）：126-142.

②林聚任．社会网络分析：理论、方法与应用［M］．北京：北京师范大学出版社，2009.

乡村开展广泛的社会动员之前，需要首先突破驻村工作队与乡村熟人社会之间的隔阂，重新塑造新时代背景之下的乡村社会关系，积累农村社会资本，为下一步开展乡村社会动员提供情感基础。

一、个人与集体的关系断裂

乡村社会的利益关系趋于多元，导致村庄失去了以公共利益黏合村民、促使村庄实现集体合作的动力。乡村“原子化”的趋势导致村干部、企业、村民等对公共参与保持着“理性疏离”，使得他们以一种相对冷漠的姿态参与乡村的公共事务，从而导致乡村资源动员和整合能力不强，出现组群关系存在隔阂等现象。

（一）资源整合能力不强

长期以来，乡村资源分散在农民个体中。一方面，乡村有效资源随着青壮年劳动力外出打工而流出；另一方面，在具体扶贫工作实践中，大部分村集体尚未形成统一的脱贫行动目标，不同村民的诉求分歧较大，利益的分化导致难以形成有机共同体，因此集体难以有效整合现有资源并实现有效配置和高效利用。村干部对公共利益的理解和整合能力不足，因而在开展扶贫工作时只能以项目为抓手，容易造成明显的项目规模偏好和实力偏好，难以吸纳分散在农民手中的资源并将其转化为农民参与的内生动力。

（二）组群关系疏离隔阂

在精准扶贫工作中，政体内的动员一般可以凭借科层体系中的权力压力、职业晋升和薪金收益等资源载体而实现。但是在乡村基层的具体场景中，涉及更多的是政体外的成员动员，这种动员行为缺少体制内的资源和通道，因此难以形成“像磁铁一般”的资源供给吸引①。

具体而言，随着基层组织以监管、投诉等为代表的治理制度和监督机制的日益规范和完善，扶贫工作具体实践者的工作考核与绩效和村民的监督及投诉直接挂钩。此外，村民对来自外乡的扶贫干部缺乏情感信任基础，信任程度普遍不高，他们并不认为自身生活质量的提升与基层政府干部的努力直接相关。这就导致乡村社区治理具体实践者容易产生抱怨情绪，与普通村民关系疏离。因此，当乡村社区治理具体实践者在动员社区村民参与社区治理时，动员资源的不足和情感认同的缺失会导致村民参与意愿不足。

①赵鼎新．社会与政治运动讲义［M］．北京：社会科学文献出版社，2012.

二、以社会资本增加资源黏性

当前，我国乡村人口大量流失，公共空间萎缩，乡村社会资本发生一系列变化，村民参与网络日趋松散，村民互惠规范日益匮乏，导致乡村出现传统价值淡化、社区认同消解和总体社会信任度弱化等现象。

要实现乡村组织的重构，第一步就是要回答什么样的关系能使一群人越聚越密的问题。社会资本的嵌入无疑为以上问题提供了一个新的思路。社会资本本质上是一种关系型资本，是行为主体在交往与互动中产生的，具有自我强化性的特征。帕特南在民主社会自愿组织参与的研究中曾引入社会资本的概念，提出“社会资本是指社会组织的特征，诸如信任、规范以及网络，它们能够通过促进合作行为来提高社会的效率”①。对于乡村社会而言，社会资本是嵌入乡村社会关系之中、可以动用的社会资源的总和，是处于乡村共同体之内的个人、组织通过与内部、外部的对象的长期交往形成的合作互利的认同关系以及关系背后积淀的历史传统、机制理念、信仰和行为范式②。华南理工大学在扶贫实践工作中基于人情与知识的嵌入来增强村民与扶贫干部间的社会信任与技术信任，将“信任”这一社会资本转化为资源黏性，以此吸纳资源。

社会资本作为乡村社会维持社会秩序、整合社会资源以及维系其稳定发展的重要资源，其价值逻辑具有明显的公益性，正是基于“情感”的关系网络的形成发展，内生了潜在的动员力，弥补了组织建设中缺乏动员力和控制力的不足，这有利于乡村社会群体的动员，降低乡村社会治理成本。只有当乡村共同体成员彼此信任、互相合作时，才更容易形成成员一致性较高的价值规范体系，将社区个体力量汇成合力维持村庄共同体的存在和发展③。

（一）人情嵌入，形成社会信任

中国是一个讲究人情、关系和“面子”的国家。中国乡村更是典型的熟人或半熟人社会，它有其独特的运行规则：共有的村落信息、千丝万缕的关系、共同的价值观等“地方性知识”。“人情”成为维系村庄社会结构与秩序、规范村民价值与行为的重要力量，成为村民以及其他行动主体遵从和信

① （美）罗伯特·D. 帕特南，使民主运转起来：现代意大利的公民传统［M］. 王烈，赖海榕，译. 南昌：江西人民出版社，2001.

②李惠斌，杨雪冬. 社会资本与社会发展［M］. 北京：社会科学文献出版社，2000.

③李梦娜. 社会资本嵌入：乡村振兴背景下村庄共同体重建的新思路［J］. 四川行政学院学报，2019（4）：54-62.

服的处事原则及行为方式。因此，用“陌生人”的思维和机制来解决熟人社会的内部问题，往往会导致失败。

驻村工作队以及驻村干部开展精准扶贫实践工作的第一步，就是要面对现代社会陌生人规则与乡村熟人机制相互交织、依法施行的正式治理与依靠情面的非正式治理并存的特殊场域。“讲人情”“顾面子”成为驻村干部在实践工作中首先需要灵活掌握的行为逻辑。驻村干部和村民在同吃、同住、同劳动的过程中展开了各种各样的非正式交往，当他们在开展各类社会交往和关系互动时，将不断生产和积累社会资本，由此突破科层化体系的常轨运作模式，为下一步开展各类社会动员奠定了情感基础，从而有利于实现驻村干部与村民关系网络的整合和行为价值的指引。

（二）知识嵌入，形成技术信任

当第一书记走进乡村时，他往往充当着“代理人”角色，是政策的整合与分发者。但如果他仅充当国家意志的代理人，是难以完成上级部门下达的任务的。因为在具体的扶贫过程中，存在着极为丰富的“地方性知识”[①]，只有当地村民积极地配合与支持，才能使扶贫工作得以推进。因此，驻村第一书记还需要扮演“当家人”的角色，成为村民的代言人，站在村民的立场为他们进行利益表达。

具体而言，在村民眼中高校选派的驻村第一书记是知识代表，他们介入乡村治理的过程实际是将技术“嵌入”乡村社会的过程。由于村民的相对弱势地位和长期以来养成的对“强者”的依赖习惯，村民对高校驻村干部有一种强烈的信任感和天然的依赖心理，这就为驻村干部开展扶贫工作奠定了信任基础，也是高校选派的驻村干部区别于一般行政体制内、企业和其他社会组织的扶贫干部的重要优势。

三、地方性情感的连接构筑

基于情感关系的自发性动员是组织建设有力的重要推动器。区别于体制内国家自上而下的资源输入和强制性动员，关系动员通过依赖、期望、认同的情感构建，良好地对接了村民自下而上的需求，同时也提高了农民组织起来追求美好生活、建设美丽家园的积极性。因此，华南理工大学开展扶贫工

①克利福德·吉尔兹．地方性知识：阐释人类学论文集［M］．王海龙，张家宣，译．北京：中央编译出版社，2000.

作的第一步，就是以驻村干部为“触角”，与当地群众构筑起地方性的情感的连接。

（一）民生保障与留乡情结

一般而言，农民往往拥有浓重的“留乡”心理，但囿于村落发展瓶颈的制约或生活、生存的现实需求，往往不得不离乡背井外出打工。尽管离家在外四处奔波，但农民对故乡仍然有着最纯粹、最本土的依赖，这种依赖心理往往促使他们在潜意识中对家乡的发展充满希望，并容易被家乡村庄的发展蓝图所吸引。华南理工大学的帮扶工作首先从机制上解决贫困户“两不愁三保障”和“八有”等问题，使村民享有安全、健康、舒适的生活环境，能够在农村“留下来”，为后续实现乡村组织化建设奠定人力基础。

例如在云县教育、健康等公共事业的支撑上，华南理工大学充分发挥教育和医疗优势，增强贫困地区健康扶贫的工作能力，有效解决当地村民因病致贫的问题。华南理工大学党委统战部整合多方资源，组织华南理工大学附属广东省人民医院、附属广州市第一人民医院党外医疗专家团队，由学校党委副书记刘琪瑾带队，一行12人于2018年8月19日我国第一个医师节时奔赴云南省临沧市云县开展了为期五天的医疗帮扶工作（图3-17）。

图3-17 华南理工大学党委副书记刘琪瑾（上图第二排右四）率统一战线医疗队赴云南省云县开展医疗帮扶工作

在贫困户的民生保障上，华南理工大学对孔美村贫困户进行逐户核查并解决了他们的实际困难：为12户贫困户安装了自来水管；为13户贫困户办理了电视信号入户业务并赠送电视机；为12户贫困户进行了房屋安全鉴定，根据鉴定意见对其中9户的房屋进行了修缮；为6户贫困户安装了厕所；为2户贫困户设置公益性岗位，解决其就业问题；邀请县残联到村，为8位精神病人评残定级；为符合条件的11户贫困户申请了低保。同时，在学校外语学院范围内发动捐款，为贫困户唐声募捐5000元，帮助其修缮房屋。全村94户贫困户“两不愁三保障”“八有”的问题均全部得到解决。

孔美村村民52岁的唐宝水由于早年摔折过腰，一到雨天就腰疼得厉害，药不离身，赋闲在家。而家里有3个孙子在上学，一家7口人全靠儿子一人务工的收入维持生计，属于村里的贫困户。华南理工大学驻村工作队得知这些情况后，协助落实财政资金投资产业入股分红，每年将不低于8%的收益分红，分配给没有劳动力的贫困户。像唐宝水这样的贫困户，每年可以分到8000元的产业分红，生活境况大大改善。

回响·乡土音声

孔美村村民唐宝水说：“工作队的同志经常到我的家里拉家常，还找了一名大学生来帮我孙子辅导功课，他们经常视频聊天，我孙子学习上遇到不懂的问题时有人可以请教，对他学习帮助很大。”驻村工作队队员发现社交软件在当地学生中较为普及，于是想到以远程教育的方式来帮助村里的学生。在他们的牵线搭桥下，华南理工大学20多名惠来籍的大学生和孩子们结成对，通过在社交软件上的视频交流，帮助孩子们解答学习上的问题。唐宝水还特别强调，这种关心比金钱上的帮助还要重要！

刚到孔美村时，驻村第一书记苏秋斌就前往孔美小学拜访校长寻找扶智突破口。“开始时小学校长对我们是很警惕的。”苏秋斌回想起第一次和校长交流的情景时如是说。后来扶贫工作队了解到，孔美村村内两所小学（孔美小学和周美小学）长期都没有校服，孩子们穿的大多是兄姐替换下来的旧衣服，于是工作队决定从捐赠校服开启孔美村的扶智工作。经过商定，华南理工大学决定给每位学生捐赠四套校服（图3-18、图3-19）。“发放校服

图3-18　领取了崭新校服的孔美小学学生

图3-19　孔美小学校长对华南理工大学的致谢

后，学生们的精气神改善了很多，孔美小学校长钟坤弟每次见到我们都很热情，就连我去镇上吃糖水，糖水店的老板都知道这件事情。”苏秋斌乐滋滋地回忆道。“以前我们学校的基础设施很差，操场不是水泥地，也没有跑道，现在环境整体改变了好多，孩子们的成绩也提高了。以前村里条件较好的家庭都把孩子送去外村读书，现在好多又被吸引回来了。”已经在孔美小学工作24年的钟坤弟介绍道。

华南理工大学还引入专业社工团队为孔美村村民提供专业援助，如为特困留守老人提供精神慰藉、生活照顾、权益保障、临终关怀等服务；为留守特困妇女提供精神减压、心理支持、亲职辅导、权益维护等服务；为刑满释放人员等特殊群体提供心理社会支持，辅助改善他们和家庭及社区的关系。通过以上服务，孔美村逐步恢复和发展起了村庄的社会功能（图3-20）。

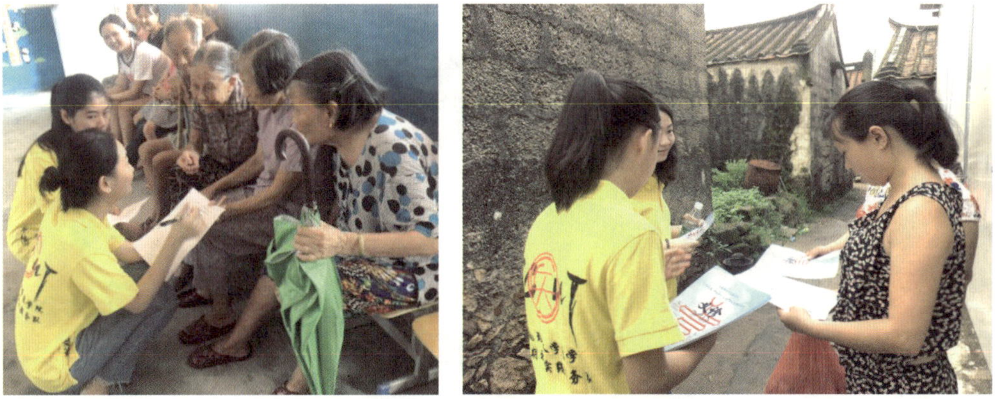

图3-20　华南理工大学社工团体走进孔美村开展调研

（二）设身处地与情感共鸣

在农民赖以生存的乡村中，乡亲邻里之间的关系和情义非常重要，农民也会十分用心地去经营自己的“小圈子”，如此左邻右舍既可以互帮互助，在思考同类问题时也容易产生共鸣。在开展帮扶工作过程中，驻村第一书记将高校知识构成与当地村民的生产条件、生活习俗、文化情境和价值观紧密相连，通过有效挖掘中国传统社会文化和制度资源，增进现代村民对高校扶贫介入的技术信任，促进乡村社会动员的推进。

梁劲是孔美村的首任驻村第一书记。早在2013年初，梁劲就参与了华南理工大学对口帮扶广东省河源市群联村的任务。2016年初梁劲结束群联村的驻村帮扶任务后，学校党委再次委以重任，委派他到孔美村开展驻村工作。由于梁劲是客家人，在河源群联村开展工作时，他可以用客家话与村民沟通交流，因此与当地村民相处得格外亲近。而当梁劲第一次走进潮汕语系的孔美村时，感觉一下子“懵了”。回忆起当时的情景，梁劲说：“入户访谈时因为和村民无法正常交流，受到村民‘冷遇’，群众工作的开展很有挑战性。”后来，他想到了一个办法，每次开展入户访谈工作时，便邀请当地中小学生做向导和翻译，他还暗暗给自己定下要求——无论工作多忙，每天都要在村里遛弯，增加自己的“曝光率”。就这样，梁劲花了整整五个月的时间才完成对全村768户村民的走访和建档立卡工作（图3-21）。也正因为如此的“深扎根”，他捕捉到了村里“一箩筐”的问题，也发现了孔美村本身的“闪光点”——“孔美村本来地少人多，台风灾害频繁，因此发展农业的基础相当薄弱。但我发现，村民一说到自己的祖先和村庄历史时，依然满面荣光”。

图3-21　孔美村首任驻村第一书记梁劲（中）入户访谈建档

图3-22 孔美村现任驻村第一书记苏秋斌（右一）入户发放防疫口罩和疫情防控信

孔美村现任驻村第一书记苏秋斌也认为，只有把“关系的根”深深地扎入农村大地，才能真正观察到农村社会的“细胞”是如何运作的（图3-22）。只有这样才可能真正把握住贫困村的“痛点”，并站在村民的角度设身处地地为村庄“把脉”，从而“对症下药”。

感悟·挂职干部说

驻村干部就是来解决问题的，在解决一个个问题的过程中才能把想法变为实践。我们需要善于发掘群众需求、搜集群众反馈，更要善于提出解决方案，解决群众内心希望但表达不出来的问题，甚至预先考虑到他们未来的需求。这样村民才能信服，愿意跟着党组织走。

——广东省孔美村驻村第一书记苏秋斌

（三）精英觉醒与能人培育

对于贫困地区而言，能否通过自我治理形成稳定脱贫的组织架构，关键在于村庄自身是否拥有基本的社会资本存量，也在于“是否存在一个或若干个乡村精英或能人”。“能人”是村中拥有较为丰富的经济资源、人力资源和社会资源的一群人，他们较其他村民而言更具有超前思维和战略性眼光，有一定的合作意识和合作知识，是“村庄精英”型人物①。

由于乡村社会的生活是富有地方性的，村庄精英在乡村社区公共生活中往往具有较强的权威和广泛的社会关系网络，更容易获得村民的信任并转化为具体行动。村落能人一方面可以利用自身优势，吸收各种村落内外的资源，吸引普通村民参与到乡村社区的建设当中；另一方面又通过充分的关系游说和资源争取，获取更多外部资源的输入，为乡村社区的发展创造了优厚的条件。因此，在开展更为广泛的集体行动的动员之前，首先需要将乡村的精英和能人动员起来——能人效应成为草根组织（主要指乡村专业合作组织）的生成依托②。

一般而言驻村干部进入村落后，都将首先与村中有实力的精英和能人建立起一定的情感联接或者形成以互惠为基础的熟人关系。在这部分能人的动员下，组织获得了一定的群众基础，村民对家乡社区的发展充满了期望，他们受到激励而不断关注社区组织的动态。随着时间的推移，万众一心的情感形成，村民的心理防线瓦解，村民之间的“从众心理”逐渐显现，大多数村民也由“观望者”变为“实践者”，最终能够利用价值认同推动村民自组织建立并获得发展。在华南理工大学扶贫工作队看来，“帮扶总有一天会结束，工作队总有一天会撤退，只有为村里留下若干‘靠得住’的能人以及几个‘留得住’的产业项目，才能为村民们留下一支‘带不走’的扶贫队”。因此，在帮扶孔美村期间，华南理工大学扶贫工作队十分注重当地精英的挖掘以及能人培育的工作。

结合孔美村的实际情况，工作队“量身定制”了孔子美香米、仙草种植、光伏发电3个产业项目，希望为村集体增加收入，同时为贫困户们提供更多在家门口就业、增收的机会。但定好项目后，推进工作繁琐复杂，不少村民观望犹豫，谁来做领路人？思虑再三，驻村工作队决定积极发挥党员干部的带头作用，培育扶持一批致富带头人。对于挖掘培养“致富能人”，驻村工作队极为上心。唐锡彪则是孔美村驻村第一书记苏秋斌在田里“挖”来的一名能人，也是孔美村产业兴旺的关键带头人之一。今年42岁的唐锡彪早年在深圳做生意，生意失败后回村当起了农民。苏秋斌发现他肯干、能干，

①陈诗波，李崇光．我国农民专业合作组织的“能人效应”解析［J］．学术交流，2008（8）：99–103.

②崔月琴，袁泉，王嘉渊．社会组织治理结构的转型：基于草根组织卡理斯玛现象的反思［J］．学习与探索，2014（7）：24–31.

图3-23 苏秋斌（左）、唐财喜（右）和唐锡彪（中）在仙草田中研究种植技术问题

还好钻研，他种了甘蔗、红薯、冬瓜，还买了一台拖拉机承包了村里的部分农活。于是苏秋斌联同村书记唐财喜做唐锡彪的思想工作，说服他种植仙草，最终通过他带动了村里20多户贫困户一起种植仙草，扩大了仙草种植项目的生产规模。

在引进仙草种植产业初期，由于种植技术尚未成熟，苏秋斌、唐财喜和唐锡彪花费大量时间和精力共同研究种植技术（图3-23）。由于担心草苗可能染上了青枯病会导致仙草种植项目夭折，苏秋斌赶紧调动学校内外资源，焦急得一天打出十几通电话向业内专家求教，直到基本排除草苗染病的可能性后，方才愁眉舒展。

第三节　激活资源：带动集体参与

一些乡村的公众人物、贤良人士聚在一起讨论社区公共事务时，由于讨论者一般不具备特别的资源，因此讨论出的方案大多缺乏可行性，村中公共事务的处理往往成效不佳。如果任务的执行方落到政府身上，又会遇到政府不一定能立即抽调人马和资源马上行动的难题。政府机构开展工作需要综合协调多方面的因素，如果无法走出这个僵局，在“等、靠、要”的情况下，乡村中各种纷繁复杂的需求是很难得到满足的。

因此，无论是“关系”的重新建立还是“社会资本”的积累，都是在为进行广泛的社会动员和利用社会资源做准备。从“关系”到社会资本的转变，本质上讨论的都是社会资源配置方式的变化，反映的是不同场域下农村社会内在运作的逻辑和价值取向，强调促成集体活动以获取收益的合作精神。在这个阶段，华南理工大学扶贫工作队开始将目光聚焦在如何把乡村中的人“串联”起来这一问题上。

一、集体组织长时间缺位

由于乡村集体组织逐渐涣散，基层治理内卷化以及集体意识淡化，村民慢慢地对参与村中公共事务失去了热情，他们更愿意留在个人空间当中，导致乡村逐渐失去了“集中力量办大事”的魄力和资源整合能力。

（一）基层治理内卷化

各主体在扶贫实践过程中，遇到的一个常见问题是难以调动普通村民的积极性。“以前我觉得村里的事那是书记他们（村委书记、种植能人）的事，我们能吃饱、管好自己就已经不错了。”孔美村部分村民回忆道。实际上，“动员积极分子能力强、动员普通居民能力弱”是开展扶贫工作的常态，乡村精英“动”但普通村民“不动”，这依然是当前乡村社区治理中普遍存在的现实困境。

传统的扶贫方式之所以难以动员村民参与，主要是由于大量的行政、社会资源投入乡村后，资源主要集中在乡村基层干部、积极分子以及部分社区精英身上，这是因为扶贫责任主体在进入乡村后未能与普通村民建立起密切的情感联系，因此乡村整体社会资本无法得到积累，从而导致扶贫资源只是在少数社区精英群体中分享。学者黄宗智和杜赞奇就用“内卷化”解释这种特殊现象，谓其为一种“没有发展的增长”[①②]。“内卷化”现象导致大量资金和项目无序投放，也导致村庄内部社会分化，增大了扶贫工作中社会动员的阻力。

（二）集体意识淡化

由于进城务工的村民常年在外，与乡村社会的联系逐渐减少，原有的乡村公共人向独立人转变，个人主义增强而集体意识淡化，导致乡村集体缺乏“向心力”。在扶贫工作队进入孔美村前，当地留守村民的日常文娱活动以在家看电视、打牌为主。“他们基本没有什么集体性的活动，都是在家看电视，人闲在家没有寄托，就容易和毒品打上交道”，孔美村驻村第一书记苏秋斌回忆道。

二、以社会动员聚集社区力量

乡村社会建设思路逐渐向“社会治理”转变，原有的自上而下的行政安排逐渐向强调合作、共享、参与的治理结构转变。因此，新时期的乡村社区建设应该是一项多元参与、互惠共享的行为。在乡村社区建设场域中，除了政府主导的自上而下的行政动员外，还有高校、企业、村民以及其他社会组织等不同社会力量的动员主体，其为可持续的乡村社区建设构建了双向动员通道。

作为一个社会学概念，蒂利认为“动员”是一群人由公共生活的消极参与者变为积极参与者的过程[③]。社区动员最终要实现的目的是促使社区居民将集体认同感转化为社区建设的行动，因而这一时期更加注重利用社区的组织资源为社区居民提供更加完善的服务，以期满足居民日益多样化的需求。同时还要更加注重集体参与舞台的搭建，试图通过村民的集体参与激发其集体认同感。

①杜赞奇，王福明．现代化的陷阱：1900—1942年中国国家政权的扩张对华北乡村社会的影响［J］．战略与管理，1994（4）：38-51.

②黄宗智．小农经济理论与“内卷化”及“去内卷化”［J］．开放时代，2020（4）：126-139，9.

③Tilly C．From mobilization to revolution［M］New York：McGraw Hill Press，1978.

（一）村民需求导向下的动员机制

现有研究强调农民的利益诉求是其参与乡村社区建设的内在驱动力[①]，与自己利益的相关度越大，他们参与的热情就越高。当利益相关度较强时，村民更倾向于“自发型参与”。只有当资源动员的行动满足村民的利益诉求、符合广大群众的利益时，才能最终引导村民参与到乡村社区网络的建设中来[②]。

（二）资源整合体系提供动员动力

乡村社区建设过程中，激发各类社会参与力量对不同主体社会资源的整合一直是中央政府强调的问题。由于政府机构行政、市场、村民自身以及社会组织都具有各自的社会动员能力，倘若缺乏社会动员的资源整合体系和机制，那么当一个主体的力量变弱时，乡村社区社会动员的整体效果就会受到影响。

因此，在扶贫过程中驻村工作队充分调动学校内部资源，同时注意吸纳分散在社会各级组织中的资源，并且积极争取各类专项行政资源，将这些资源有效整合形成“扶贫资源体系”运用到村庄的扶贫和治理当中，为当地开展扶贫的社会动员提供动力保障。

（三）组织化合作提供制度保障

组织化合作动员首先是指政府主导的自上而下的组织内动员，但政府资源随着改革的推进逐渐向外释放，仅仅依靠政府的力量已经难以产生足够的动员能力。政府需要借助更多元的主体才能实现动员效果。组织化合作动员实质上是代表国家、市场和社会三种不同力量的组织体之间为了实现共同利益而采取的一种合作策略[③]。乡村传统组织是新时期实现乡村组织化合作中不能忽视的主体。乡村传统组织结构较为完备，为构建现代乡村公共组织提供了实体结构的组织基础，从而更好地为村庄提供公共服务。其次，传统宗族组织往往依托村中望族或乡贤而构建，因此能够有效集聚更多的财力和社会资源注入村中的公共事务当中。而乡村传统组织在促进乡村公共性“再生长”方面的作用，主要体现在组织的服务领域从村落中的“红白喜事”等传

①刘慧．新型农村社区治理中居民参与机制构建探究［J］．中国管理信息化，2016，19（16）：201-202.

②吴记峰，阳叶萍．新建农村社区居民网络参与问题研究：基于山东日照农村社区建设的观察［J］．山东农业大学学报（社会科学版），2011（2）：17-20.

③任克强．组织化合作动员：社区建设的新范式［J］．南京社会科学，2014（11）：62-67.

统事务扩大到关乎村民生活、生产的各类公共事务，组织的服务范围从血缘性内群体向村庄治理单元扩张，组织的服务目标从满足和平衡村民的需求向村民内生性再组织转变。

三、集体重登社区治理舞台

为了进一步激发村民的集体意识，让更多的村民参与到乡村的建设当中发挥集体的力量以激活乡村既有的资源，华南理工大学在扶贫过程中根据参与的强度构建了一个自下而上的“参与阶梯”（图3-24），使村集体重登社区治理的舞台。

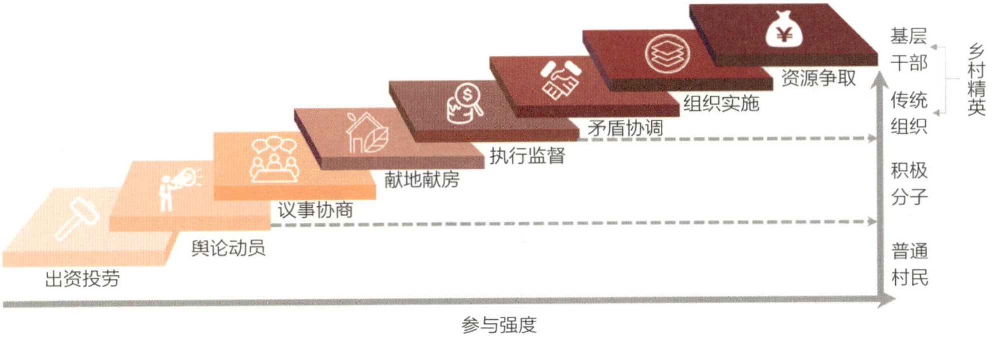

图3-24 乡村社区建设自下而上的“参与阶梯”

（一）普通村民：出资投劳和舆论动员

对于广泛的普通村民，他们可以通过出资投劳的方式参与到乡村社区的建设当中。华南理工大学驻村工作队为孔美村的贫困户发放了生产资料，每年为他们提供优质谷种（图3-25）。同时邀请华南农业大学工程学院闫国琦副教授、杨文武副教授等专家为贫困户进行农机技术培训和水稻种植技术培训（图3-26）。

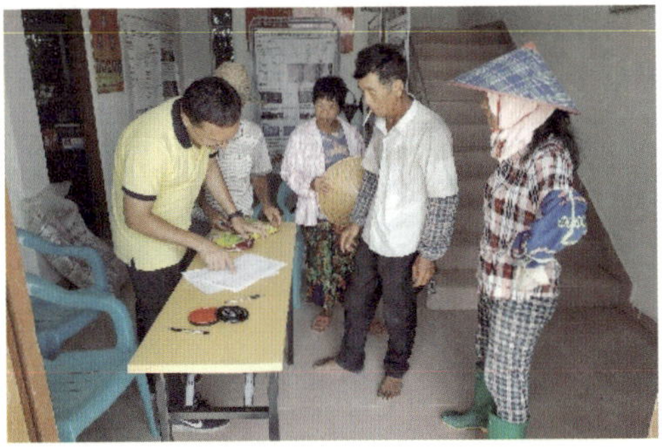

图3-25 学校为孔美村贫困户发放优质谷种

图3-26 学校在孔美村组织农机技术培训

针对村里留守妇女的就业问题，华南理工大学驻村工作队在孔美村开设“扶贫车间”，建设和发展“孔子美制衣坊”（图3-27），长期为村内妇女提供免费制衣技术培训。同时，组织学校食品科学与工程学院的师生对当地传统美食隆江绿豆饼的生产工艺、包装储存、销售设计等提出改良升级方案（图3-28）。驻村工作队甚至将村中儿童的力量也动员起来。孔美村中青年人多数外出打工，村中老人多，而留守儿童更多，仅孔美小学就有约400名学生。于是驻村工作队以及下乡的规划团队在需要与村民沟通时，便将村里的孩子们组织起来作为向导和翻译，让村民基本消除对驻村工作队的戒备和顾虑，同时也让村里的孩子在接触村庄的规划和设计中提高了认识和参与热情。

图3-27　孔子美制衣坊

图3-28　学校食品科学与工程学院师生调研传统绿豆饼生产工艺

华南理工大学还采取“转移就业”的方式促进孔美村村民就业，如华南理工大学后勤产业集团面向孔美村长期提供转移就业岗位，并且优先录用有劳动能力的贫困人口；邀请广州宝琳化妆品有限公司等企业为孔美村贫困户设立公益性就业岗位。通过以上方式，进一步盘活村里的劳动力，鼓励贫困户依靠自身努力通过就业实现脱贫。为了进一步强化正向激励，驻村工作队还创新性地设立勤劳致富奖，有劳动能力的贫困户年人均可支配收入达到当年脱贫标准的，每户奖励1000元；年人均可支配收入在村贫困户中排名居于前三的，提高奖励标准至1600元。通过奖励一批想干真干的村民，树立主动作为的良好导向，带动全村一起走正道致富，激发起村民求生存谋发展的内生动力。

此后，孔美村掀起一股工作队和党组织带头、村民投工投劳共同建设美丽家园的热潮。利用新农村建设资金，村里建设了约3.6千米的村道、约6千米的巷道，完成了雨污分流、环保公厕等建设项目。通过这些措施，华南理工大学成功将村中看似“闲散”的人力资源发挥到极致，进一步扩大村民对于社区治理的“参与半径”。

（二）积极分子：议事协商和执行监督

在开展各类村落建设的过程中，华南理工大学还十分重视为村中热心公共事务的积极分子提供表达意见和执行监督的平台。在帮扶孔美村编制《孔美村村庄整治规划》时，学校就将村民参与贯穿到规划编制的全过程中（图3–29）。在正式开展规划前，学校建筑学院的规划团队来到孔美村，通过访谈的形式，向孔美村村委、村民理事会代表以及村民征集意见，全面了解孔美村整体概况、自然生态环境、社会人口经济等情况，了解村民、村委对孔美村未来规划建设发展的诉求。为了让村民更好地参与到自己村庄的规划，规划团队负责人叶红副教授还提出了孔美村的规划和设计要符合“村民看得懂、村委方便用”的要求。由于孔美村没有完整的卫星图和地形图，规划团队一开始便利用无人机拍摄完整地采集到村子的地形地貌和建筑分布实况，再在无人机航拍图上绘制整治的效果图。

在规划方案的编制过程中，华南理工大学的规划团队设立美丽乡村工作坊、召集村民举行座谈会，向村民讲解规划的意义，汇报具体的规划方案，征询村民、村委意见，特别是就规划项目库的每项内容征询村委和村民的意见，希望获得村民的支持。在方案评审完善阶段，华南理工大学规划团队组

图3–29 《孔美村村庄整治规划》文案中的村民参与过程

织孔美村村委、村民理事会代表以及村民召开村民代表大会，由驻村工作队队长介绍村庄规划的工作情况，并对村庄规划重点、本村特点、需要重点解决的问题做出简要汇报，项目负责人则对本次村庄规划的最新成果做了详细汇报，包括对孔美村现状的梳理分析、村庄整治提升的意见、村庄的发展方向等，村委代表、村民代表也在会上表达了自己对规划的想法和建议。

在规划方案通过后，规划团队还在孔美村村委大楼宣传栏上公示整治项目的布局规划图、农房建设总平面图、村庄建筑风貌提升方案图、重要节点景观设计图等资料，确保村民知悉规划的具体情况。

（三）传统组织：“唤醒”公共参与意愿

宗族、会、社等乡村传统组织由于生于乡土、长于乡土，具有良好的内生性和自主性①，因此这一组织形态沿袭至今，仍葆有旺盛的生命力并发挥着重要作用，在社会秩序的维系与调控等方面填补了国家权力的真空地带。

传统本土民间组织的规范是非正式的，在红白事、盖房、修牲畜栏、劳动协作、借贷等事务上有一整套资金、劳力等资源共享互惠的不成文规定。而这种不成文规定强调组织内成员的相互帮扶（即互益性），其指向的对象主要是组织内成员及少数组织外成员。在当前乡村振兴发展背景下，乡村传统组织作为乡村精英投入社会资源的重要载体，在了解乡村建设需求、开展资源动员、促进农民参与、引导农民实现组织化方面具有先天优势，属于最为重要的可供利用和发掘的传统治理资源。乡村传统组织可以实现农村公共参与意见从个人到群体的传递，由此形成一个乡村公共“同意圈”。在高校动员下，乡村公共参与事务由村中当家人作为意见领袖向乡贤与精英再向传统组织进行传递，最终让广大村民参与到乡村建设当中，“同意圈”在传递中不断放大（图3-30）。以此为切入点，动员村庄治理资源、培养村庄治理能力，能

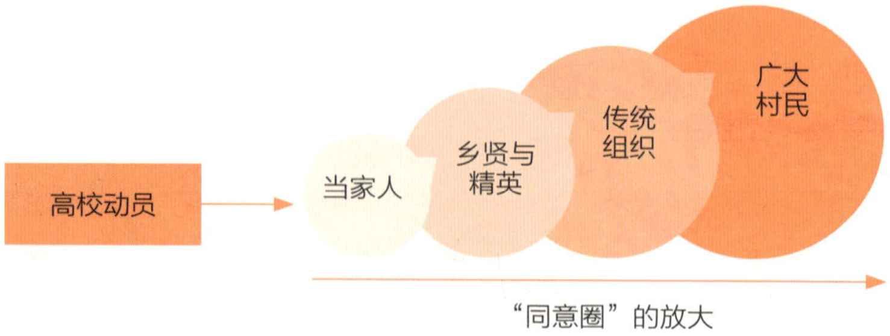

图3-30　乡村公共参与“同意圈”的放大

①郑永君. 农村传统组织的公共性生长与村庄治理［J］. 南京农业大学学报（社会科学版），2017，17（2）：50-58，151.

够有效化解乡村关系连接缺失的困境。

在广东潮汕地区至今仍有许多村落保留着浓厚的宗祠文化，村民的宗族观念十分浓厚，孔美村也不例外。当地村民特别重视宗祠文化和族群关系，宗族里辈分最高的族长们组成的宗族理事会在乡村治理中发挥着重要的作用。面对孔美村这样一个曾被毒品侵害得千疮百孔的村子，华南理工大学扶贫开发领导小组在充分掌握村情民意的基础上，反复研讨，为孔美村开出了一张一手助力拔毒根、一手重点聚人心的“药方”——以乡村传统组织为媒介，重新“唤醒”乡村自我管理、自我发展的活力。由村书记唐财喜召集宗族理事会，发动11个宗族的房支族长对族人开展禁毒宣传教育。孔美村村委会和宗族理事会还共同制定了《禁毒村规民约》，按照村规，对于屡教不改的吸毒人员，村民们将抵制其参与村和宗族的各种重要活动，并将制毒人员从宗族族谱中除名。同时在全县率先出台对制毒分子“拆房收地”的村规民约，由村中各房长辈在祠堂上带头宣誓，以村规民约的约束带领村子走出过去挥之不去的“毒圈”阴影（图3-31～图3-33）。

图3-31　孔美村带动惠来县各乡村相继制定禁毒乡规民约

图3-32　孔美村对制毒贩毒分子履行“拆房收地”村规的现场

图3-33 孔美村各房长辈带领村民进行禁毒村规民约宣誓仪式（视频截图）

（四）基层干部：外部动员和资源整合

以村委干部和驻村工作队组成的基层干部团队通过主动走访接触、陪同调研考察等方式，不断加强与县、镇党委和政府以及有关部门的联络、沟通及交流信息，取得了相关部门的认可和信任。与此同时，驻村工作队在华南理工大学校内也不断加强驻村工作的宣传力度，组织相关教学单位、职能部门通过各种形式投入人、财、物等资源，积极参与到贫困村贫困户的结对帮扶中来。

云县是世界白花木瓜的原产地，在扶贫工作队的指导下，云县茅粮集团推广“公司+基地+农户”生产模式，开辟了30万亩的木瓜种植基地。华南理工大学食品科学与工程学院院长曾新安教授在云县实施了“白花木瓜资源开发基础研究”和“木瓜醋及膳食纤维饮料开发”两个科研项目，通过核心技术指导、技术人员培训、提供实验室设备等帮扶，向云县优势产业提供科技创新支持。通过破解技术瓶颈，加速实现产品转型升级，延长产业链条，2017—2019年三年间就给云县企业带来了9000多万元的收益（图3-34、图3-35）。

图3-34　华南理工大学党委书记章熙春（左二）调研云县木瓜酒企业

图3-35　云县木瓜酒企业生产车间

在孔美村，2019年6月，扶贫工作队开始在华南理工大学动员校内二级单位、民主党派、爱心教师认助村里77位处于义务教育阶段的贫困学生，给予每位学生每年1 000元的资助以及其他方面力所能及的帮扶。“我本来还担心没有多少单位会响应，没想到各个单位热心认助，信息发出后，不到两个小时77位贫困学生的认助工作就完成了。”孔美村驻村第一书记苏秋斌回忆道。

第四节　提升资源：实现集体价值

党的十九大报告明确提出要在社区中打造共建共治共享的社会治理格局，这意味着无论是普通村民、精英阶层还是国家行政权力、高校智慧力量、市场资本力量，都是参与乡村社会建设的重要主体。因此，需要将原有的由帮扶方推动的“保姆式”被动发展模式转变为由乡村社区内源生长机制支撑的主动发展模式，通过村民的再组织化，为广大人民群众、市场力量、社会组织预留空间和创造机会，形成多元参与的乡村共同体关系网络，最终使公共利益得以彰显。

一、传统乡村基层自组织治理中存在的问题

目前，我国乡村由于青壮年劳动力外流，原本的乡村社会关系趋于涣散，基层自治组织处于真空状态，导致农民逐渐选择从乡村参与的“公共舞台”中退出至个人的“私人领域”。公共价值逻辑紊乱，公共利益尚未得到整合与彰显，使得乡村开展集体活动时缺乏“向心力”。

（一）公共价值逻辑紊乱

过去长期而密集的日常交往，使得中国传统乡村织就了一张厚重而密集的“熟人网”，与此相适应的是一套完整的地方性社会规范和公共价值体系，在国家正式权力运行范围之外发挥了重要作用。乡村基层行政组织建设依赖熟人社会的性质和其内在的价值规范，因此具有天然的群众性。

但是，随着“打工经济”的兴起以及乡村主体劳动力的外流，越来越多的中青年群体在城市买房定居，几乎不再返乡，村庄社会关系网络变得稀薄，逐渐演变成“半熟人社会”，其公共秩序的价值生产能力逐渐消逝。此外，随着农业税费取消，基层治理任务从资源汲取转向资源下沉，项目制成为重塑乡村公共秩序的重要方式，客观上促使农民从村庄集体事务中退出，导致农民丧失了主动参与村庄建设的积极性。

（二）基层自治组织真空化

乡村治理的现实场域中，农民的治理诉求和矛盾纠纷大多是围绕着人与

人的关系发生的，具有琐碎性、长期性和关系密集的特点，因此乡村基层治理要回应农民需求，就必须密切联系群众，挖掘和激活群众资源，深入了解事件的具体脉络，找到解决问题的切入口，这就需要基层组织能够熟练掌握熟人社会的内在规则和资源①。以往乡村党员来自村庄熟人社会，他们符合党组织发展党员的标准，具有先进性的一面；同时也生活在村落共同体中，符合熟人社会内生的价值判断，具有群众性的一面。

乡村青壮年群体结构性外流，老、弱、病、妇等群体滞留乡村，也导致乡村人口结构逐步失衡，与此相对应的是乡村治理能力弱化和组织结构老化的趋势越来越明显。乡村基层党组织党员也往往是经济精英而非社会精英。因此，传统以村落和血缘为基础的社会中层组织被打破了，基层党组织的凝聚力和组织力发育滞后，组织结构日渐松散，而新的替代其功能的组织尚未发展起来，人与人之间缺乏有机联系，乡村基层组织呈现出真空化状态。

二、以再组织化彰显公共利益

“组织起来的农民更有力量”。新时代农村组织化建设是以农民为主体的，面向的是乡村振兴与扶贫实践中的主体性问题。农民组织化是乡村公共性的天然载体，乡村公共性是农民组织化的持续动力，影响着农业农村现代化之路②。而再组织化则是在农村组织和农民逐步从有组织进入弱组织、无组织的现状下所提出的路径，通过再组织化能够重新将农民动员起来，推动农村农业持续发展，因此新时代的乡村振兴理论和实践都越来越重视提高村民组织化的程度。村民组织化建设能够进一步实现乡村社会的自主治理和民主治理，重建乡村主体性③，也为乡村扶贫开发面临的现实困境提供了新的破解思路④。

（一）导师式陪伴型的乡建

以往的扶贫运动，无论是硬件基础设施建设还是产业导入，强调的都

①易卓．党建嵌入乡村治理的组织路径创新：基于某省Z镇党建示范区的实证研究［J］．中国特色社会主义研究，2020（1）：102–110.

②翟军亮，吴春梅，黄宏．农民组织化与农村公共性的交互性建构：理论框架、当代实践与未来路径——兼论推进农业农村现代化的路径选择［J］．南京农业大学学报（社会科学版），2019，19（6）：61–70，158.

③吴重庆，张慧鹏．以农民组织化重建乡村主体性：新时代乡村振兴的基础［J］．中国农业大学学报（社会科学版），2018（3）：74–81.

④张达平．大扶贫背景下农民组织化研究［J］．黑河学刊，2018（4）：185.

是外部环境的营造，缺乏对“人的关系”的塑造与维护。而高校本身作为教育工作单位，更加重视的是“人的改造”。因此，无论是扶贫主体的引入，还是扶贫项目的筛选与引进，都要“尊重”当地的资源禀赋、产业基础以及其他环境因素，寻找当地村民能够做、善于做的事情并将其作为扶贫的切入点，通过理念的宣导、方法的辅导，最终改变村民的行为习惯。

这种导师式的“陪伴者”不是高高在上指手画脚的“救世主”，也不是在图纸上“画个圈”的冷漠的“外来者”，更不是掘地三尺唯利是图的“入侵者”。高校带动村民的积极性，改变村民以往“等、靠、要”的习惯，共同参与村庄的公共事务，共同解决村庄中的问题，从而消弭有限理性、机会主义行为、不确定性等乡村治理中存在的“老大难”问题。这种陪伴型的乡建中，无论是扶贫干部还是专家学者都是其中的协作者，始终应该将乡村建设的主体地位释放给村民，使其自我成长、自我治理、自我发展、自我造就。

（二）公共平台的重新塑造

社区有效治理的根本是要通过构建熟人社会，提高交往密度，将松散的、独立的个人再组织起来，进而重新建立帕特南所提倡的社会资本，政治与行政逻辑才能顺利发生①。乡村组织化的前提正是实现乡村公共人的转变，即孤立的“个人”走出私人领域，走进公共领域，并参与公共交往，维护公共利益②。

与其他扶贫主体相比，高校参与精准扶贫工作的最大特点，是其扶贫工作体现出明显的“平台”思维。高校主体规模庞大、组织机构完善，除了可直接向帮扶地区输入资源并直接参与资源的运营外，高校具有更强的资源整合能力，能够基于实地调研和问题识别精准地甄选其他主体的优势资源，并将其输入受帮扶地区。高校构建出一个多主体参与的公共行动舞台，为村民与其他主体实现平等对话与协商，进而达成共识提供了良好的场域。

三、重塑乡村群体生态圈

华南理工大学从社区营造的理念出发，协助村民搭建“家庭—宗族—社

①李姚姚．领导行为、资源动员与城市社区有效治理的多层分析框架：基于H社区的实证研究［J］．社会主义研究，2019（6）：116–124.

②杜力．重构乡村共同体：项目进村与乡村社会公共性再生产［J］．宁夏党校学报，2020，22（1）：47–58.

区—社会—政府”的支持网络，通过“再组织化”重新构筑帮扶地区的群体生态，以多元化、网络化的群体生态，全面提升帮扶地区的资源价值，形成内生式的乡村成长路径。

（一）激发村民的社区参与意愿

党的十九大报告提出打造新时代共建共治共享的社会治理格局，在作为社会微观治理单元的社区中，占据主体地位的广大居民是推动社区治理和社区发展的核心力量[①]。在乡村社会中，村民参与是政府、农村社区、企业、社会团体等多元主体实现共建共享、构建乡村共同体的基础和重要方式。因此，华南理工大学在重塑乡村群体生态圈的过程中，极其注重对村民主体性意识和身份认知的构建，激发其主动参与村庄建设的动力。

图3-36　孩子和家长参与共建的箐门口村完全小学

云县大寨镇箐门口村完全小学是当地一所有名的家校共建花园小学（图3-36），校里有一位心系乡村发展的校长罗恒忠。华南理工大学云县挂职副县长张健在调研该小学时，根据罗恒忠的具体做法，提出了“校企合作，乡村振兴”的思路，既充分发挥学校的文化育人功能，发挥志愿者和教师的积极性，同时把乡村学校作为推动乡村文化振兴的阵地和源泉，促进乡村文化发展和村民素质提升，以文化振兴推动产业振兴，再以产业振兴反哺教育发展。张健副县长鼓励罗恒忠与当地企业合作，将当地的贫困农户聘请到村里的工厂打工，同时也能为学生们提供劳动实践的新天地，为破解村中留守儿童的教育难题和使贫困户致富创收提供了一个新的思路。罗恒忠受到启发，通过与当地茶厂合作，吸引村中外出打工的

①袁方成．增能居民：社区参与的主体性逻辑与行动路径［J］．行政论坛，2019，26（1）：82-87.

图3-37 云县大寨镇融香茶厂负责人郭蓉江（右）向张健副县长（左）赠送纪念牌匾

家长纷纷回乡就业和创业。“村里可以打工赚钱我当然愿意回来，还能天天见到自己的孩子”，部分回乡的家长表示。为此，与箐门口村合作的村企大寨镇融香茶厂负责人郭蓉江特意请当地有名的书法家为张健副县长写下“校企联建 乡村振兴”的牌匾，赠予他作为纪念（图3-37）。近期，张健副县长还提出要充分发挥华南理工大学西部计划志愿者的作用，利用他们的所学专业知识开设乡村振兴课堂，以此为载体对村民开展乡村振兴教育。

回响·乡土音声

这里原来的植被太少，我们就让老师、学生和家长一起给校园做绿化，种上了菊花、桂花等很多植物。学校通过举办“小手牵大手”的活动，带动家长一起参与学校的环境建设，学校的一花一草都是由孩子们和自己的家长亲手栽下的，因此村民对学校的感情都特别深厚。罗恒忠校长说：“我们的学生上劳技课时在校园里种植药材，如果效果好，村里也可以扩大种植，发展产业。”村里目前种植的药材已经有龙胆草、黄精、七叶一枝花、刺五加、箐松、排骨灵等。其中，龙胆草已经形成了种植示范基地。山里的孩子能考出去的毕竟是很小的一部分，所以我们除了要教会他们书本上的知识，更重要的是要让这群孩子掌握一些技能，让他们即使留在村子里也同样可以拥有希望，同时也让他们热爱这个村子。

——云南省云县箐门口村完全小学包晓阳老师

在广东揭阳孔美村，为了提高村民参与村庄公共事务的积极性，并且为贫困户提供更加多元化的收入渠道，华南理工大学驻村工作队在村中践

图3-38 “小工匠”模式下的农村小型工程项目如火如荼的工作场景

行“小工匠”模式。对于乡村巷道硬底化、机耕路、小型农田水利、危旧房改造等技术要求不高、村民能够自建的农村小型工程项目，采用由村级组织和农民工匠带头人承接，由村民自建的方式来实施（图3-38）。村委会作为项目责任主体，通过召开村两委会议，从村两委、新农村建设咨询委员会、乡贤委员会、老人理事会和村内老工匠中推荐5～7人成立项目建设理事会作为项目建设主体，负责施工组织、材料采购、财务管理、质量监管等事务。在此基础上，项目建设按照“标准、出图、估价、表决、申报、公示、竞标、管理、验收、结算”十个流程开展施工，就这样完成了整个村巷道硬底化的建设。

值得一提的是，村里的老工匠对项目的推进发挥了重要作用。在项目进入“出图”流程时，村委会、建设理事会牵头村内老工匠对村内需要铺设硬底化的村道巷道开展了实地面积丈量、平面图绘制（标明村道、巷道名称，长度、宽度和厚度）等工作，然后由建设理事会和老工匠根据平面图计算出水泥稳定石屑基层和混凝土面层的工程量，并根据市场调查价目计算出项目的概算造价，报村委会审查①。

“小工匠”模式充分调动村里热心肠、懂建设的工匠参与本村的新农村建设，是一种真正让村民“唱主角”的模式，同时也让有声望的村民代表参与到工程建设的监督管理中去，既充分调动了广大村民参与新农村建设的主动性和积极性，并且一改以往工程项目建设基本都是承包商包工包料、项目建设费用相对较高的现象，真正实现了“花小钱办大事”。“小工匠”模式还先后被“复制”到揭阳市7个县（市、区）以助力新农村建设，得到了国家扶贫办和广东省扶贫办的高度肯定，相关媒体还进行了专题报道。

①惠来隆江“农民工匠”共筑“致富路”［EB/OL］.（2020-4-3）［2020-8-30］. http://jyrb.jynews.net/content/20200403/detail275001.html.

回响·乡土音声

我们做的是良心工程，因为我们都是本村人。我们热爱家乡。修一条巷道或者一条村道，我们首先想的不是赚钱，而是希望能够方便乡里乡亲出行，为建设美丽家乡出一份力。

——孔美村工匠带头人林钦泉

虽然我干的是技术含量不高的“苦力活”，但是可以用自己辛勤的劳动为家庭增加收入、提高生活水平，而且还能为建设美丽家乡出一份力，我的心里感到十分自豪。

——参与村道硬底化工程的孔美村贫困户严珠妹

（二）激活基层党组织的生命力

党建对基层社会治理的引领功能主要体现在方向的指引上，通过基层党建的载体功能，可以为基层社会治理的正确方向、整体规划和统筹协调提供保障。在开展具体的党建工作时，扶贫干部将党的要求的宏观背景进行属地化分解、下达，用百姓易于接受的方式推行，设计出属于某一村落特有的制度建设方法和构想，也即党建的“在地化”过程。

拥有百年荣光的孔美村，村庄的集体文化和集体精神受到毒品的侵蚀和消磨，如何提振村民的精气神，把大家的注意力转到求富思进上？“思来想去，觉得关键还是要把村里的党组织功能强化起来，使党组织能够成为真正的堡垒，让村民有指望、有盼头。”驻村第一书记苏秋斌这样想。来到孔美村后，他首先抓的就是夯实和加强村级党组织的建设工作，通过建设党建文化长廊、党建之路、党群服务中心，将党建和基础设施建设相结合，将党建教育从室内拓展到室外，用积极向上的红色文化激励干群共谋发展，这些都极大地增强了人民群众对党组织和党员的认同感。

在党建工作中，华南理工大学结合村情社情民情，首先注重把党员干部培养成为脱贫攻坚的“领头雁”和能谋善干的“当家人”，经常邀请在孔美村土生土长的村支书唐财喜等人到学校参加各种扶贫工作会议和活动，帮助当地党员干部解放思想、开拓视野，提高他们治理乡村和推动乡村社会发展的能力。其次，结合“不忘初心、牢记使命”主题教育，加强党员教育，增

图3-39　与轻化工研究所党支部结对子共建

强党员荣誉感，把夯实基层党组织建设同脱贫攻坚有机结合起来，坚持党的建设和精准扶贫、精准脱贫两手抓、两融合、两促进，如邀请村里曾经参加过对越自卫反击战并荣立三等功的老党员唐林松为党员讲述越战故事，加强初心使命教育。此外，开展“结对子”帮扶，学校食品科学与工程学院轻化工研究所教工党支部党员及部分教师群众与孔美村党支部结成帮扶对子（图3-39），共同学习、共同分享、共同进步。

最后则是创新性地构建新型基层党组织体系。由于孔美村宗族理事会在村中具有很高的威望，村中的重要活动、村民的经济纠纷等一般都由宗族来组织和调和，因此驻村工作队认为需要发挥好村宗族理事会的作用，促进村庄的自我管理和健康发展。依循这样的工作思路，驻村工作队健全以党组织为核心的基层组织体系，建立了“村党支+理事会”的基层治理模式（图3-40），在村民小组中成立党支部，强化基层“党员+”模式的建设。

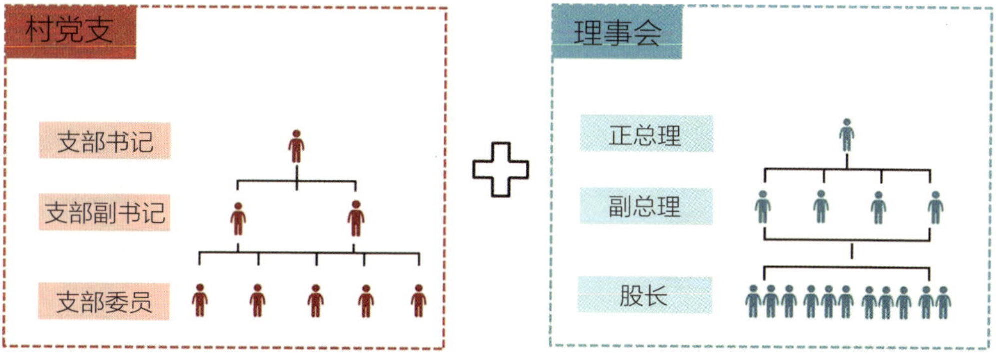

图3-40　孔美村“村党支+理事会”基层治理模式

在云南省临沧市云县，华南理工大学还在实践中探索另一种基层党建形式，摸索出一套“企业+党支部+合作社+农户”的组织模式。通过帮助定点帮扶贫困村云县小忙兔村引入200万元资金成立云县果果核桃种植合作社，企业在核桃收获季节可提供每天80个临时就业岗位，形成核桃种植、管护、加工、销售全产业链，打造种管产销一条龙，村集体经济每年增收6000元。

（三）激发自治组织的制度活力

在帮扶工作中华南理工大学进一步完善村民自治机制，制定章程和村规民约，促进村民自我管理、自我服务、自我监督，尝试从制度构建上激发乡村基层自治组织的活力。

为了进一步强化村民的参与力量，华南理工大学在编制《孔美村村庄整治规划》时还特别制定了《孔美村建设管理公约》。村规民约的内容范围包括土地管理、环境风貌管理、公共卫生管理、发展生产、民居建设导控、历史建筑保护管理、公共设施管理和公共事务八个方面。其中，在土地管理方面，规定了需要进行泥砖房改造的和需要建房的家庭，改造和新建房屋的外观风格需符合《孔美村村庄整治规划》的约定，在村民提出申请的基础上，村民议事小组（理事会）开会讨论给出具体意见，经村民委员会审查同意，再报镇人民政府和国土、规划管理部门批准，经批准后才能动工建设（图3-41）。同时，《孔美村建设管理公约》规定成立环境卫生保洁工作监督小组，由理事会主要成员担任组长或副组长。辖区实行环境卫生包干到户责任制，各户负责房前屋后的“三包”工作，杜绝脏、乱、差现象，做到垃圾不乱倒、粪土不乱堆、柴草不乱放。此外，还组织民众学习垃圾分类知识，树立垃圾分类观念，自觉将垃圾分类投放，乱扔垃圾者每次罚款50元。这一系列举措从管理制度和管理流程上都彰显了孔美村的新公共精神，村民的公共参与能力在实践中得到了培养和提升，村民呈现出了阳光向上的精神风貌（图3-42）。

图3-41 《孔美村建设管理公约》中有关改造和新建房屋申报程序的规定

图3-42　村民参与下的孔美村村民精神新风貌

感悟·挂职干部说

两年前刚进驻孔美村的情形我至今记忆犹新。当时车开下高速后，沿途至村里全是禁毒标语和大大的骷髅标志，浓厚的禁毒氛围让人感到十分压抑。因为禁毒的高压态势，村民对我们这些陌生面孔很是排斥，入户调查工作十分困难。现在我们入户调查或有时走在村里，村民一看到我们就会打招呼，甚至会跑来和我们商量村里还有哪些公共设施需要改善。

——广东省孔美村驻村干部韩红操

农民专业合作组织作为组织化合作的形式，最初是先在几个熟人中展开关系游说的基础上进行关系动员的。一旦这种小团队形成一个共同的利益群体，群体成员又被委任以相同的使命并扩大组织宣传和倡导，直至相当的村民被纳入组织之中[①]。孔美村的驻村干部韩红操认为，“其实村里很多人在农业技术上还是可以的，但就是对市场的敏感度不够”。他判断，如果能把隆江镇几个村的产业整合起来，扩大产业规模，就能够帮助这些村庄更好地应对市场竞争。因此，在华南理工大学的支持和鼓励之下，孔美村“领头雁”计划培养对象——孔美村青年创业致富带头人唐镇涛、唐国忠（村党支

①尹广文，崔月琴．能人效应与关系动员：农民专业合作组织的生成机制和运作逻辑——一组基于西北地区村域合作社的实地研究［J］．南京农业大学学报（社会科学版），2016，16（2）：36-43，153.

部委员）联合村里包括唐许初在内的20多名贫困户共同成立了“惠来县孔子美种植专业合作社”。这些有劳动能力的贫困户以土地出租或以农业工人的身份参与到合作社中，他们在田里干活时每天能有100~200元的收入，获得了实实在在的收益，其后又有13户贫困户申请加入合作社。

这一合作社以孔美村贫困户为主要成员，由孔美村村民委员会和孔美村贫困户共同占有大比例的股份并拥有合作社的所有权。合作社入社自愿、退社自由，地位平等、民主管理，自主经营、自负盈亏，利益共享、风险共担。合作社依照章程成立了理事会，行使管理职权，实行民主管理。理事会成员三分之二以上成员为贫困户代表，由全体加入合作社的贫困户成员选举产生，代表贫困户参与合作社经营管理，并行使监督权。合作社的盈余主要按照成员与本社的交易量（额）按比例返还，同时合作社每年需将70%的盈余用作贫困户的分红（经全体贫困户的同意后，也可以转为成员出资）；从当年的盈余中提取10%作为公益金，用作村委会的分红；从当年盈余中提取20%作为公积金，用于扩大生产经营、弥补亏损或者转为成员出资。合作社主要为成员提供农业生产资料的购买，农产品的销售、加工、运输、贮藏以及提供与农业生产经营有关的技术、信息等服务（图3-43）。

在发展初期，合作社依托“华航31”“华航38”以及广东省水稻产业大会优质稻米品尝品鉴活动榜首品种“软华优1179”等水稻的种植经验，共同

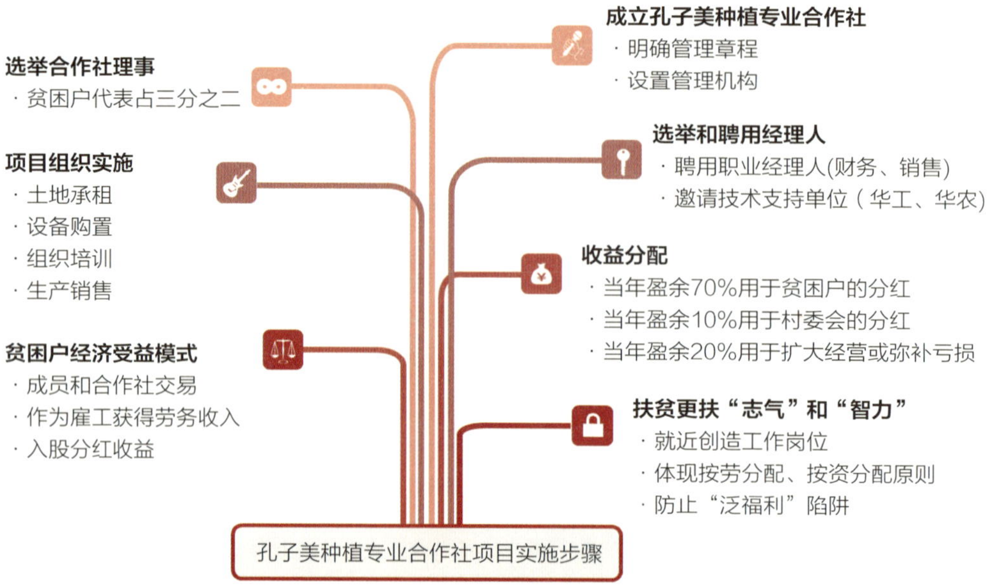

图3-43　孔子美种植专业合作社项目实施步骤

开发出了“孔子美农家香米”。该产品将农户的劳动成果真正转化为经济收益，提升了农户的家庭收入，产生了良好的示范效应。其后，孔子美合作社又实施了仙草种植产业项目，采用“固定工资+项目收益提成”的方式聘请两名专门管理人员负责项目的日常管理，同时根据项目需要优先聘请贫困户村民进行种植、施肥及收割等工作。驻村工作队通过做大做强孔子美种植专业合作社，培育了具有现代管理意识和技术的农民，孔子美种植专业合作社发展成为新型农业经营主体，实现了小农户和现代农业发展的有机衔接，最终带动和激发了孔美村农村发展的内生动力。

（四）激励多元共建的“有为集体”

华南理工大学在搭建乡村共同体的生态圈时，多方动员，争取让更多的社会主体加入到乡村建设中来。华南理工大学一方面将学校资源直接注入帮扶地区，积极向上级政府部门争取更多品牌认定，以获得更多的潜在资源；另一方面根据帮扶地区产业的特点，引入更多的企业共谋发展。在云县，华南理工大学以云县各大产业的龙头企业为主体，推动云县成立全国第一个县级品牌联盟——云县品牌联盟战略平台，通过龙头企业集群联盟吸引更多中小企业、新兴企业、苗子企业、合作社等加入品牌联盟，共谋发展。

回响·乡土音声

在展销会结束后举行的农特产品对接交流会上，来自云县信合农业发展有限公司的拉祜族姑娘何凤梅动情地说：“我们公司是由几个农民合作社组成的，能够走出云南大山，来到广州这个大都市推介我们的产品，我们从心底感谢华工，感谢她给我们搭建了一个这么好的平台。”

（资料来源：112万！华南理工师生扶贫济困的爱心有分量，http://news.scut.edu.cn/_s5/2019/0705/c41a40225/page.psp.）

随着扶贫工作的深入推进，无论是乡村精英还是普通村民，他们在与帮扶责任单位、政府、企业以及其他社会群体的交往过程中，不断强化自身认知，并且更加清晰地认识到个人利益与公共利益之间相辅相成的关系，因此，他们逐渐愿意为当地公共事业的发展、公共服务的有效供给提供更多的支持。如在村庄“三清三拆”工作中，村委的工作得到了村民的有力支持和配合（图3-44）。

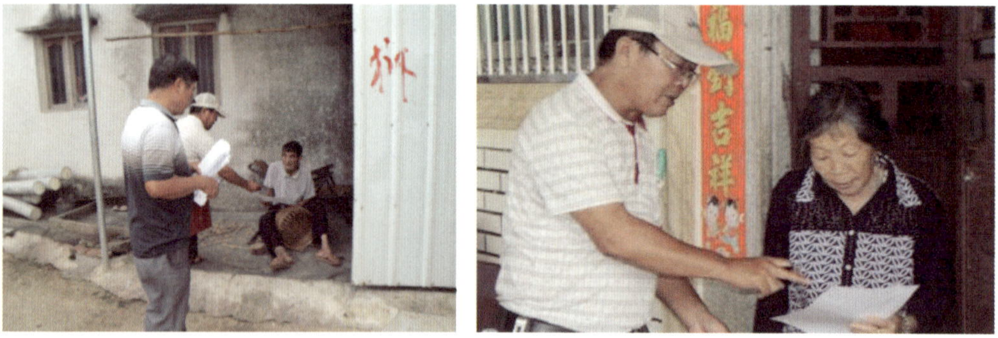

图3-44　孔美村村委逐家逐户进行“三清三拆”工作宣传

此外，在孔美村村两委和村理事会团结一致的努力之下，村中乡贤逐步回流，率先成立了乡贤咨询委员会参与到村内公共事务的建设中，并获得了全体村民的积极响应和配合。

华南理工大学作为孔美村的对口帮扶责任单位，高度重视孔美村的整治工作，华南理工大学建筑学院、食品科学与工程学院、艺术学院、设计学院、经济与贸易学院、资产经营公司等下属学院或单位均充分调动人才和物力，通过自身的专业知识、技术和资源等为村庄的发展出谋划策（图3-45、图3-46）。

图3-45　华南理工大学建筑学院规划设计团队进行孔美村村庄规划方案讨论

图3-46　华南理工大学建筑学院规划设计团队在汇报孔美村村庄规划方案

在政府层面，揭阳市、惠来县等政府部门也给孔美村提供了诸多支持。惠来县政府、住建局、农办等多个职能部门领导在考察孔美村的发展情况后，大力支持孔美村的整治工作，并推选孔美村作为社会主义新农村示范村的创建示范点，为孔美村的发展开创了更加广阔的空间。

如今，孔美村越来越多的民众渐渐走出了起初闭塞、落后的“小圈层”，与外部环境构建起更加多元的社会关系，并向更广阔、多元的“朋友圈”跃升，这又进一步提升了民众对于自身共同身份的认同，助推着村庄“共同体”功能的发挥，一个更加年轻、有活力的“有为集体”正在逐渐形成（图3-47）。

图3-47　孔美村驻村工作队、村委会、宗族理事会三方联动讨论村庄公共事务

在云南临沧，云县基于华南理工大学编制的《云县全域旅游发展总体规划》思路，开始潜心做好徐霞客文化元素的打造工作，实施了申报云县徐霞客游线标志地认证、规划设计并建设霞客文化广场等一系列举措。借申报徐霞客游线标志地的机遇，云县不但构建了自己的旅游品牌，更重要的是与其他游线标志地实现了关系串联，从而走出云南、走向全国，建立起云县独有的、更加广泛的城市文化“朋友圈”（图3-48）。2020年3月，云县彝族同胞共同创作了歌曲《帮扶之爱》，以表达他们对华南理工大学帮扶云县的感激之情，同时也表明华南理工大学与云县各族人民在携手奔小康的过程中形成的深厚情谊，在一定程度上推动了民族的团结合作与融合发展。

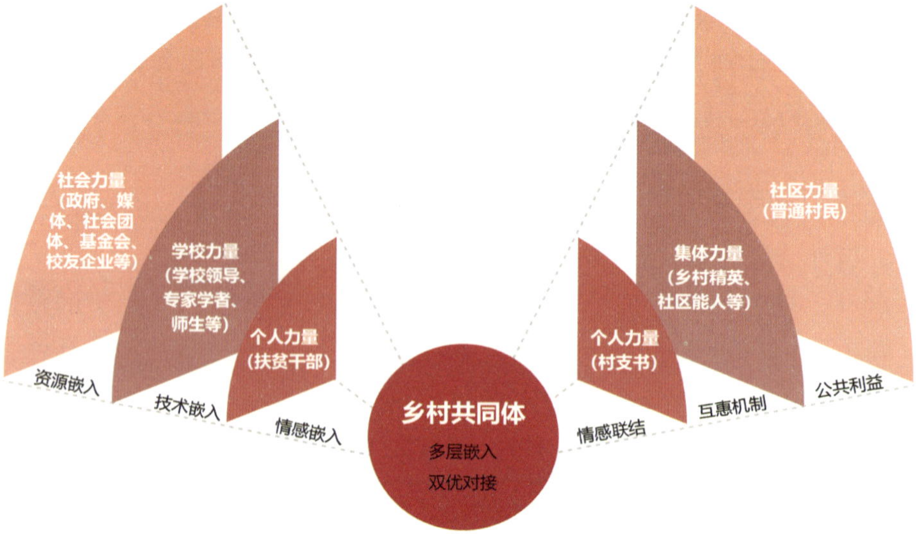

图 3-48　云县乡村群体生态圈

而在广东揭阳，在2020年新冠肺炎疫情的社会背景下，华南理工大学孔美村驻村工作队谋划抗击疫情、互援互助的举措。由华南理工大学孔美村驻村工作队牵动，发起了粤东驻村第一书记购买省定贫困村农产品驰援湖北的倡议，得到了粤东片区23位省定贫困村驻村第一书记的积极响应。活动累计捐赠冬瓜、有机大米、有机红薯粉、绿色南瓜等高质量有机农产品30吨，于2020年3月11日驰援湖北（图3-49）。这次援助活动标志着孔美村不再是"藏"在扶贫保护伞下等待帮助的"弱势"群体，而是有能力参与社会公益、承担社会责任的"有为集体"。

图3-49　孔美村驻村第一书记苏秋斌代表华南理工大学及孔美村村民向湖北捐赠防疫爱心物资

第四章
多层互动：营造乡村的公共空间

通过全域性环境的资源观更新、社区居住品质的提升、居所功能的升级等各方面来提升乡村物质空间与人居环境，构建乡村公共空间营造的组织化过程，能够切实展现出乡村公共空间在多元包容、社会功能复合和场所共享等方面的公共性。疏通多层空间的公共性与共享性，立足的是以人为本、层层深入的营造理念以及重构健康的“人地关系”和“人人关系”的目标。实现这个目标，不仅需要强化空间跨界整合的部门联动性，而且要在场所再造的过程中为乡村秩序寻回集体归属感的社区载体。

通过重新组织起村民参与公共空间营造的能力与动力，逐步实现“人与自然”“人与社区”“人与宅院”的关系审视与升华，不仅有助于夯实公共空间营造过程中“人”发展的根基，也为推动“精准扶贫”走向“乡村振兴”提供了可持续发展的根基。

第一节　全域参与：跳出区域谋发展

乡村所处的环境是社会经济发展的本底，也是地区可持续发展的根基。当前由于基础设施建设、公共服务设施、就业机会等资源分布不均衡，导致乡村人口外流严重，城乡二元结构分异明显。对此，华南理工大学尝试跳出区域的边界，通过“全域”发展理念，将在地理空间和组织结构上分散的资源、资金等进行高强度整合，并基于旅游业在资源整合、稳定区域经济增长和调整经济结构方面的优势，将全域旅游作为帮助帮扶地区实现乡村振兴的重要切入点，以在宏观层面实现不同群体发展利益的最大化。

一、贫困地区内部建设存在的问题：空间跨界整合缺乏行动力

随着扶贫工作的深入推进，区域内部一体化建设以及地方公共事务的扩张，大量涌现的“跨界”公共事务亟待解决。这种“界”既包括在地理空间上的边界，还包括延伸出来的功能边界、组织边界等。但是由于贫困地区大多缺乏一个能够整合各类资源和力量的一致性行动目标，其各类资金资源呈现碎片化、各类行政部门工作呈现条块化的状态。同时，地方长中短期发展目标之间缺乏连贯性和延续性，对地方公共性的塑造带来一定的阻碍和影响。

（一）贫困地区资金资源碎片化

从历来积累的扶贫经验中可以发现，实际上贫困地区的资源并不缺乏，只是支撑当地发展的资源碎片化和分散化特征显著。乡村发展所依靠的田地、山林、河流、湖泊等地方性资源几乎已全部分配到单个农户，导致在开发利用时资源整合的难度较高。同时，贫困地区的基础设施特别是交通设施较为落后，区域整体处于相对封闭的状态，导致其对现有资源的整合和转化能力较弱，难以将资源特色转化为产业或经济优势。

此外，在精准扶贫的大背景之下，有限的扶贫资金被“打碎”分散到各个贫困户手中，同时专项资金有较为严格的使用管理规定，客观上导致资金使用呈现条块化分割的局面。目前这类资金往往花费在路面硬化、路灯铺设等基础设施的建设上，资金未能“拧成一股绳”投到既有利于农村综合环境改造又能提升农民生计发展的建设当中。由于农民本身对于资金的运用能力有限，分散到他们手中的资金无法得到有效利用，因此也难以解决“集体贫困”和稳定脱贫的问题。

（二）行政管理部门工作条块化

贫困往往是多因素叠加的结果，这决定了有效的扶贫是一个需要多主体、多部门参与才能实现的工作。而就政府行政部门而言，条块化的部门管理体制限制，使各部门着眼于与自身专业领域或部门工作目标相关的任务，这也是他们一般化的行动逻辑。而且政府各部门在各类扶贫工作中往往容易各自为政，在人居环境建设上具体表现为项目重复规划、重复建设的情况较为严重，各类建设资源协调整合效果不理想。一方面，部分项目关注更多的是工程本身，忽略了乡村经济基础、社会结构等因素对设施建设的基本要

求，也忽略了扶贫产业对基础设施建设的特殊性需求；另一方面，部分项目过于强调产业需求，在一定程度上挤压了村民的生活需求，影响乡村的可持续发展空间。总体而言，部门工作条块化及思维定式导致扶贫工作存在较多“盲区”，政府各个部门之间缺乏统一的“抓手”，行动力下降。

（三）长中短期目标缺乏连贯性

贫困地区的整体发展中缺乏将各个主体的利益整合在一起的行动目标，因此在开展扶贫工作时，可能出现长中短期目标之间断裂甚至相互冲突的情况。某些地区由于缺乏长远发展目标的指引，村内各类基础设施建设主要还是侧重于满足产业发展的需求，导致村民在进行各类项目开发改造时出现过度利用土地、水域、空间等公共资源的逆向操作行为，造成如过度放牧、过度砍伐、过度捕捞等“公地悲剧”。这类行为均是以破坏贫困地区生态资源为代价的短期逐利行为，对于乡村的可持续发展造成长期性的损害。在美丽乡村、新农村建设等国家政策的引导下，乡村环境的治理取得了一定的成效，硬件建设和服务设施配套得到明显改观，但政策资金仍然存在一定的投入周期。政府投入的单向模式缺乏产业与机制的导入，以至于基础设施建设完成后又面临着利用率低下、后续维护困难等问题。倘若基础设施建设最终难以转化为村民可利用、可自我运转的资源，当维护这些设施所需要投入的人力、物力、财力超过当地公共事务承载的能力时，对于贫困地区中远期的发展来说，这些设施将成为一种“美丽的负担”，有损乡村的共同利益。

二、以全域旅游更新资源观

人居环境整治工作主要以硬件建设为主，硬件建设对应硬投入，因此投入大量的财力不可避免。高校作为育人单位，本身并不具备强投入、重投资进行建设基础设施和公共环境整治的能力。如此一来，找准高校在人居环境提升工作中的立足点相当重要。

华南理工大学的精准扶贫目标远不止于“实现脱贫”，而是以“实现全面脱贫”为起点，进一步探索美丽乡村、乡村振兴等“后脱贫”时代的长效机制。“长效”主要体现在从规划、设计到建设、运行等各环节，需要同时兼顾乡村各个利益主体的核心需求和乡村发展的长中短期发展需求。这既是乡村公共性在宏观层面的空间表达，也是实现农民利益在空间维度上的“公平性”的重要路径。华南理工大学帮扶团队结合自身学科优势，提出了以全域旅游为抓手来整合贫困地区资源的理念，为帮扶地区找到一条能够彰显贫困地区乡村人民利益、重构乡村公共性的崭新道路。

（一）突破边界，要素融合

既有的扶贫项目多数集中于整合某一乡镇或某一村落的内部要素，对于“域”的理解和运用还不透彻，因此在具体开展环境治理时往往顾此失彼，难以全面满足地方发展的各类需求。而旅游是一个综合性极强的产业，它不但是促进地方经济发展的助推器，更是带动社会整体发展、提高人民生活质量的“幸福产业”。近年来全域旅游上升为国家战略，也使旅游从一个“小产业”延伸到相关产业发展和社会经济生产的方方面面。

“全域旅游资源观”重新定义了资源体系，资源类型从自然资源、人文资源扩充到社会资源、产业资源，为旅游发展增添了更多的资源要素，形成以生态为基底、多种特色资源各放异彩的局面。华南理工大学将“全域旅游”战略作为人居环境治理的关键抓手，实则为帮扶地区整合资源要素提供了一个新思路。“全域旅游”充分体现了“环境友好”和“共建共治共享”的基本理念，其在从全要素、全行业、全过程、全方位、全时空等角度推进旅游产业发展的同时，也推动了人居、经济、社会、人文等方面的协同提升①，有利于合理借力，健全精准扶贫工作体系。与传统意义上的“小旅游”不同，“全域旅游”以“打破壁垒”为关键，精髓在于促进一切关联要素的统筹融合，使得达成“部门职能统筹”“政策资金统筹”“全域资源统筹”“主体利益统筹”等关键效用成为可能。全域旅游与人居环境的内在关系如图4-1所示。

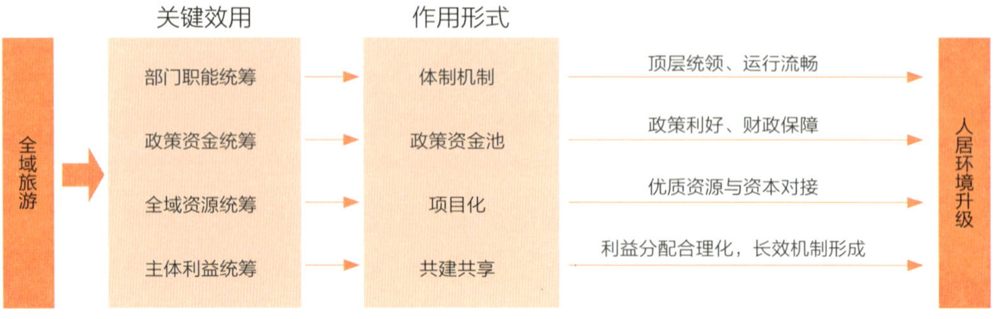

图4-1 全域旅游与人居环境的内在联系

①河北：大力推进全域旅游发展［EB/OL］．（2016-10-28）［2020-8-30］. http：//www.gov.cn/xinwen/2016-10/28/content_5125426.htm.

（二）资源活化，品质提升

全域旅游的资源利用方式，依托的是旅游产业渗透性强、融合度高等优势，注重旅游市场主体的多元化，并采取更为灵活的“旅游+”或“+旅游”模式，推动旅游服务供给从单一的“注重业内增量”向“注重业内增量”和“盘活业外存量”两条腿走路转变。并且，全域旅游能够激发关联产业跨界融合，促进构建第六产业体系，不仅能够提高社会资源的利用率，也能推动产业配套、公共服务等方面的不断完善和健全（图4-2）。

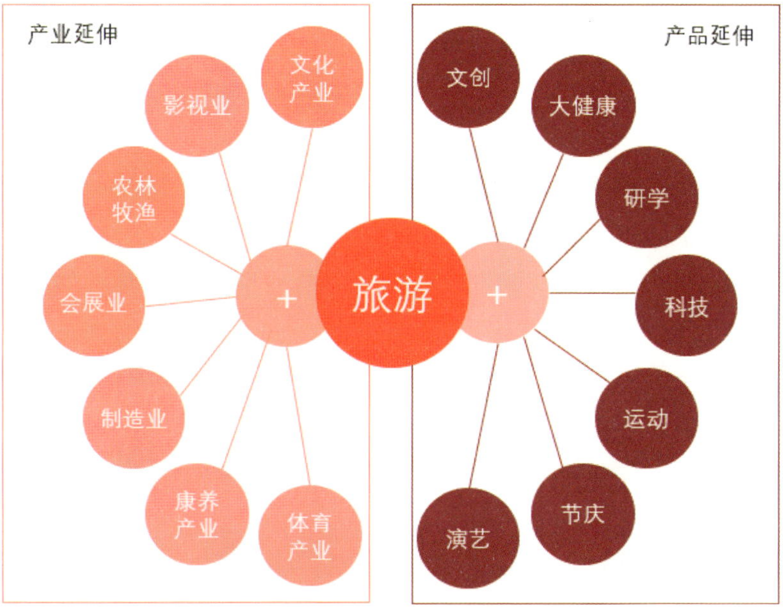

图4-2　以旅游为主体的“+旅游+”产业联动及产品延伸

对于资源利用，如何活化以及活化后如何塑造美感、沉淀感、体验感都是极其重要的问题。因此，在开展乡村旅游规划时，必须考虑乡村发展的整体性、综合性、长效性和可持续性，将乡村旅游与土地利用、产业发展、居民点建设、人居环境整治、生态保护和历史文化传承紧密结合。在以往的经验中，由政府牵头的人居环境提升工作缺乏科学的规划，容易“撒胡椒面”和“一刀切”，不论是“面面俱到”还是“千村一面”都存在不可持续的问题，治理成效不显著；而由企业主导的景区环境建设，往往呈现“景区内外两重天”的面貌，景区内环境优美，景区外杂乱不堪。以上这两种建设模式均无法适应地区发展的需求。

“全域旅游”理念，不仅厘清了人居环境的升级路径，强调保留地方特色，同时还强调“品质化”的要求，将因地制宜、分类指导的原则贯彻始终。“全域旅游”理念也进一步帮助明确了人居环境工作要点中的“轻重缓急”，将满足当地人生活生产的实际需求作为主要的诉求，也强调要融合地方文化元素呈现视觉上的美感，突破了传统人居环境建设片面强调“实用主义”的弊病。

三、长短结合，内外兼施

全域环境整治作为一项庞杂、艰巨的民生工程，需要汇集多方面的智慧及力量。华南理工大学通过全域旅游的战略规划高度整合资源，对帮扶地区不同阶段的发展目标加以统一，最终引领帮扶地区综合环境的整治提升，为乡村的可持续发展营造了一个良好的环境与空间载体。

华南理工大学尤其重视推进政府部门之间的职能整合，实现部门联动。如在深化校地对口帮扶云县的工作中，华南理工大学扶贫开发领导小组组织了经济与贸易学院、建筑学院、新闻传播学院、设计学院等院系力量，历经4批25人次深入调研、20余次专题研讨，为云县编制了《云县全域旅游发展总体规划（2018—2035年）》，最终形成“1+5”成果集（图4-3）。其中“1”指规划文本，旨在从县政府层面创新机制体制，推动云县成立全域旅游领导小组，有利于各个部门、不同产业之间统一步调，从顶层引领明确县域发展的总体目标和方向，奠定流畅的运行管理机制；“5”指代五大规划专题，分别为《云县品牌打造及优势品牌推广方案》《云县旅游标志及茶业标志设计应用方案》《云县传统民居改造及活化利用方案》《招商宣

图4-3 《云县全域旅游发展总体规划（2018—2035年）》成果集

传手册》《云县旅游招商宣传片》，以明确相关部门的细分任务。华南理工大学帮扶团队根据构成人居环境的不同尺度及要素进行分类指导，通过“面—线—点”三个层面的环境提升来落实全域环境的整治工作。

（一）面：保持生态底色

华南理工大学对于帮扶地区的综合环境建设始于实地调研。高校扶贫的调研是一个党政统领、校—乡—镇多部门“动起来”的过程，主要通过高度组织化的工作流程来保障扶贫工作的全员性参与和扎实的现实基础。实地调研主要由挂职干部、县文化旅游局带队，会同专家团队全程调研，其中挂职干部在高校与当地政府部门之间充当信息的转化者和传递者，县文化旅游局则担任关键的政策把关与资源调配者的角色。每到一个乡镇，乡镇领导亦能机动抽调来参与全程调研。在此过程中，随时随地的交流探讨潜移默化地引导着乡镇领导干部们重新认识当地的资源与发展条件，从发展视角认识原本习以为常的资源环境，也能识别符合当地生活生产的基本需求，并在后续的人居环境提升工作中予以回应（图4-4）。

“全域”并非全县匀质地开发，也非走向全覆盖式地开发。就地貌结构而言，云县有着以山为骨架、以河流为动脉的空间本底，建成区和村落聚集区域有限，因此其全域环境的提升必须建立在生态本底的保护基础上，这样才能进一步提升居民活动空间的卫生环境、景观打造、服务设施配套等。因此，全域旅游规划强调“生态立县”，专设“公共支撑：用地调控”及“共建共享：生态共建共享”等章节，明确了全域环境治理和生态保护的基本要

图4-4 调研过程中随时随地的思想交流

求和工作指引。

全域环境治理，要以保护面域生态本底为基础。这项实践主要面向的是区域内范围广阔、同质性和连通性强的背景地域，它最大程度上决定一个地区的景观品质。这也意味着“面域治理”是基于“绿水青山就是金山银山”的基本指导思想开展生态本底的保护与修复行动。由此华南理工大学帮扶团队在推动云县人居环境提升的过程中，坚定“生态立县”的发展立足点，加强对全域生态开发建设的把控。云县的生态本底好，以原生的自然环境为主，除以山地为骨架的森林覆盖区域外，还包括高山草甸、杜鹃林等特殊的生态资源，因此在以旅游产业为抓手的经济活动导入之前，必须以预防性和控制性的原则来调控空间用地。在与《临沧市云县土地利用总体规划（2006—2020年）》等上位规划进行空间对接的前提下，华南理工大学帮扶团队划分出三大生态保护区域，即生态控制区、集中建设区、生态禁建区，并提出相应的控制要求，明确其项目准入的门槛和监管路径，用以强化全县生态本底的保护，最终达成保障生态的基本要求。

华南理工大学在正式调研以前，还特别设置了一个关键的前置步骤。以云县为例，以全域旅游启动会为工作起点，与会人员包括华南理工大学和云县的一把手、各部门负责人、各乡镇领导及全域旅游规划小组的各位成员（图4-5）。作为一场高规格的启动会议，其主要目的是在深入调研之前让所有成员对云县全域旅游规划工作的内容、意义、成效形成一个基本的了

图4-5 华南理工大学党委副书记陶韶菁（后排左三）出席云县全域旅游规划启动会

解，同时提升地方各部门对全域振兴的重视程度，以保障后续工作的顺利开展。启动会的核心内容是“改革式”的理念导入，引导各级管理者重新审视地方资源和未来发展的可能性，为他们指明发展的方向，更重要的是以此激发他们对于未来的期望和工作的热情。

（二）线：地方资源的线性整合

统筹政策资金是现实的要求，也是实现政策间“互需互补，互动互促”的必然趋势。前期的“输血式”扶贫，主要是围绕政策的落实，讲求政策的精准供给。而“全域旅游”发展在政策资金统筹方面有着明显的优势，它统领下的政策类型繁多，囊括各类旅游政策，还与多种类型的利好政策有极好的黏合性，能有效促进关联政策的统筹应用，通过有的放矢地统筹和落地各类政策，发挥政策的组合效益。将各类政策资金放到一个“笼子”里进行再分配，是推进改善政策环境、人居环境、营商环境的重要举措。各类环境的改善，为社会资本搭建了极好的平台，不仅能够促成企业投资，同时能够激发当地人的创业意愿。因此，政策资金虽“额度”有限，但却是行之有效的“杠杆”，发挥着以“输血”促“活血”的功能。

在《云县全域旅游发展总体规划（2018—2035年）》中，华南理工大学坚持落实“全县一盘棋”的设想，将人居治理工作融入整套规划中，推动关联部门在进行旅游规划、城镇规划、新农村规划、道路交通、环卫设施等相关规划时的协调统一，实现地方资源的线性整合，从而在公共基础设施建设的过程中兼顾未来发展旅游的可能性，以“全县景区化”推动高品质人居环境建设的精准落地。

华南理工大学帮扶团队在规划中重点发挥景观廊道、水系景观等线性要素的作用。云县的水系发达，因此规划明确将澜沧江沿线作为重点修复区域，关停澜沧江沿线的砂矿，加强排污控制，对沿线山地实施生态修复，加强水土保持的生态治理。华南理工大学帮扶团队同时将沿线生态保护与特色景观塑造相结合，策划打造澜沧江旅游休闲带、G214国家风景观光带及茶马古道文化体验带，对县城中心的罗扎河流域进行综合治理，通过“一河两岸工程”提升当地的人居品质和休闲氛围。在道路方面，团队将重要道路作为旅游廊道进行打造，推动交通、旅游、住建、资源管理等多部门的协同合作，力求实现道路景观与周围环境的自然过渡与融合，达到良好的视觉效果和环境效果，以此展现全县生态景观和文化特色。

印象·新貌

昔宜村为临沧北大门，澜沧江昔宜村段风景秀美，是“百里长湖”景区的核心区域。在全域旅游规划的指导下，市、县两级政府相关部门加强澜沧江沿岸的生态治理，取缔沿线采砂场，同时为昔宜村的旅游建设提供良好的政策资金支持，将沙场变为“绿道”，将滨水农田变为景观农田，不仅美化了村居环境，同时为村民提供了日常活动的场所，也成为昔宜村旅游活动的聚集地（图4-6）。

图4-6 昔宜村滨水绿道及休闲设施建设现状

（三）点：基础配套设施旅游化

在为云县制定全域旅游发展规划时，华南理工大学帮扶团队就尝试将全域性的基础设施和公共服务水平升级作为全域旅游的基础抓手。因此，调研工作也突出“全域性”——覆盖各乡镇及重点乡村，并结合对当地企业、村民等的深度访谈，摸清各类主体的核心诉求。经过云县全域旅游工作小组多轮的研讨，明确要全力推动云县创建“国家全域旅游示范区”的任务，坚持特色化发展和人本化服务的理念，在生态环境、城市建设、产业发展、交通建设等多方面同时发力，以“生态立县”为统领原则，逐级制定“百村示范、千村整治”方案。为全面推进农村人居环境整治，云县还成立农村人居环境整治工作领导小组，其下分设垃圾治理、污水治理和“厕所革命”三个专项工作组，并进一步推进基础配套设施的旅游化建设，将旅游功能融入基础设施建设中，兼顾本地居民生活生产需求和乡村旅游的发展要求。

“点”层次的人居环境提升要点在于加强景观建设和提升公共服务，例如交通集散中心、乡村聚居点等重要节点的升级。华南理工大学帮扶团队重点落实两项工作：一是加强环境卫生的整治，通过村民自治等形式和组织“全民清洁日”等活动，推动居民的生态环保意识和主人翁意识的转变和提升，以达到自觉遵守、互相监督的效果；二是提升公共服务水平，落实公共厕所、停车场、标识系统、康体设施等基础设施建设，通过公共环境的升级让居民愿意走出家门、走向户外，重新建立村落的集体参与感和责任感。同时团队还为云县编制《云县传统民居改造及活化利用方案》专题，以激活传统民居来改善当地人居环境，为传统民居赋予更多业态发展的潜力，为当地创造就业创业的机会。以上举措源源不断地释放了民生红利，大大提升了当地群众在人居环境升级和旅游发展中的获得感，实现“镇镇皆景区、旅游即生活”的全域式镇村生活状态。

华南理工大学帮扶团队还将“调研过程”作为理念输导和方法传递的重要途径，围绕“全域振兴、生态立基、永续发展”的指导理念，在学校及乡村社区开展宣传推广工作，逐步推动生态环保理念深入每一位当地人心中。首先，利用好学校的教育平台，通过宣传教育、环卫公益活动等让学童认识生态环保的重要性，学生在回家与父母的相处中反向引导自己的长辈；其次，利用社区“农家书屋”的育人功能，增加有关环保的书籍及宣传画报等，并定期组织宣讲培训，推动公众参与让农民意识到环境保护的重要性；最后，树立环保卫士榜样，利用多媒体平台进行故事传播，营造集体参与的氛围。

第二节　重现乡情：打造和谐宜居社区

乡村公共空间是村民可以自由出入、进行各种社会交往活动的公共场所，具有愉悦身心、提供公共服务、促进社会整合等多重功能。近年来，党和政府高度重视乡村建设，提出乡村发展要“让居民望得见山、看得见水、记得住乡愁”。在此背景下，乡村公共空间迎来新的建设机遇，无论是传统乡村公共空间还是现代乡村公共空间，都开始进入建设的“快车道”。在乡村振兴的新时代背景下，华南理工大学尝试从宜居社区建设着手，为乡村公共空间公共性的重塑提供持续稳定的“土壤”。

一、乡村秩序缺乏空间载体

处于转型期的乡村，公共空间的发展面临着可达性不足、公共参与缺失、空间发展理念迷失、社会功能弱化、公共议题失语等公共性困境，给社会整合和乡村治理带来了负面影响。如何使公共空间运转起来并发挥其应有的作用，是摆在政府和乡村面前亟待解决的一个社会问题。

（一）公共议题逐渐消失

乡村的公共议题涉及乡村发展的公共利益，包括维持秩序、舆论监督、发展引导等方面的内容，例如生态环境保护、村规民约制定、监督公共权力等。一方面，乡村公共空间作为一个交往、沟通、协商、合作的平台，为普通村民参与公共决策和管理提供了机会，有助于公共议题的讨论和解决，增进公共利益；另一方面，村民可以借助乡村公共空间将私人议题和提议转化为公共议题，争取社区关注，并通过集体力量加以解决，进而维护公共利益，比如将家庭纠纷转化为社会纠纷，促使双方各退一步，有助于维护乡村社会的秩序、团结和稳定。

但随着乡村日益原子化、个体化和市场化，一部分村民不再对乡村公共空间内的公共议题产生兴趣，很少关注乡村公共事务；另一部分村民虽然身处乡村公共空间中，但关注焦点逐渐由公共议题转换为私人议题，如个人职业、经济收入等，对公共议题则奉行“事不关己高高挂起”和随大流的态度，不积极参与交流、讨论和辩论，更不会主动发起话题评论。公共议题的缺失，不仅意味着村民逐渐从村庄公共事务中退出，也意味着村民对村庄的认同感和归属感在逐渐降低。

（二）公共空间配套缺乏

在空间发展理念迷失的背景下，乡村公共空间的社会功能也面临着公共性危机。首先，功能与形式逐渐分离。在乡土社会，乡村公共空间源于村民集体生活的需要，是乡村集体意志的结果，强调公共空间为村民服务的实用性。但在政治化和市场化指导下，当前乡村公共空间的建设和发展更加注重空间的政治功能和经济功能，追求空间的审美价值和视觉效应，忽视了村民的生活需要和公共需求。其次，功能碎片化。乡村公共空间不再追求功能的复合性，而转变为功能专业化。比如，村委会主要承担征地拆迁、维护乡村稳定、执行政府政策等政治功能；庙会主要承担民间信仰功能，淡化了其经济交换和社会交往功能；集镇和超市则取代传统集市，成为提供经济服务的固定场所。最后，功能弱化。乡村公共空间在社会发展中没有充分发挥其应有的作用，比如由于缺乏戏服、锣鼓、座椅等公共文化资源以及专业的文化人才和团队，文化广场的乡村文化建设和服务功能形同虚设；祠堂逐渐成为乡村旅游的景点，而不再是集体祭祀的场所，其社会教化、社会救济、社会整合、秩序建构等功能不断淡化。

印象·初见

曾经的孔美村村容村貌缺乏监管，乱搭乱建现象普遍，群众文明卫生意识不高，村内水系垃圾漂浮，“脏乱差”现象随处可见。作为入村形象门户的村口，杂草丛生，荒芜之感显露无遗，到了晚上没有路灯，昏暗中四处遍布的禁毒宣传画更显得阴森可怖。孔美村的公共服务设施整体上较为缺乏，村庄也缺乏人气，没有村民的公共活动空间，只有一个卫生站以及一个在建的村民综合服务中心，村民对公共活动空间有着较大的需求。

（三）公众参与意愿不足

村民广泛而积极的参与，尤其是年轻人的参与，是乡村公共空间公共性的集中体现，无论是物质空间建设，还是公共活动的开展抑或公共秩序的建构，都需要村民参与。但在转型期，乡村公共参与明显不足：其一，村民参与意愿弱。随着村民的经济理性逐渐超越公共理性，他们对参与乡村公共空间的积极性不高，甚至将其视为政府和村委会的职责。其二，参与主体缺失。随着城乡流动的加快，乡村年轻人大多流入城市，村庄空心化严重，剩下的留守人员（老人、儿童和妇女）既“无心”关注乡村公共空间的建设和发展，也“无力”参与各种公共活动。其三，参与水平低。当前，乡村公共空间更多的是作为一种公共服务，由政府提供或由政府购买服务提供。公共活动也主要是在政府和村委会的主导下开展的，可以说政府在乡村公共空间的建设和发展过程中逐渐起主导性甚至决定性的作用。出于提高行政效率等因素的考虑，政府往往只重视村民的形式参与和程序参与，甚至对村民参与采取忽视、限制等态度和行为，使得村民的参与流于形式，参与的程度、水平和质量较低，乡村公共空间逐渐成为政府意志而不是公共意志的体现。

二、以场所再造强化集体归属感

乡村公共空间作为村民最重要的邻里交往场所，不仅是乡村居民日常生活和公共活动的载体，也是维护乡民社区情愫的纽带和传统文化的依托，在乡村建设中具有重要的作用。随着近年来城市化快速发展和社会经济的转型，乡村“空心化”现象日趋严重，乡村公共空间逐步丧失活力，直接影响到乡村的正常运转。与此同时，日本及我国台湾地区的社区营造正如火如荼地进行，并成功地促进了当地社区的建设，这当中重新组织村民进行社区营建以及通过社区公共场所再造激发社会关系重建，也是达成乡村社区治理共识的重要渠道。

（一）打造功能集成的公共空间

空间与其使用者的行为心理是相互塑造的，因此对于物质空间的改造需要切实考虑空间当中人群的需求，这是集体利益在空间上的反馈，通过公共空间的规划设计与改造可以重塑空间当中的社会关系。良好的社群关系有助于村民们共同决策、相互监督，基于此，华南理工大学在乡村社区层面的人居环境提升主旨并非简单浮于物质空间形态的改造，更重要的是深化为集体活动提供公共参与空间的内涵，实现村民自身能力的发掘和培养，提升社区的公共性，从而塑造新的社会关系，促进良善社区氛围的形成。

乡村社区公共空间承载了广大村民的户外活动，是邻里交往最密集的主要场所，也是凝聚公共精神的地方。它的功能不仅仅是美化社区环境，更重要的是促进社区社会网络的塑造。根据实际调研和文献梳理，可以归纳出乡村社区公共空间六个方面的功能（表4-1）。

表4-1 乡村社区公共空间的基本功能

性质	作用	典型内容
美化功能	提升社区景观	美化、绿化、亮化、净化的重要场所
社交功能	邻里日常交往	茶余饭后、农闲时节的户外交往场所
文体功能	文化活动和康体健体	广场舞、曲艺表演、健体运动等
政治功能	公众事务决议	如资源整合、乡规民约的制定与执行等
精神功能	精神的传承	礼佛、祭祖、传统节事活动的举办等
经济功能	承载经营活动	集市、庙会等商业经营活动

（资料来源：参考王明洁. 当代中国文化建筑公共性研究［D］. 广州：华南理工大学，2012.）

乡村社区公共空间功能的复合性，给华南理工大学的帮扶工作带来了更大的挑战，在与村民的深度交流中，团队发现他们对本村的公共空间有着迫切的诉求，并希望能促进新农村、新村貌的转变。

（二）营造邻里互助的和谐氛围

邻里互助向来是中华民族的传统美德，是消除贫困的内生动力。乡村社区的治理目标在于倡导邻里之间形成团结友爱、互帮互助的关系，引导群众树立“同在社区住，都是一家人”的意识，拉近邻里间的距离，加深社区居民群众之间的感情，真正将社区打造成一个和谐温馨的“大家庭”。

乡村社区往往由“熟人社会”构成，保留着传统的村民自治模式，但村民间的利益平衡和公共事务的共识的凝聚，需要村民委员会与村两委等组织的保障以及村规民约等制度保障的支持。当中发挥组织作用的关键群体——乡村精英，不仅能领导本村公共事务的决议，也能平衡群众关系，制衡群众舆论，维系村民间的交往关系。华南理工大学将乡村人居建设的议题作为一项直接关系民生的“公共事务”看待，推动乡贤牵头民众，广泛征集村民需求，从规划之初就强化“群众参与”，重新激发个体对公共事务的关注和关心。最终在规划落地之时，让参与其中的村民感受到为家园建设贡献一己之力的个人价值，让共同关切的人有共同的“集体荣誉感”，也借此打破“原子化”的局面，逐步引导乡村形成互帮互助、共同进步的氛围。

三、借力突围，打造公共会客厅

首先，实现乡村公共空间的共建共享，不仅是高校与社区在扶贫工作中相互合作的重要渠道，也为提升乡村社区活力铺垫了场所的软硬基础。一旦乡村社区拥有集体活动的场所与休闲社交的环境，将有助于改善乡村社会关系，推动乡村社区发展。村民每天辛勤劳动后，有特定且充足的场所开展集体性休闲活动，一方面可以使得村民的生理和心理得到放松，另一方面可以增加村民之间的互动交流与感情；而在一些重要节庆，村与村之间的交流互动，既有利于提升区域内乡村社区的影响力，又有利于乡村经济的发展①。其次，能满足历史文化保护的需要。不同乡村的发展背景能反映出千姿百态的乡村形态和变迁，通常在民俗文化和村落风貌等方面显现出巨大的文化价值，是重要的物质文化遗产②。最后，能满足当前建设的需要。乡村公共空间的质量对村民的生产生活和村容村貌具有重要影响，推动乡村公共空间服务设施的完善与升级符合当前乡村人居环境整治、新农村改造等建设的要求，不仅能较快地营造出崭新的乡村人居环境与美丽乡村，也能极大地改善村民的生活质量，提高村民的幸福感知。

华南理工大学以“我为美丽乡村绘蓝图”南粤村庄（整治）规划志愿行动为契机，组织学校建筑学院规划服务队为定点帮扶对象孔美村编制乡村规划。现场调研是规划的重要前提，在建筑学院党委书记司聚民和规划专家叶红副教授的带领下，学校建筑学院师生一行21人组成孔美村规划志愿服务队深入村庄，开展为期4天的孔美村村庄编制规划调研工作（图4-7）。调研涉及村庄规划、建筑保护及加固、环境治理、试点设计等工作内容，分为地物航拍、实地勘察、走访座谈三大部分，得到了惠来县和隆江镇相关领导干部的热情欢迎和积极配合。

在调研过程中，白天，队员们深入村里各个角落调研，通过与村民座谈和交流、实地勘察等方式采集了大量基础资料；晚上，在带队老师的指导下，各团队集中汇报材料、讨论方案，常常工作至深夜。服务队通过对孔美村全面调研、深入访谈并征求村民集体意见，发现孔美村存在当前贫困地区普遍面临的公共议题消失、公共空间缺乏、参与意愿不足等问题。以“问题

①费孝通．江村经济［M］．上海：上海人民出版社，2007．

②戴林琳，徐洪涛．京郊历史文化村落公共空间的形成动因、体系构成及发展变迁［J］．北京规划建设，2010（3）：74-78．

图4-7 华南理工大学建筑学院冯江教授团队（左图）及叶红副教授团队（右图）到孔美村调研

为导向”，为后续孔美村的人居环境建设提供了关键思路，团队借由“三清三拆”工作做“减法”，首先清路障、清淤泥、清垃圾、拆危房、拆违章、拆旱厕，还孔美村一片洁净的天地；同时，以“社会主义新农村示范村”建设为契机打造公共空间，提升基础设施建设和公共服务水平；此外，通过“传统村落”的申报，为传统优秀文化再塑空间载体，从而激发公众参与的意愿，重新调动村民们对于公共议题的关注。

（一）以“三清三拆”提升村容村貌

“三清三拆”是全面开展示范村建设的基础性工作。在孔美村，华南理工大学驻村工作队联合村委干部、理事会，围绕美丽乡村建设的目标，推

图4-8 叶红副教授团队为孔美村设计的建筑风貌分类整治图

动乡村“三清三拆”工作有序展开，学校建筑学院叶红副教授的帮扶团队还结合孔美村的建筑情况，为孔美村制定了包括修缮建筑、清拆违建、清拆建筑、新建建筑、整治建筑、保留建筑等六大类型的建筑风貌分类整治方案（图4-8）。“三清三拆”工作分为自主清拆和集中清拆两个阶段，在整治孔美村整体层面违章搭建的同时，还解决了生活垃圾、生活污水、畜禽污染、乱搭乱建等村容村貌混杂的重点难题。

在“三清三拆”工作的推进过程中，如何组织群众、发动群众，转变村民“等、靠、要”的思想是工作的难点。驻村工作队为落实工作计划，一方面积极联动村民委员会，反复给村民做思想工作，协调个人利益与集体利益、个人空间与公共空间的平衡；另一方面，围绕“先配合的先落实”的工作理念，树立模范农户。其他村民看到工作的成效，感受到与自己切身相关的居住条件与环境切实发生了变化，从而改变初衷配合“三清三拆”工作，积极参与到社区的公共事务中来。除此以外，驻村工作队着力强化对生活垃圾的整治，制定更加优化的垃圾清运方案，根据村居布局和村民生活习惯设置垃圾收集点、配置垃圾箱，建设垃圾回收池，协同当地政府共同研讨解决

印象·新貌

历经“三月一小变，九月一中变，一年一大变”的“三清三拆”工作，孔美村村容村貌有了较大的提升，村内道路不粘泥了，村内环境卫生变好了，清拆之后的空地也为公共空间提供了更多场所（图4-9）。

图4-9　孔美村“三清三拆”工作的过程及成效

村垃圾的转运处理问题，将孔美村公共环卫工作外包给了专业的环卫公司；在社区内推广环卫观念，培养村民垃圾分类的习惯，号召群众自觉监督维护公共卫生，这些工作都得到了村民的一致好评。

（二）以“示范建设”推动公共配套

在孔美村，华南理工大学向县级有关部门提交了《华南理工大学对口帮扶惠来县孔美村社会主义新农村示范村整治创建工作行动路径建议》，力争把孔美村率先建成社会主义新农村示范村，争当“示范中的示范”。华南理工大学各学科专业中最顶尖的师资力量都被调集到这个距离学校400千米的潮汕村落，开展示范村创建的帮扶行动。

首先，制定乡村规划，提升基础设施建设。在社会主义新农村建设方针及幸福村居建设的要求下，华南理工大学整合建筑学、环境设计、城乡规划等优势学科资源，以科学规划指导村落建设（图4-10）。根据孔美村的实际情况，华南理工大学帮扶团队制定和完善了《孔美村村庄规划》《旧屋改造规划》等方案。随着这些方案的落地，孔美村的基础设施建设不断得到健全，人居环境的质量得到极大的提升。

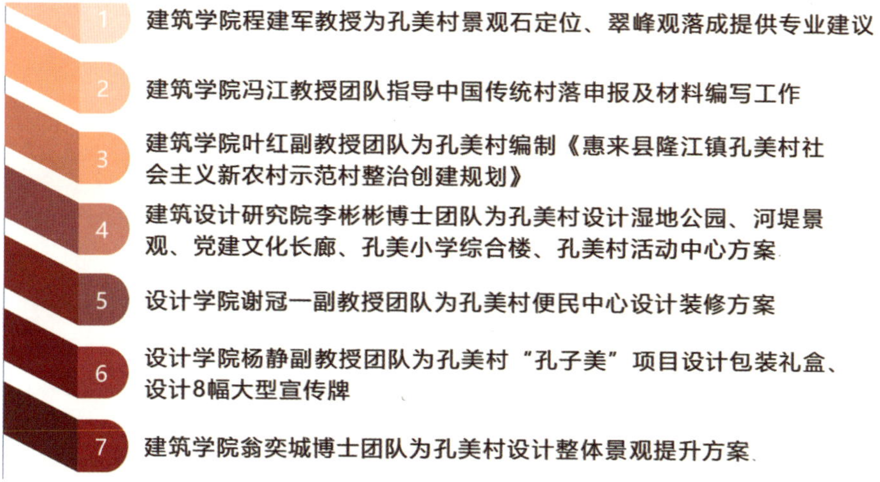

图4-10 华南理工大学参与云县和孔美村规划设计工作的团队情况

其次，加强环境工程建设，改善村庄环境。华南理工大学帮扶团队对孔美村公共环境进行了六大方面的升级改造，让公共环境更加卫生有序。具体包括：第一，推进孔美村雨污工程建设，对雨污分流工程的可行性进行科学论证，逐步解决环村渠道污染问题；第二，广泛筹集社会资金，推进环村水道两岸护栏建设工程，兼顾安全和景观美化功能，为村民出行提供更好的安全保障（图4-11）；第三，推进孔美村道路硬化工程的实施，完成了孔美村村口大坝道路建设，基本完成村道硬底化；第四，加强村内照明路灯的建设，“光亮工程”顺利实施，孔美村晚上不再漆黑一片；第五，扩建及修

（a）

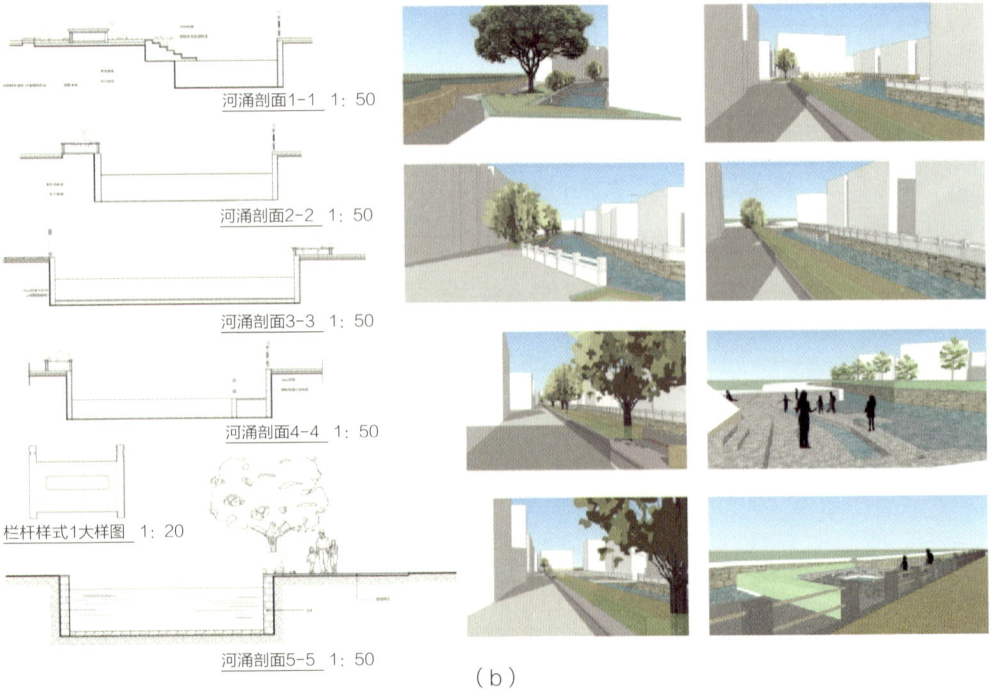

（b）

图4-11 孔美村河涌改造前情况（a）及改造规划效果图（b）

复红旗渠孔美段内的建设；第六，加大农田保护力度，逐步解决农田灌溉问题，加强了农业景观设施。以示范村的创建工作为着力点，逐步实现了村庄环境的美化和公共服务配套的系统性改造和提升。

同时，建设公共空间，提升公共服务。华南理工大学帮扶团队立足于多元功能营造乡村的公共空间，反向带动村民的集体生活感与参与感。通过规划设计村民活动广场，使其同时满足农作物晾晒的场地需求和村民日常文化休闲的场所需求的双重需求，展示了村庄的活力形象；实施了村委会办公楼区域的便民服务中心建设工程和村民文化活动广场改造工程，将村委办公室转变为集便民服务和行政办公于一体的综合服务中心；将荒地改造为生态湿地公园，配植多种花草，套种多类经济树种（图4-12、图4-13）；修建游步道，在不大的空间中营造出移步换景之感，为村民提供了茶余饭后休闲健身活动的步行场所，改变了村民“深宅在家”、不愿出门的习惯，帮助村民缓解“禁毒”造成的压抑心情。

再者，开展墙体彩绘，美化村庄细节。华南理工大学在孔美村现有的空间肌理上，组织设计学院的师生（图4-14），选取数条生活气息较为浓重或具有旅游潜力的街巷进行“见缝插针”式的彩绘美化活动，为乡村生活增

图4-12　孔美村生态湿地公园改造场景

图4-13　改造后的孔美村生态湿地公园

色，助力美丽乡村新面貌建设（图4-15）。彩绘的题材多种多样，不仅有鲸鱼、海藻、八爪鱼等海文化卡通图案，也有融合了旅游意味的“距孔美小学还有 520 步”“有间理发店”等趣味性指引标识，还有顺应墙体轮廓的几何式简约风彩绘……孔美村的街巷从遍布禁毒图片的宣传长廊，转变为饶有趣味的网红打卡地。此外，师生们还组织当地的留守儿童一起在孔美小学内绘制以“运动、健康、快乐、阳光”为主题的墙面，让当地小朋友一起参与家乡的美化建设，让他们感受到社会关爱的同时，也为自己的家乡贡献力量，逐渐培养他们的小主人翁意识。

最后，重塑乡村的公共氛围。在孔美村，村委会新办公楼旁的华南理工大学孔美红色路、村主干道上的党建文化长廊、文化广场附近“不忘初心、牢记使命”的大型雕塑、列入建设计划的河堤党建文化牌坊和社会主义核心价值观公园以及“共筑中国梦”“习近平新时代中国特色社会主义思想”等红色宣传标语随处可见，营造出了积极热烈、健康向上的氛围。如

图4-14　华南理工大学设计学院墙绘志愿者团队

图4-15　孔美村墙绘（局部）

今，孔美村逐步从“白”转“红”，华丽“变身”为红色党建村（图4-16、图4-17），村民在社会主义核心价值观的耳濡目染当中再度感受到“正能量”，享受到生活的幸福和美好。

图4-16　孔美村旧貌

图4-17　孔美村新建的党建文化长廊

（三）以“传统村落”奠定文化底色

孔美村位于潮汕地区，面积虽不大，但却有着相对完整且自成体系的“自然-人文区域”，并且孕育出乡土气息浓郁的社会文化。20世纪90年代，孔美村部分村民妄想一夜暴富，从外购入毒品原料进行加工或制作成毒品贩卖，村庄逐渐沦落为国内知名的“重点涉毒村”。对此，华南理工大学将孔美村的优良文化传统与社会主义核心价值观进行融合，将其作为文化符号融入社区人居环境建设当中，用以转变由于“制毒”而形成的压抑氛围。

“要是没有驻村工作队，我们村就不会有‘中国传统村落’和‘广东省古村落'的荣誉。"孔美村支部书记唐财喜说。结合规划的指导意见，驻村工作队和孔美村的村民们一同挖掘孔美村的历史文化价值，通过传统建筑、整体空间格局和街巷格局的优化保护，加强传统村落申报与精准扶贫之间的相互衔接，探索一条景观结合文化的公共空间建设之道，以推动传统优秀文化与现代文化的衔接，在日常活动的场景中嵌入优秀文化元素，潜移默化地影响村民的观念，从而提升村民的认同感。一方面，严格保护孔美村"田—水—巷—祠"的空间格局（图4-18）和历史风貌，保护传统山水格局、历史风貌和空间景观的关系，构建整体空间格局；另一方面，保护孔美村"井"字形的街巷格局和南北两泮不同朝向的村落肌理，保护街巷的尺度、走向、铺地材质和空间形态；又一方面，保护孔美村现存较为完好的传统建筑，控制村内新建建筑的高度和规模，保护传统村落的形态和风貌。

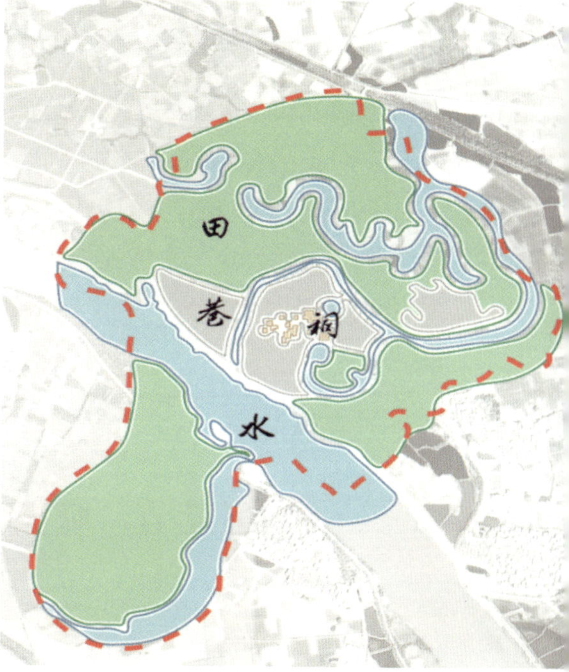

图4-18　孔美村"田—水—巷—祠"村落格局

以清溪祖祠的整治设计为例（图4-19），祖祠前的休憩场地用青石板铺装和用照壁来美化，形成中轴对称的景观，以此凸显清溪祖祠的重要地位。同时，将村内两个显见的古坟打造成一个具有整体感的绿化区，并在老年活动中心前布置竹制景墙小品，以此来呼应古墓园"仁礼代代传"的美德。在祖祠南侧的主要活动区域配

图4-19　清溪祖祠修缮前的俯瞰图及修缮后的实际效果图

备健身设施、区域标示牌等，很好地提升了村民活动健身的积极性。在东南方废弃建筑的基础上建设了一条文化长廊，打造成为孔美村的宣传角。在后方的儿童活动场地则建设了丰富的游乐设施、大面积的晒谷坪和篮球场等，扩大了村民的体育健身活动区域。

结合以上实践，华南理工大学帮扶团队以“传统村落”的创建为抓手，对孔美村的传统建筑风貌进行传承保护、合理利用，奠定了孔美村“传统”“古色古香”的文化基调，推动着乡村文化建设传统与现代的有序融合。

第三节　唤活乡居：升级居所功能

装载“家”的房子是一个人情感的连接枢纽，也是促进社会稳定的基石。然而随着上一代人的相继离世，外出务工者与乡村的情感联系逐步断裂，外流村民更难重新回到乡村。与此同时，在城市化进程中乡村也存在盲目追求现代化城市面貌的风向，甚至造成了难以挽回的“建设性破坏”，优秀的传统建筑技术和建筑样式也难以传承和保留。旅游发展给乡村带来了更多的发展契机，但村民衔接发展机遇仍旧缺乏有效的引导，如何以物质空间改造促进家庭和谐也是亟须解决的问题。

鉴于此，华南理工大学从微观的“家庭”出发，对乡村民居加以改造，在提升村民居住环境的同时，注重提升房屋本身应对旅游消费需求的能力，为“安家乐业”赋能。因此，华南理工大学所做的传统民居改造，不仅对实体建筑进行保护与传承，同时也通过居所的活化与功能升级，赋予村民平等的发展机会。

一、民居建设能力与动力不足

在乡村和城市，“居所”的定位和功能是不大一样的，乡村的民居是以功能至上的，其承载了生活和生产功能，寄寓了村民祈求风调雨顺的美好愿望。对于贫困地区来说，探索一种既能保留建筑传统文化元素又能适应现代城市发展和居民生活的传统民居改造模式，对于衔接旅游发展红利、推动精准扶贫乃至乡村振兴的工作尤为重要。由此可见，传统民居宅院的改造不仅是一个技术问题，也是一个社会问题。但从总体上来看，我国乡村村民的居住质量问题十分突出，集中表现为民居结构存在安全隐患、功能欠缺、居住环境脏乱差及公共服务设施不完善等问题①。

（一）乡村住房建设保障不足

有安全的居所是贫困户实现脱贫的重要评定标准，能安心地住在一座牢固的房子里，已是村民最低的需求层次。乡村的房屋、民居主要还是以农家自建为主，表现出自主承担、自行建设、自行筹集经费等特征。由于建房资金均由村民自己承担，加上建筑工艺未必十分科学、成熟，主要依托代际相传或者人际传播的经验，以至于收入水平低的村民尤其是贫困户只能压缩房屋建造的成本。他们甚至还以未必符合标准的建筑材料来抵用，或减少必要的建造材料，导致乡村房屋、民居的建设存在一定的风险，有着极大的安全隐患。

由此看来，引起乡村民居质量低下、存在安全隐患的主要原因还要回溯到当前乡村住房建设保障的制度层面，尤其是资金保障不足、缺乏建筑技术与工艺的指导等原因。例如在孔美村仍有少许贫困户住在年久失修的危房里，他们既缺乏资金，也缺乏重新修缮旧房和古民居的建筑工艺，按照过去的原始技术修葺建筑，解决的只是短期的安全问题，难以彻底地改善古民居的居住质量问题。此外，目前乡村住房建设保障还缺少一套对村民自建院落的验收标准。例如孔美村有少许自行修缮的古民居，它们仅在修缮过程中被查验是否存在扩建、超高等违反当地建筑规则的情况，并没有接受过安全层面的检查。可见，总体上乡村的住房建设保障在许多层面都无法保障村民自家居所的功能性与安全性等需求。

（二）村民以房立业的观念不足

传统民居的改造，解决的是村民生活环境的问题，在此基础上还要进一步改善村民的生计问题。但对于村民来说，他们自古以来都是“以房立根”，思想观念往往受古代农耕文化中“以农立业”或是现代城镇化文化中“外出才能立业”观念的影响。他们始终将“居所”作为自己的家，作为一个落叶归根的地方。因此，村民将通过务农或进城务工等传统生计方式获得的财富用于新宅院的建设，期盼的仅仅是能建起一幢现代楼房以供自住，缺

①崔永亮．农村住房保障制度缺失及其未来改善［J］．改革，2013（12）：95-102.

乏对其功能性和增值性的考量。随着全域旅游和乡村旅游等产业的发展，乡村成为旅游目的地，这为村民们增加了许多新的增收方式。乡村民居在新时代被赋予了“立业”载体的新价值，只是目前大部分村民在“以房立业”方面的观念依旧不足，尚未能转变观念来创新自家居所的活化利用方式，未能将其转化成一种为自己就业创业提供新机会的增值性住所。

二、以主客共享实现价值共创

近年来，伴随近郊旅游的兴起，我国乡村旅游高速发展，但普遍存在产业链过短、产业缺乏融合等导致的低水平发展缺陷①。全域旅游为这一问题提供了较好的解决路径，“价值共创、主客共享”理念被融入乡村旅游产业的发展之中。

华南理工大学的出发点是希望在帮扶过程中发挥“闲置资源活化”的作用，以一套乡村民居改造指引带动地方的乡村振兴。在云县，华南理工大学组织设计学院石拓博士的团队开展乡村旅游规划示范点的创建工作，聚焦云县漫湾镇昔宜村开展城乡风貌控制及传统村落建筑改造规划。在乡村民居的改造过程中，华南理工大学帮扶团队重在开辟多元的参与途径，使村民积极参与到自己“理想的家”的改造中，推动村民主人翁角色的重塑，强化村民的家乡情结。通过传统民居的改造，村民的生活条件得以改善，也推动了古民居建筑技艺等非物质文化的传承，还为村民提供借助自家居所实现在家创业就业的机会。

（一）让村民留下来

由于地方公共服务和就业机会的不均衡，乡村人口流失严重，传统宗族体系崩解，乡村自行运转的机制被破坏，这既是结果，同时也是制约乡村可持续发展的诱因。为了打破这一“恶性循环”，华南理工大学帮扶团队基于乡村资源的调查工作，尝试重新匹配生产要素与资源，将土地及民居等闲置资源转变为生产资料，在满足生活需求及宜居品质的前提下，开拓村民的增收渠道，激发村民的内生动力，带动提升村民“要脱贫更要奔向小康”的意识。

华南理工大学帮扶团队就传统民居的改造明确了两个基本目标：一是

①高璐，周全．乡村旅游转型升级路径的实现［J］．安徽农业大学学报（社会科学版），2018，27（1）：7-10，94.

实现“家庭关系的再组织”。目前乡村空心化现象严重，大量儿童和老人留守村中，由于生活环境破败、家庭照顾缺乏和社区关怀不到位等原因，他们面临生活不便的难题，亟须通过居所改造来提升生活的便利性和自身的归属感。因此，华南理工大学帮扶团队通过改造民居来提升建筑本身的物业价值，以形塑具有商业价值的、能够对接社会资本的房产资源，从而吸引外流村民再度回到乡村。同时吸引外来创业者结合租赁等方式改造具备商业发展潜质的古民居，将其转化为商业业态，从而提高村民的收入，增强经济保障。乡村民居的改造提升，改善了原本留守乡村的老人与儿童的生活，更吸引了外出年轻劳动力回流与外来创业者进入，在减轻养家糊口负担等家庭分工的基础上促进了家庭关系的再组织。

二是促进“空间公正”。乡村的社会结构逐步瓦解，贫富差距拉大，村庄内的新旧建筑穿插，这是贫富差距呈现在物质环境上的直观结果。为了增加乡村家庭的收入来源、塑造公平发展以及为村民提供更多的就业创业机会，华南理工大学帮扶团队通过盘活村民的闲置物业来优化“没有能力修建新房”这部分村民的收入结构，为相对贫困人口的增收创造机会。

华南理工大学关于修复升级乡村民居、提升农村居住环境并创造就业创业机遇等方面的工作，在留得住村民上发挥出两大方面的重要作用。一方面，民居是乡村与村民的“黏合剂”。作为村民赖以生活的基础，民居是村民生根发芽、代际相传的重要载体与生活空间，对其进行改造不仅修复了房屋原本老旧的构造，同时又增添了其适配现代化生活的便利性功能，使村民住得舒心，增加了村民内心的地方感与归属感，实际上达成了“老年人舒心生活在乡村、年轻人愿意回到乡村”的双重效益。另一方面，乡村民居是乡村与村民的“润滑剂”。华南理工大学帮扶团队的民居改造理念尤其注重延伸传统单一的住宅功能，旨在通过丰富民居的商业化功能并将其转化为多功能的生产资料，让村民打开家门就能发展产业，达成市场化效益以增加经济来源，实现在地化就业与在地化创业。因此，民居改造实际上盘活了乡村的闲置民居，不仅通过促进村民创收强化了村民与乡村的密切联系，让乡村运转得更有活力，而且也让村民对家乡发展更有信心、更具期待，更愿意留下来。

（二）让客人住下来

华南理工大学帮扶团队焕活乡居的第二大理念是力求在乡村营建中延续“家”的情结，以达到价值共创和主客共享的进阶效益。乡村民居的改造升级，既在基础需求上满足了村民对提升乡村居家生活品质的要求，同时又以建筑为媒介，嫁接外来群体对于居所、自然、乡愁的向往，赋予民居更深层次的价值连接，从而达成一种良好的主客互动关系。

将扶贫成效或者是乡村建设成效与社会大众共享，有助于形成群策群力振兴乡村的强大合力。乡村民居经过改造复原修缮、优化提升与功能创新后，不仅让村民愿意留下来，也有更多机会让客人住下来。华南理工大学帮扶团队对乡村民居的功能叠加式改造，在经济效益上丰富了建筑的商业延伸效能，使其既有社会价值又有经济价值；既满足了村民的发展需要，又契合了外来客人的旅游需求。

通过居住与商业延伸两大层面的功能对接消费者的多样化、复杂化需求，能够达到让客人住下来的目的。乡村民居改造融入民宿、客栈、农家乐、渔家乐等业态功能，实现了建筑的生产性与功能升级，赋予了村民新的经济增长能力，改善了村民的就业难题，从长远来看，能够推动乡村经济市场的发展，使得乡村社会更加和谐。

具体而言，一是以乡村民居多功能的叠加来提升游客的体验。民居改造，定位于通过丰富旅游经营业态及休闲配套设施来拓展游客的休闲方式，以此为游客创造丰富多样的旅游活动，使其收获难忘独特的旅游经历。例如云县精品民宿构建的娱乐、餐饮、客房、卫浴等功能良好地对接了游客休闲、美食、住宿、休养等多种需求，能够提升游客的体验感。二是以乡村民居特色呼应游客的乡愁企盼。古民居的改造利用传统院落营造乡土文化氛围，富有视觉美感的同时又不失乡土气息，而这正好符合了现代城市游客对诗与远方的追求、对自然的向往、对故乡的留恋、对乡村的期待，吸引着外来客人前往乡村生活。围城式的生活环境与工作压力，迫使城市客人寻求心智与精神上的放松与慰藉。而特色民居环境可以使得游客紧张疲劳的身心得以放松，使其体验到乡村生活的乐趣，呼应游客在现代生活压力下“慢生活”的诉求。

三、旧瓶装新酒，做活古民居

云县漫湾镇昔宜村与百里长湖景区具备一体化发展的条件，百里长湖作为旅游活动的核心吸引物，能够有效地实现“景村一体化”的发展目标。昔宜村作为滨湖的重要节点，其角色定位是作为百里长湖景区的服务配套而提升改造的，因此华南理工大学针对传统民居的改造计划最终落脚于昔宜村，将其打造为示范点。在正式进行方案设计时，华南理工大学实施“三步走”策略，逐步满足村民对于生命安全、生活品质、稳定增收的多元需求。

（一）重修旧瓶，复原风貌结构

云县传统民居由于建筑技术和材料的限制，本身耐久性不强，加之年久失修，存在较多问题。尤其是在治安防范方面，安防设计缺失、技防建设滞后、人防管理缺位，居民防范意识不强，目前仍有不少村民生活在老旧民居里。因此，传统民居建筑的保存与活化应首先考虑建筑的安全性问题。

老旧民居的修复实际上是一个“重修旧瓶”的过程。“旧瓶”修复的目的在于提升居住的安全性和舒适性，试图满足一个家庭对于拥有安全的容身之所的基本需求。华南理工大学帮扶团队在“旧瓶”修复的设计工作中，主要以“修旧如旧”为基本原则。但“修旧如旧”并不是让建筑本身看起来是像旧的一样，而是利用旧的工艺来加固其结构、更新其功能，用符合建筑本身的形制、样式、材料和做法来进行修缮。同时，还以“过硬的技术”来提升建筑的抗震、防虫、消防等功能。除此以外，在满足现代生活需求和生态要求的基础上，进一步加强建筑在排污、保温、隔热、隔音等方面的功能（图4-20）。

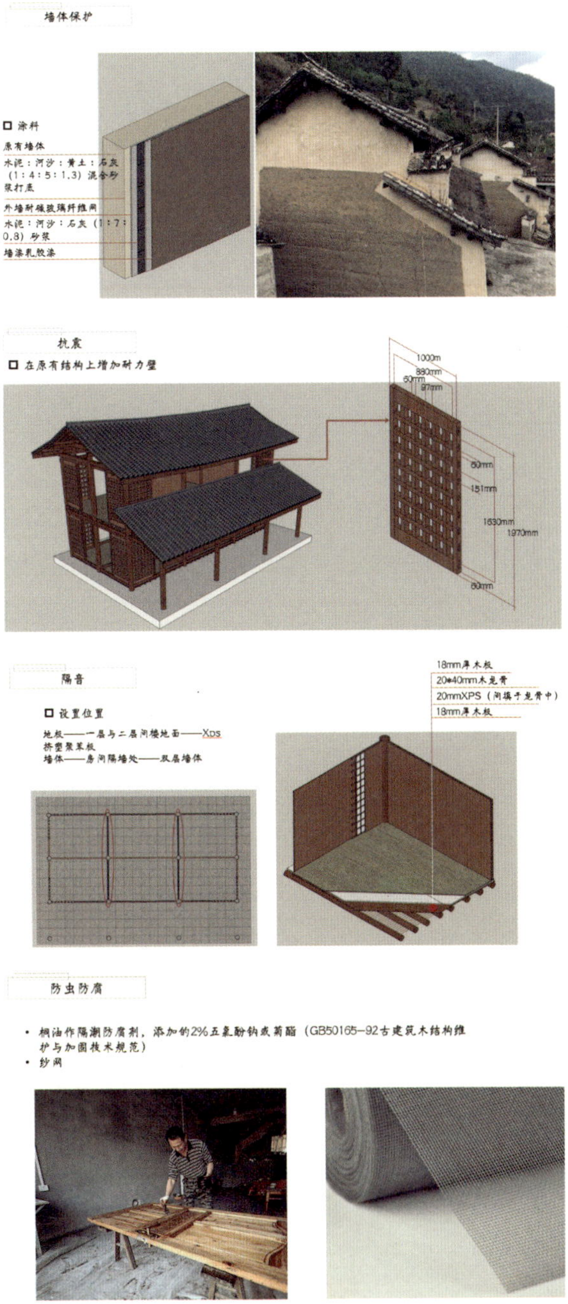

图4-20 传统民居建筑更新技术（节选）

传统民居的改造，不是传统生活的复刻。团队对于“旧瓶”的期望，是希望在乡土建筑的保护与活化利用上更具有前瞻性，从而满足村民对于美好生活的向往，因此也极其注重让村民参与到民居的设计与改造过程中。作为一个家庭的重大决议，居所的修缮是再度拉近家庭成员距离的好方式；同时，相比直接给村民们一个现成的改造成果，更重要的还是让村民亲身参与改造的过程。华南理工大学帮扶团队为村民提供参与改造的路径，让村民表达关于“家”的设想以及承担自身力所能及的工作。方案讨论的过程同时也是帮扶团队与受帮扶对象彼此建立信任的过程，不仅能够促进民居改造方案和建筑技术的落地以及其能切实匹配当地的需求，还能促进村民在参与中重新认识自己朝暮相处的居所，重新去延续祖辈所做过的事情，重新给外出务工者一个回家的理由，促进他们转变“等、靠、要”的思想，唤起他们内心深处的家乡情结，进而实现家庭情感的代际传承和主人翁角色的转变。

（二）模块识别，延续居住功能

针对政府规划新居时丢失传统特色、村民自建新居参差不齐等现实情况，华南理工大学帮扶团队从民居主要功能模块着手，利用航空无人机建模等新技术，在原有建筑内进行空间的重组替换，在增加新功能的同时，最大限度地保留村居原貌和传统特色以及乡村的传统风貌。传统民居的改造以满足村民的基本生活生产功能为前提，还要进一步将民居这一建筑载体转化为生产资料，通过对不同建筑空间进行功能分区与设计，使其不仅能符合村民自身的生活需求，同时在未来发展的进程中能够嫁接经济业态。因此，华南理工大学帮扶团队首先对传统民居的基本功能进行梳理，根据每一个功能模块进行提升设计，并形成菜单式的备选方案，以迎合未来业态的植入需求。

华南理工大学帮扶团队的具体工作就是根据民居的现状来达成模块化功能的提升改造。传统民居空间功能明确，基本分为五大部分。昔宜村内有着具有代表性的云县传统民居，其典型的空间布局是以院落为核心向周围铺开，院落均呈四边形；主楼是当中体量最大的建筑，其内主要包含门厅和卧室，通常会有两层。与主楼相对的是面楼，面楼往往也分为两层：下层沉入地下，如同半开放的地下室，这一层是用于豢养牲畜的；上层空间主要用于居住与贮藏，是家庭用于休闲或是存放牲畜口粮的地方。主楼的右侧是厨房，厨房后如果还有空间，一般家庭会零星种上果树，树下圈养鸡鸭。主楼的右侧则是杂物间，用于存放各种农具及闲置的生活用品（图4-21）。云县典型民居的功能布局反映了村民的基本生活需求和人地观念，识别民居原有

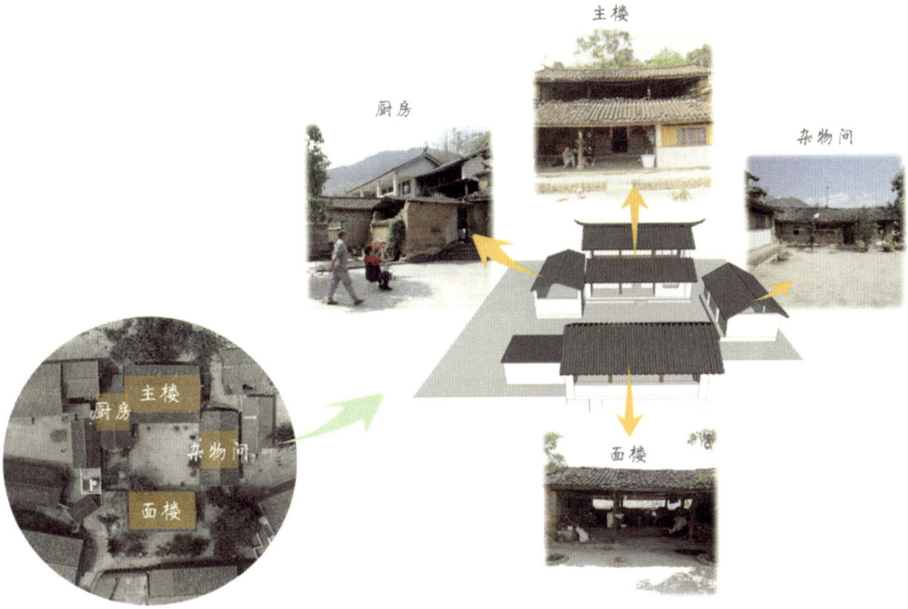

图4-21 云县传统民居的典型功能布局

的布局及功能是开展传统民居功能模块化升级改造的重要基础。

（三）再装新酒，导入产品业态

"再装新酒"实际上是一个基于民居的建筑载体构造新业态的过程。商业价值实现于私有空间的开放，即推动村民从单纯的农民转变为当地的主人翁，兼顾本地人与外地人的共同需求，形成良好的主客互动关系，这也是新背景下通过外力提升乡村居所活力的新方式。在乡村旅游发展的热潮下，为使村民能通过民居这一建筑载体本身来应对发展需求，华南理工大学帮扶团队在进行民居内部空间的改造时就已将提升功能模块与多种业态的兼容性考虑在内，例如注重民居转变为民宿、手作体验坊、酒吧等经营形态的潜质，铺垫好民居的商业价值。

首先，打造单一空间的功能兼容性。除了满足村民自身生活的功能板块，团队根据现有空间功能设置了"5+N"功能模块（图4-22）。"5"指的是指满足生活居住所必需的客厅、卧室、餐厅、厨房及卫生间五大功能区，"N"指代休闲配套的多种辅助功能区，例如儿童游乐间、自助超市、卡拉OK、小酒吧、洗衣房等。除此以外，根据居所的经济来源结构，结合实际情况决定是否保留养殖区。

其次，在"再装新酒"的过程中铺垫"情怀为先"的元素。真正体现当代生活服务功能的重点落在室内设计上，室内的舒适程度才能凸显现代生

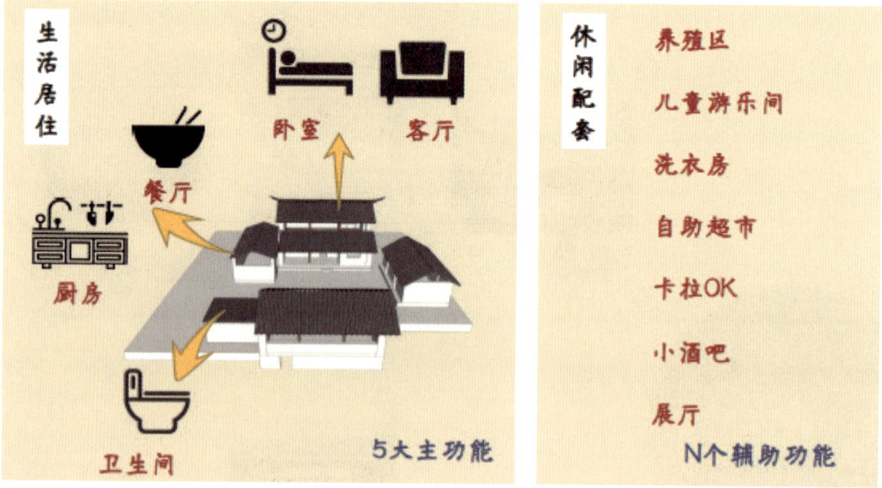

图4-22　四合院的“5+N”功能模块组成

活的诉求。团队在对当地的内装材料进行摸底之后，结合传统的建筑装饰元素，为云县装入“民宿”业态的“新酒”，打造了云县精品民宿的样式。针对每一个功能模块，团队进行了更为细致的内部空间设计，在保持建筑外观“传统古朴”的前提下，在室内装潢上设计成更符合现代生活中对舒适性和便利性的需求（图4-23～图4-25）。

图4-23　村民自住模块组合设计效果图

图4-24　民宿等其他功能模块组合设计效果图

（a）民宿旅游客房模块

（b）民宿餐厅模块

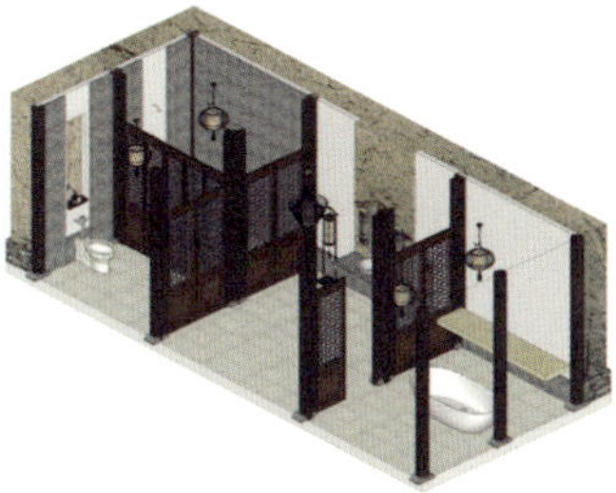

（c）民宿卫浴模块

（d）民宿娱乐功能模块

图4-25　民宿设计仿真效果图

总体而言，乡村人居环境的转型发展是一个动态的生态复合过程，社区公共性建设既是目标又是方法，两者融合于乡村振兴之中。乡村公共空间是乡村社会关系的反映，华南理工大学以物质空间改造作为人居环境提升的核心手段，从全域空间、社区空间及居所空间等多层次的空间着手，通过规划、建设、改造，促使乡村自然环境、社交环境与家庭环境更加贴近生活，让村民所处的空间更加美丽宜居。

第五章
文化治理：复苏乡村的公共精神

在扶贫实践中，通过资源整合等手段构建起文化扶贫与文化治理的组织化过程，能够保障贫困地区在“后脱贫时代”拥有可持续的发展动力。乡土文化诞生于乡村的社会实践和村民的日常生活之中，在乡土与城市的融合过程中，外来资本与城市力量不断冲击着乡土文化。然而，组织建设、社会关系重塑、资本与权力保证了乡村文化的体系建设与内容生产在市场化、现代化过程中得以传承和延续，推动了乡村文化的复苏和繁荣。这同时有助于民间文化组织的产生，提升个体对乡村的认同感和归属感，最终促进乡村自治、法治与德治的协调统一。

文化治理本质上解决的是贫困地区“智”与“志”不足的问题，需要对标人才资源、公共文化服务资源、文化精神资源等多方面的知识与服务，通过乡村共同体治理人才队伍建设、公共文化服务能力建设、乡风文明与集体精神建设等方面，进一步完善乡村治理体系，提高减贫主体的文化治理参与度与增强其主体性意识。

第一节　立足传统文化：小传统向大传统的过渡

“大传统”与“小传统”的概念是美国人类学家罗伯特·芮德菲尔德在其《农民社会与文化：人类学对文明的一种诠释》一书中提出来的[①]。大传统文化是一种被赋予发展意义、由国家意志主导的社会现代文化，小传统文化是一种被赋予社会阶层意义、由社会意志主导

①罗伯特·芮德菲尔德．农民社会与文化：人类学对文明的一种诠释［M］．王莹，译．北京：中国社会科学出版社，2013．

的文化。新时代背景下，弱化大传统文化对小传统文化的支配程度、强化二者的文化联结机制极其重要[①]。现代化的发展不断破解小传统文化的结构，尤其在国家基于文化治理的背景下，乡村的现代化转型建设又能再次促进、带动新时代乡村文化核心的形成，其中隐含着大传统必然取代小传统的潜在意义。

文化治理在政治、社会、经济层面所起的作用具有相似性，其本质都是以文化为场域，透过文化达致治理的目的[②]。国家对社会的治理，除利用行政和司法权力等强制性的力量外，还需要借助“文化网络”“秩序理念”“伦理关系”“文化象征”等桥梁。同理，大传统文化与小传统文化的整合也需要建立一种内在的文化联结。乡村的传统文化作为农民阶层的文化积淀，是一种小传统文化，其与社会大传统文化的整合符合大小传统文化的话语框架和认知规律，这有助于社会文化与地方性知识进行对接。基于传统文化实现文化活化，是重塑乡村地方感、实现地缘更新的基础。

一、文化共识缺失

通过地理空间上的交往、互动形成人际关系，并以人际关系为重要的社会联结纽带，是乡村社会最大的特点。新时代背景下，乡村中家庭间的邻里关系、耕地间的邻里关系受到多元因素的冲击，产生了一定程度的破裂，人与人的交往范围、频度、方式、亲密性等均发生变化。熟人社会走向契约社会，过去的地缘连接逐渐难以满足现代乡村人际关系的实际需求。地方感在一定程度上源于物质性的情感联系，地缘环境的变迁直接引起乡村地方意义的物质载体缺失，导致乡村个体或群体产生“地方情感无媒触发、集体记忆无处安放”的感受。

（一）特色性和普遍性之间的界限模糊

优秀的传统文化是中华民族特有的精神认同，是维系乡村社会的重要精神纽带。乡村治理体系的现代化离不开传统文化的助力，实现传统文化的创造性转化和创新性发展，推动传统文化与现代社会的有机融合，是乡村文化振兴及乡村有效治理的应有之义[③]。在乡村地区，目前许多优秀传统文化的

①曹威伟．“大小传统”联结与近代乡村社会转型［J］．长白学刊，2020（2）：131-137.

②吴理财．文化治理的三张面孔［J］．华中师范大学学报（人文社会科学版），2014，53（1）：58-68.

③刘伟，彭琪．国家在场与乡村传统文化振兴及治理：以黄陂区M街道僵狮子活动为例［J］．河南师范大学学报（哲学社会科学版），2020（4）：22-29.

载体丧失，传统文化的教育作用亦没有得到足够的重视。比如，红白喜事偏重于形式和排场，婚礼、葬礼所蕴含的教化意义和传统美德逐渐弱化。尤其是乡村普遍存在盲目模仿城市文化、引进外来文化的现象，忽视了乡村文化的传统特色，使得乡村优秀传统文化与大众文化愈加靠拢，缺乏明晰可辨的边界。

行政化和市场化的乡村文化治理路径确实应当批判，但其症结并不在于工具化或对象化，并不是归咎于将传统文化作为一个按照对象分类的教化性工具，而在于整个社会如何看待乡村及其文化。具体来说，就是从其内部发掘正能量和价值感还是将之当作一个“他者化”的问题。乡村优秀的传统文化来不及与现代文化接轨，传统文化接不上、新生文化输入不进来，导致村民缺少群体“信仰”和集体行为准则。以孔美村传统文化面临的瓶颈为例，村内大多数宗祠和古民居年久失修、损坏严重，民俗节庆活动的传统形式在现代文化的影响下逐渐淡化，绿豆饼传统制作手艺缺乏继承人，等等，这些发展难题都制约着独特乡土性的良性发展。

（二）乡土性和现代性之间的差距过大

在工业化与城镇化背景下，乡村劳动力持续向非农产业转移，推动乡村社会结构变迁，乡村社会关系发生显著变化。随着乡村劳动力不断外流，外出的农民也不断脱离家乡，乡村社会由“熟人社会”向“半熟人社会”过渡，乡村人情关系趋于冷淡。在生产生活方面，村民间互帮互助的淳朴关系逐渐被商业性的雇佣关系所取代，互惠礼仪被日益盛行的市场经济理性取代，人情关系表现出“去组织化”和“工具化”的特征。目前，乡村整体对自身文化的理解还不够深刻，民俗、信仰、地方文艺等特色文化资源没有得到充分挖掘和组织，忽视了传统文化的历史价值与时代意义。比如孔美村的“上灯节”“迎老爷”节庆活动、云县彝族的“朝山会”等，这些传统文化在新时代的流传性与适应性原本就弱，又不断受到现代文化的冲击，便更加流于形式了。

在乡村社会结构转变的过程中，由于日常联系的减少，外出农民对乡村集体的归属感与认同感下降，村民间的合作与信任关系愈发脆弱。另外，乡村集体组织的权威性减弱之后，组织动员能力也不断降低，陷入集体行动困境，这些问题都不利于和谐社会的构建与乡村振兴目标的实现。在内部人口流失的情况下，多元主体的涌入又进一步导致了社会空间分异的形成。这种现象在孔美村表现得尤其明显，乡愁与地方感很大程度都是源自一个“家”

的标志或符号。而孔美村的“家”就是村民的宗族，宗族联系就是村民们的乡愁源泉。但长年累月的“贩毒”风气逐渐掩埋了这种宗族联系，“自己的家乡是一个受毒品侵害、千疮百孔的贫困村，外出的村民和乡贤都不愿提及自己的出处”等消极情绪蔓延，亟须重振村民的先进精神与积极态度。可以看出，乡村中原本牢固的非正式联系变得脆弱并急速崩解，诸如居民地方感淡薄、社会矛盾突出的问题既不利于乡村传统文化的传承延续与健康发展，也无益于乡村文化创新能力的提升。

（三）传承性和经济性之间的目标偏离

对乡村传统文化的保育是国家历来的文化工作，虽然保育的方式随着管理理念不断调整，从保护性开发、培育式活化转向治理式活化等，但其原则始终不变，即通过变革或创新使传统文化适应社会发展。而在实际的执行过程中，对传统文化的活化总是偏向于获取经济效益，导致文化的传承性逐渐弱化。

人们以往认为市场经济文化与中国传统文化是相互冲突且对立的，仅通过再现的方式对乡村传统文化进行保护传承，其实忽视了传统文化蕴含的经济价值。目前传统文化的传承与开发方式趋于多样，但传承者过分看重经济效益，存在许多乡村文化在转化为商业项目后流于形式的情况，甚至传承主体自身将文化作为谋生工具，将经济目的置于保育目的之上。在华南理工大学的对口帮扶地区云县，闻名当地的云县手撕鸡制作工艺已传承了600多年，这种传统制作技艺在云县各民族间传承，尤以在山区、半山区的彝族土俚人、香堂人、俐侎人聚居的村寨流传更为广泛，且与传统的祭祀活动有一定的关系。但当地人仅将这些传统技艺作为经济产品的生产方式，并没有将其上升到“非物质文化遗产”的高度加以重视，这类现象在乡村传统文化传承工作中极其普遍。

二、以地方感重塑乡村文化生命力

地方感是个人和群体嵌入在地方的体验、记忆及依恋，是一种关于地方的综合性情感。然而，随着逐年加强的乡村改造和现代化建设，乡村自身固有的地方特征与地缘联系逐渐流逝，人们关于“故乡”的地方记忆与情感依恋亦存在消极化趋势。城市化迅速推进，逐渐瓦解了乡村传统的生产生活方式，大量农民在未做好充分准备的情况下获得市民身份，却并没有及时形成与之相对应的身份认同感①。个体的社会身份往往需要依托于地方实践自己的社会价值并以社会角色的形式进行建构。基于此，华南理工大学旨在通过“地方感”的营造来改变村民或乡村集体的行为与意识，挖掘与保护能够彰显地方基因的物质与非物质文化资源。华南理工大学在扶贫实践工作中不断完善文化空间与场所，来实现乡村地缘脉络的更新和对村民地方感的培育，并逐步恢复基于地缘联结和地方情感的文化生命力，以复原乡村公共精神的地缘基础。

（一）识别地方意义中的公共精神

乡村振兴战略推动了乡贤回归、农民回流、村民参与社区建设等理念的落地，总体上解决了过去社会主义新农村建设不由农民建设而导致的地缘薄弱、地方归属感薄弱的问题。乡村包含社会空间与社会生活两个层面，从文化角度看，乡村的物和人共同组成了乡村的文化空间，地缘关系嵌接在关于乡村物和人共同构筑的乡村文化记忆之中。华南理工大学重视传统文化的留存，因为这不仅是乡村小传统过渡到时代大传统的前提，更是守住乡村文化记忆、重塑地方感与地方认同的基础。地方的意义与村民或乡村社群身份认同的建构是密切相关的，因此华南理工大学在扶贫实践工作中将这种具有集体性共识的文化体系视为乡村公共精神的重要载体。

地方的意义是指向集体的，地方感是社区整体“公共性”得以产生的源泉所在，地方的意义深刻潜藏在人们对乡村复杂的情感依恋中。因此，华南理工大学在了解当地传统文化与地方现实生活的基础上，挖掘村民关于“家乡”归属感与认同感之间的内在规律。地方的意义作为一种地方性特色，维系着乡村固有的地缘根基与脉络，为华南理工大学考量乡村文化传承与活化的工作指明了一条通往乡村文化空间与公共精神象征的道路。

（二）挖掘传统文化中的地方意义

中国的现代化转型推动文化转型。在文化转型的过程中，文化承载的意义得以更新，人们逐渐意识到传统与现代并非是二元对立的关系，而是相互支撑的资源。传统文化是乡村文化振兴的内生源泉，是村民联结故土的精神纽带，对乡村地方意义的建构和流变有着关键影响。传统文化是乡村治理体系现代化的重要资源，蕴含于乡村空间更迭、社会变迁、社会关系和价值观

①樊友猛，谢彦君．记忆、展示与凝视：乡村文化遗产保护与旅游发展协同研究［J］．旅游科学，2015，29（1）：11–24，87.

念的变化等各个方面，在维系乡村集体记忆、凝聚村民共识、构建乡村的内生秩序等方面发挥了不可替代的作用。然而在“千村一面”的建设趋势下，乡村传统文化离村民日常的生产生活愈加遥远，诸多乡村元素与文化载体都被贴上了“落后”的标签，在文化转型的过程中遭到摒弃。

传统文化的复兴不仅有助于审视中国传统文化的现代变迁，也有助于实现对优质传统文化资源的保护、活化与转化，推动小传统文化与大传统文化的对接。为实现地方感重塑与地缘更新，华南理工大学在帮扶实践工作中不断深入当地，审视当地优质文化，将散落大地的“乡村生态博物馆”转化成“有轨迹、有资料、有档案”可寻的中国乡村传统文化资料库，尝试建立一个基于地方传统的、能够展现公共精神与思想的乡村文化舞台，以期达成文化治理的时代接替性与可持续性。

三、寻迹乡村，挖掘文化资源

寻迹乡村，不仅是国家实现乡村文化振兴和文化治理必要的工作内容，有助于在基层群众中形成感召力与社会凝聚力；更是唤醒中国乡村主体感知与文化自信的重要步骤。挖掘乡村的人文历史、风土人情、民间传说等文化资源，推动乡村文化的振兴，能够唤醒乡村人民寄托在文化载体中的乡土情怀与公共精神。

（一）“规划”破题，打开本土

乡村本土文化是基层治理中颇为关键的一个基点，它在中华民族数千年的历史更迭中孕育而生，从广袤、深厚、温润的乡村土壤中汲取营养，在劳动人民的创新创造中流传至今，在时代的发展中不断延续。而乡村本土文化的厚重感与时代印记感正是乡村人民文化自信的根源，正如费孝通先生所说的“文化自觉”。这种自觉是“生活在一定文化中的人对其文化的‘自知之明’，即明白文化的来历、形成的过程，所具有的特色和它发展的趋向”[①]。这种“自知”的基础筑牢后，才能进一步转化成文化创新的自主能力与文化自信。华南理工大学在推进振乡扶民的事业中也坚持以乡村本土文化为落脚点，紧紧抓住乡村社区的内生文化根基。同时，华南理工大学将顶层文化体系的构建密切嵌入全域旅游规划、社会主义新农村示范村整治创建规划中，以大传统与小传统相互糅合的视角来审视当地本土文化，以全域性

①费孝通．关于“文化自觉”的一些自白［J］．学术研究，2003（7）：2-6.

规划作为打开乡村整体性文化资源和文化内涵的钥匙，不断夯实乡村自我发展的地方根基。

在云县的帮扶工作中，华南理工大学帮扶团队以制定《云县全域旅游发展总体规划（2018—2035年）》为契机，在全域资源调研与梳理的过程中重新绘制文化的资源图景。华南理工大学依托高校学科优势，整合旅游规划、城市规划、新闻传播、文化设计、互联网应用、公共管理等领域的专家学者，以生态立县、文化为魂作为云县全域旅游规划的总则，坚持生态与文化并行，在乡村振兴的实践过程中稳步践行“两山理论”与“文化自信”理念。“全域旅游”背景下的资源观突破了传统旅游资源的定义，不再局限于可开发的自然资源和社会资源等类别，而是一种基于全要素、全空间、全方位的资源整合理念。在调研过程中，华南理工大学帮扶团队围绕这个理念，多次深入乡间，寻迹和梳理云县的本土文化，最终为云县梳理出由澜沧江文化、茶马古道文化、忙怀文化、徐霞客文化、少数民族文化、古茶文化、温泉文化等组成的文化资源体系（表5-1）。

表5-1　基于全域概念的云县本土文化资源体系梳理

文化类型	文化内涵
澜沧江文化	澜沧江是云县的母亲河，是维系自然与人文、古今与现代、云县与世界的纽带
茶马古道文化	茶马古道是指存在于中国西南地区，以马帮为主要交通工具的民间商贸通道，是中国西南民族经济文化交流的走廊。2013年3月5日，茶马古道被国务院列为第七批全国重点文物保护单位。茶马古道云县段是滇藏线茶马古道的重要组成部分
忙怀文化	云县是“彩云的故乡”，孕育出“沧江文明的灯塔”，拥有4000多年历史的忙怀新石器文化遗址
徐霞客文化	云县是徐霞客结束三十多年游历的转身之地。伟大的旅行家徐霞客为探寻澜沧江流向，一路南下，徒步至云州（现云县）时停止了万里遐征的步伐，北上返回
少数民族文化	云县彝族香堂人打歌、云县彝族朝山会、云县彝族关龙调、云州唢呐乐、布朗族瓦房帽等均极具少数民族文化特色
古茶文化	原生态的自然环境、日月精华孕育出白莺山的千年古茶，拥有1000年以上历史的古茶树上万棵
温泉文化	云县有着丰沛的地热资源，大控蚌汽沸泉从山间喷涌而出，蔚为奇观

以云县茶马文化的资源梳理为例，茶马文化作为云县影响最为深刻和最广泛的文化内容，其体系十分庞大，是汉文化与土著文化在云县民族地区融合的产物。茶马古道资源梳理工作实质上是一个让本地人重新识别及认识乡土文化价值的过程。首先，华南理工大学帮扶团队在云县寻找沉睡的“文化资源”，收集整理与茶马文化相关联的各种老物件，并对物件的名称、用途等进行整理。为避免物件以单纯的陈列方式进行展现，华南理工大学帮扶团队在实践中将物件与场景相连接，对现存的遗迹进行踏勘调研、分类梳理，在知悉实物的基础上对现有的遗迹进行适当复原修缮。在这项工作的基础上，华南理工大学帮扶团队还尝试恢复文化遗产对地方故事的叙事性，通过体验性活动将展品和观展的人联系在一起，将宿存于当地老一辈人心中的历史记忆再度唤醒，以文化凝聚一代人、影响一代人。其次，华南理工大学帮扶团队对茶马古道相关的文献、图片资料进行收集、整理、归档，建立室内—户外双重展示渠道，在县级、乡镇级、村级的文化场馆中打造茶马古道文化的室内核心展示区，同时围绕户外的遗址遗迹，搭建露天开敞式博物馆，实现茶马文化的代际传递（图5-1）。

在孔美村的帮扶工作中，华南理工大学以孔美村《社会主义新农村示范村整治创建规划》为出发点，以现代化的乡村规划理念为指导，在实践中更新孔美村的本土文化内涵。孔美村既有外显的实体文化元素，包括古建筑、古树等；又有寄托在宗族庙宇、祭祀活动与古风古训中的精神文化元素，包括正月十三及正月十四的“上灯节”、正月十五及十六的“游老爷”等活动，但在时代发展与基层建设的过程中，这些文化元素极其容易遭遇破坏、流失不见。华南理工大学意识到，要想传承好孔美村的优秀原生文化，必须为孔美村“建档存根”，实现纸质化与电子化同步，留住凝聚乡村的文化与乡愁。

图5-1　茶马古道开敞式博物馆及云县茂兰长安古桥

图5-2 华南理工大学建筑学院师生在孔美村实地测绘、访谈居民

孔美村历来崇尚耕读传家，祖上贤人多不胜数，素有“父子举人”“七举十八秀”“中举村”等美誉。孔美村首任驻村第一书记梁劲联合学校建筑学院与设计学院多位古建筑修护及乡村规划领域的教授，组织了一批学生志愿者，开展美丽乡村工作坊计划，坚持理论与实践相结合的原则，对孔美村展开文化资源寻迹与建档工作。

首先，从理论上确立一套关于中国传统村落的档案体系，对由古迹、古树、古风、古训等历史传统与人文地理要素构成的档案条目加以细化，帮扶团队从旅游产业发展的角度，为孔美村梳理出“常规资源、核心资源、潜力资源”三层文化特色资源体系（表5-2）。华南理工大学建筑学院冯江教授带领20多名师生先后到村里收集史料、访谈居民、实地测绘，对孔美村基础设施、公共服务、乡村建筑及人居环境进行专业调研，对历史资料、传统建筑、环境要素等有形资源和非物质文化遗产、传统生产生活方式、乡风民俗、民间技艺等无形资源进行了全面翔实的梳理和记录（图5-2）。他们将孔美村这些散落的文化资源一一归档和分类，制作了中国传统村落电子化档案，将本土文化转变为“看得见”的文字和图像。同时借助现代科学技术，对孔美村整个村落进行无人机航拍，制作村落鸟瞰图、平面图和可视化三维模型。此外，古建筑保护与修缮方面的专家多次到村实地考察，在村民的配合下对典型传统建筑、祠堂进行全面测绘，进一步制作规划图纸，使得村内停工近30年的民间信仰建筑得以建成，提高并深化了传统文化建筑在孔美村的地位与意义。

表5-2 华南理工大学帮扶团队为孔美村梳理出的三层文化特色资源体系

内部资源	描述	孔美村资源情况
常规资源	遍在性的自然资源	美丽的乡村田园风光
核心资源	具有地域性、差异性、核心竞争力的资源	隆江绿豆饼、古风犹存的村落格局、深厚的历史文化底蕴、政策发展优势
潜力资源	尚未被发掘的、具有发展潜力的优质资源	竹席技艺、众多外出工作的乡贤、有待开发整治的水系资源

（二）对标“遗迹”，塑造典型

典型文化是本土文化资源脱颖而出的部分，奠定了一个地区的文化基调，对于塑造乡村特色、培育乡村情感与提高集体温度有着重要意义。典型文化是对已有本土文化资源的核心内容与文化特色的提炼，能够深度凸显乡村文化底蕴和精神面貌。从“文化引领、典型引路”的方向与路径出发，有必要塑造物质文化和非物质文化两个层面的典型与标杆，这是一个具体且长期的工作体系，需要整个地区的组织化运作与协同合作。针对典型文化的塑造，华南理工大学围绕“依托本土、扎实保护，定位遗迹、讲好故事”的工作原则，以物质和非物质文化的名录体系为切入点，积极响应现有政策，既完成对本土文化的体系规整、加强系统性保护，又重点协调保护与利用的关系，对现有物质文化和非物质文化资源进行梳理、保护与传承。

在云县典型文化的打造上，华南理工大学以讲好云县历史故事为出发点，回溯云县“云州之渊源”。云县作为历史上茶马古道的重要枢纽，历来是多元民族文化的聚集地。华南理工大学帮扶团队重点挖掘茶马文化、徐霞客文化、忙怀文化、少数民族文化、彝族朝山会打歌等的文化内涵，对云县相关的物质与非物质文化资源要素和现存载体进行全面梳理和整合，联合华南理工大学建筑学院、经济与贸易学院、设计学院、新闻与传播学院等专业团队，开展文化申遗、文化功能叠加、文化经济创收等多方面的工作。一方面，挖掘、收集和整理云县的非物质文化遗产，如云县柴氏手撕鸡制作方法等，积极推进云县非物质文化遗产保护名录申报工作。得此启发，云县人民政府一方面积极组织申报非物质文化遗产保护项目，将云县柴氏手撕鸡列入市级非物质文化遗产保护名录，“彝族关龙调”“云州唢呐乐”“彝族朝山会”“米线烹制技艺”4个项目获批为云南省第四批非物质文化遗产保护项目。在此基础上云县人民政府还积极组织柴氏手撕鸡参加“世界佤乡·味美临沧”旅游文化美食周活动，制作了《彝族关龙调》《彝族朝山会》《云县鸡肉米线》等8部非物质文化遗产专题片和8期电视宣传节目，积极探索非物质文化遗产保护、开发、利用的新途径、新举措和新方法。另一方面，强化云县茶马古道茂兰段的物质文化遗产资质，持续协助云县推进白莺山彝族传统文化（茶文化）生态保护区等具有非物质文化遗产潜质的文化申报工作。通过以上方式，云县“茶马文化”“徐霞客文化”“民族文化”的历史基调得以奠定，为激活文化经济积累了丰富的资源。

文化遗产是一个民族在源远流长的历史中留下的灿烂瑰宝，凝聚着先辈智慧与卓越价值。孔美村作为潮汕民系文化的典型村落，保有大量的传统建筑、宗祠以及自古相传的民风民俗。这些传统建筑与民俗既是乡村重要的文化资源，也是村民之间重要的情感纽带。经过调研发现，现孔美村内留存有72处保存完好的传统民居、20多处宗祠建筑、8座公共坛庙等物质文化遗产（图5-3），还有绿豆饼、上灯节、游老爷等具有悠久历史的非物质文化遗产（表5-3）。这些文化资源具有显著的潮汕地方特色，为孔美村申报“传统村落”奠定了硬环境基础，也为非遗文化帮扶提供了软资源条件。

图5-3　孔美村传统建筑（左）与祖祠（右）分布图

表5-3 孔美村具有典型性的文化遗产

典型文化	现状	荣誉称号
绿豆饼	惠来隆江绿豆饼制作技艺始创于清康熙末年，至今有超过百年的历史，是一项闻名南粤的潮汕传统技艺	省级非物质文化遗产
清溪祖祠	孔美村地位最高的祖祠，供奉着孔美村开基四世祖。建于清乾隆二十八年（1763年），在隆江镇区域内闻名遐迩	县级文物保护单位
辅臣公祠	供奉着孔美村十六世祖唐步瀛和十七世祖唐元勋，唐步瀛、唐元勋被称为“父子举人”。祠堂整体保存较为完好，局部破损，承担祭祀供奉的作用	县级文物保护单位
上灯节	孔美村一年当中最为热闹的节庆，在每年的农历正月十三、十四日举行，庆祝当年村中新生男孩，全村人共同参与，十分热闹	—
游老爷	又称游神、营老爷，在每年的农历正月十五、十六日举行，村民将村中庙宇内的神像抬出，绕村的本境大围、小围游行，以祈求新的一年吉祥如意，游行队伍多可达三四百人	—

为了将孔美村古色古香的传统文化完整传承下去，华南理工大学组建了以建筑学院与设计学院师生为主的两大团队，为孔美村筹划“传统村落”的申报工作。通过走访调查、结合美丽乡村工作坊的形式，新旧并举，将“古”与“旧”作为资源，从历史文化遗产保护和特色风貌营造两个方面开展传统村落的申报工作。对于孔美村的历史文化遗产，华南理工大学以潮汕地区历史文化复兴示范村为孔美村的发展定位，围绕整体性、原真性、可持续性三大原则，从物质文化遗产和非物质文化遗产两个层面出发，围绕传统建筑、整体空间格局、历史文化、民俗节庆四大要素制定孔美村历史文化遗产的保护策略，将孔美村塑造为具有典型性的“广东省传统村落”“中国传统村落”。

不论是滇西茶马商贸时期的重要节点云县，还是粤东沿海地区具有典型潮汕文化特色的孔美村，它们都拥有从悠久历史中留存下来的文化要素，具备打造成为传统村落的资质。华南理工大学协同政府部门、专业团队一起为当地打造典型文化，重新梳理乡村自身的文化资源，协助申报“传统村落”标杆名片、非遗扶贫等项目，扎实且科学地落实系统性保护工作，重新描绘云县地区和孔美村的文化特色风貌，以此奠定当地的文化基调，塑造属于当地的文化氛围。

回响·乡土音声

在孔美村村民唐宝水的回忆里，自己小时候就是在清溪祖祠上学的，村里一年中最热闹的节庆“上灯节”也会在这里举行，全村人都会参与，场面隆重热闹，村民们对这座祠堂都有很深的感情。“在外的孔美村人都知道我们村入选了“中国传统村落”的事情，大家都很高兴、自豪。这些荣誉的取得，将会帮我们留住这些珍存了人生记忆的传统建筑。”唐宝水如是说。

（资料来源：华工80后高材生们的扶贫经验：为700年古村落留住“乡愁”，https：//www.sohu.com/a/318421884_120044676.）

（三）“党建”引领，去除糟粕

乡村凝聚力上升到国家凝聚力，需要强化文化认同视域中的政治自信与政治认同。乡村传统文化与政治生活之间存在着密切联系，在某种意义上两者甚至是相互融合的。党政建设是乡村治理的重要方式和手段，在文化治理中加入政治元素和党政手段，强调乡村治理文化性和政治性的双重属性，是把握传统与现代关系、融合时代意义与传承意义的关键点。政治文化是联结文化自信与政治自信的重要桥梁，有助于缓释文化冲突，突破价值困境。在党建的引领下，社会主义核心价值观根植于马克思主义，将国家、乡村社会、农民个体三个鲜明的层次囊括在同一个目标基线上，推动乡村既能展现时代魅力，又能传承悠久的历史魅力。

新时代乡村党建文化的优势在于“红色”。“红”对乡村来说代表着喜庆，不论是社会主义核心价值观还是乡村振兴战略宣传标语，在外观上都包含红色元素。这不仅在硬环境治理中为黄土大地添加了朝气，更在软环境上潜移默化地影响着村民对政治的认同感。这种积极向上的党建文化能够有效推动乡村传统文化的“取精去粕”，从表象和本质上让乡村“改头换面”。华南理工大学在云县小忙兔村村委会门前广场捐建的“实施乡村振兴战略、共建美丽富饶家乡”红色标识牌，既丰富了乡村硬环境建设的红色元素，又彰显着乡村文化振兴的新氛围（图5-4）。可见，华南理工大学尤其重视乡村政治文化体系的完善，将政治自信与政治认同融入乡村文化生活、文化经济与公共精神的扶贫工作中。

图5-4 华南理工大学为小忙兔村捐建的乡村振兴标识牌

华南理工大学帮扶团队不仅带着满腔的热情，还带着系统性的党建理论知识下乡扶贫，以乡村风貌改造为中心，摸索出一套“党建+乡村公共文化”的治理模式，并在孔美村、云县小忙兔村等帮扶村中落地实施。以孔美村为例，华南理工大学帮扶团队将党建文化融入空间设计之中，积极宣导社会主义核心价值观和乡村振兴战略，设计并建设了党建文化长廊、华南理工大学孔美党建之路、孔美党群服务中心、党建文化墙等项目。党建文化元素不仅一改孔美村过往沉郁的禁毒氛围，其红红的色彩更是调适了以往落后的灰色乡村。这项工作以老百姓喜闻乐见的形式展开，把党建文化变成具体的口号和标语，通过不同载体呈现出来，插放在乡村社区不同的位置，如文化广场、楼宇之间的空地、公共道路等公共区域，用充满希望的红色形象调亮黄土色调的乡村。更重要的是，村民每天都能看到这些口号和标语，在日常可见的乡村面貌中感受国家政策与社会各界的关心与帮助，帮助人们“消减”对家乡负面标签和文化糟粕禁锢的感知，潜移默化地将不利于村民精神面貌建设的落后文化调适成充满正能量的党建文化，激发村民的政治认同，提高乡村凝聚力，达到一种“随风潜入夜，润物细无声”的效果。

华南理工大学帮扶团队重视政治文化生活的推广普及，将其范围从党员拓展到群众，通过社区服务、传统活动等软环境建设，深化党建文化的认知和传播，进一步推动乡村公共文化生活的完善。同时，华南理工大学帮扶团队将传统的家谱族规、乡规民约、礼俗、礼制、礼教等“软约束”与国家法律和社会制度“硬约束”联系在一起，使之具体化、可操作化、日常化，促进先进文化内化于心、外化于行，从而充实村民的文化生活。华南理工大学帮扶团队还将社会主义核心价值观融入村规民约，内化为居民群众的道德情感，外化为社会服务的自觉行动，从而使文化治理从行政他治向自我治理转型。

印象·新貌

历经三位驻村第一书记的对口挂职，孔美村的进村大路已被改造建设完毕，命名为“华南理工孔美党建之路”，竖起了一座座学习贯彻习近平新时代中国特色社会主义思想、宣传社会主义核心价值观、展现新农村建设成果的红色文化宣传栏；村口立下了一块书有“中国传统村落孔美村”的大石头，建起一栋通体白色的便民服务中心楼，一旁的湿地公园也初见雏形，村里随处可见社会主义新农村墙绘、党建文化墙、党建文化长廊（图5-5）。对村落社区原有文化资源进行“红色文化”转化和引导，夯实了乡村文化资源传承创新的表征，夯实了乡村集体文化生活的地缘基础。

图5-5　孔美村党建文化标识

第二节　创新文化经济：本土与现代的整合

乡村本土文化特色在转化成文化经济的过程中，需要与乡村产业振兴战略目标相结合，实现乡村传统生产方式与现代产业体系的有机结合，在乡土文明与现代文明的整合中构筑起乡村特色产业的基础与文化自信。

一、文化生态不平衡

在乡村振兴战略背景下，文化产业的发展不仅要保持乡村特色，还要打造乡村新风貌，这对乡村文化资源要素的创新活化提出了更高的要求。由于百年来的沧桑巨变，保存下来的文化遗产与现代社会的审美相去甚远，无法满足现代人审美需求，被贴上“土气”的标签乃至被人们忽视与淡忘，文化产业中资源价值的传承创新问题已日趋严峻。

传统文化面临严峻的生存危机。一方面，单纯的文化资源产业化尽管能取得一定的经济效益，但缺乏对文化资源本身再生产的关注。经济产业行为造成整体社会文化的脱嵌，导致文化无法发挥其对乡村社会发展的正向作用。加上缺乏对文化教化、治理等的充分重视，导致这种片面的文化资源产业化并不具有可持续性。另一方面，产业化在短期内对文化资源进行集中性的过度开发，容易对文化生态造成整体性损伤，产生经济产业与文化生态间新的矛盾，导致“有产业无文化”或“产业衰文化弱”的现象。

（一）文化经济活力不足

文化经济发展的动力既来自供给，也来自需求；既来自生产，也来自消费。但不管供给还是需求，生产还是消费，围绕的都是文化产品和服务这个中心。在贫困地区乡村文化内容转化为经济产品的生产过程中，文化特色的内涵挖掘不深，往往存在“重资源、轻内涵”的现象，在产品和服务供给上缺乏优势文化产品的支撑。同时，以村民为主体的内生性文化服务意识不足，导致贫困地区乡村文化供给总量不足、质量不高，落后的文化生产力难以匹配人们日益增长的文化需求。可见，文化资源并不能直接等同于文化特色，具有产业规模的乡村文化经济必须建立在典型文化资源和特色文化资源的创新活化上。

文化的经济价值、娱乐功能被忽略，文化的意识形态与社会效益被放大①。乡村现有文化产品大多数还是依赖于技术含量低、现代元素少、文化内涵不足的传统工艺，乡村文化经济的发展面临技术、知识与文化融合不足、文化产品与服务单一陈旧的问题。乡村存在许多蕴含着村民集体生活经验和智慧的特色文化，经由一代代人口耳相传，流传至今。如孔美村的绿豆饼、花生糖、盐硝饼这些传统食品及制作技艺始创于清康熙末年，距今已有300余年的历史，在当地乃至粤东地区以及海内外侨胞中有着较高的知名度。这些传统技艺以手工为主，由于缺乏创新的支撑，不仅难以得到激活和发展，也缺少年轻一代的学习与传承。当地一家糖饼店的当代传承人林镇伟也在思考“（如何）让祖传的东西不会失传”“换一种烤法（能）让这门手艺可以永久传下去”。上游的文化研究与创新能力薄弱、创新活力不足，文化人才资源缺失，管理队伍、建设队伍和创新发展队伍等不完善的问题，都直接导致诸如文化资源流失破坏和文化生产滞后等问题的出现。

由于缺乏系统性的文化资源管理方式，现有文化经济开发远跟不上多样化、个性化、知识化的现代文化消费需求，甚至容易造成文化资源的破坏。城市与乡村文化产业发展不平衡的状况长期存在，在传统消费观念的影响下，村民对文化消费认知淡薄，这不仅制约着乡村精神文化的消费，也制约着乡村地区规模化文化消费市场的形成。特色本土文化的流失，再度引发乡村文化产业陷入传承效益与经济效益的双重困局。

（二）文化创新支撑不足

随着对乡村产业文化功能认识的不断深化，人们逐渐认识到产业发展对公共基础设施与服务体系建设的重要性。而公共文化服务能力是乡村公共服务质量与现代文明程度的重要体现，生产文化产品与服务的文化特色产业，成为乡村公共文化事业健康发展最强劲的支撑和推动力。文化经济创新与地方发展、社会结构变迁、公共文化事业是紧密关联的，这决定了文化创新活化是一个庞大的系统性工程，是一个需要与文化事业建设协同考虑的问题。

文化产业事业融合发展的体制机制不协调。文化产业具备公共产品性、外部性的双重属性，导致文化产业与文化事业在生产供给的体制和机制上存在区隔。一方面，管理体制的不畅对公共文化服务和文化产业的构成部分形

①李炎．公共文化与文化产业互动的区隔与融合［J］．学术论坛，2018，41（1）：135-140.

成了体制性区隔。另一方面，乡村文化事业和文化产业创新的政策支撑仍然不够完善。这些问题在华南理工大学帮扶的地区都极为明显，由于现阶段下沉到贫困地区的资金与人才支撑主要针对人居环境改善、产业发展等“显性成效”的方面，文化事业和文化产业的管理、投入、创新建设等制度与政策依旧处于滞后的状态。

文化产业发展的软硬件支撑薄弱，公共文化配套设施建设尚不健全，公共服务能力落后，只有提升公共文化服务能力，才能更好地推动文化事业与文化产业的创新并进。由于多层因素的影响，当前我国乡村公共文化基础设施的整体建设水平不高，文化服务体系缺失，不能很好地满足社区居民日益增长的精神文化需求。例如，孔美村作为潮汕文化的典型代表村落，潮汕文化和“父子举人”“七举十八秀”“中举村”等历史典故深深嵌合在村庄传统古建筑和村民的集体文化生活中。目前孔美村深厚的文化内涵仍未得到充分的挖掘，村内古建筑面临年久失修、逐渐破败的问题。随着这些古祠的衰落，村中缺少举办上灯节、迎老爷等集体民俗节庆活动的场所，制约了当地公共文化生活的持续性发展。除此之外，现代硬性文化环境和软性服务的建设能力较差，难以支撑文化产业的发展。

（三）文化市场共振不足

乡村文化治理必然面临着文化市场的问题，尤其是如何将文化经济置于系统性的产业体系中，以构建起乡村文化产业的专业化市场体系。20世纪80年代末期，我国开始逐步开发乡村旅游市场，乡村文化产业也随着旅游开发、非遗保护以及招商引资等活动的开展而兴起。但由于乡村文化市场发育不完善，文化资源难以转化为文化产品，乡村文化难以实现市场化。

“本土文化”与“现代文化”的衔接依旧不清晰。随着乡村文化特色产业的规模化发展，乡村文化的开发也逐渐被小型企业承包，形成规模化经营的局面。但文化的开发者与经营者缺乏相应的知识与能力，难以实现“本土文化”与“现代文化”的良好衔接，不仅不能做到“适度开发”，甚至常常违背“有序开发”的原则。同时，由于缺少科学现代的管理运营机制与市场营销能力对资源加以整合，文化没有“包装”，产品吸引力与竞争力不足。不论是广东沿海地区的孔美村的绿豆饼、花生糖、盐硝饼，还是西南山区里云县的手撕鸡、米线等，这些传统食品都以传统的包装在市面上销售，缺乏有效的包装和文化品牌的打造提升。正如孔美村首任驻村第一书记梁劲所总结的，“由于农户受到一些技术、先进市场理念的局限，包括电商技能的缺乏，因而难以进一步扩大市场，目前市场只局限在潮汕地区”。

这些当地人代代传承的产品缺乏知名度，其背后更深层次的问题是缺少对文化资源的产业规划，产品难以呈现出文化内涵，既缺少历史感和时代感，也缺少故事性与乡愁性等共情吸引点，从而导致优秀传统文化与现代文化之间、在高龄人群与新时代年轻群体之间难以同频共振。

二、以文化经济促生乡村文化活力

随着乡村文化振兴的不断深化，人们开始重视乡村文化资源传承创新中产业化方式的构建。乡村文化治理需要现代文明的全面投入。习近平总书记在党的十九大报告中指出：“激发全民族文化创新创造活力，建设社会主义文化强国”，这为新形势下发展乡村文化事业提供了重要的遵循依据。当前乡村文化振兴的关键目的是实现乡村文化资源的传承与创新。保持乡村传统文化底色对稳固乡村文化治理的根基与维护公共精神的载体均有重要作用。

（一）在经济创新中提升文化公共利益

创建乡村文化经济，有着经济、社会、政治和生态的多重意义，需要文化经济活力、文化公共服务体系、专业市场体系等多方面的支撑。华南理工大学振乡扶民的实践意在为乡村社会构建一种自我组织、自我支撑、自我循环、自我振兴的稳定治理的能力。乡村文化创新活化以提升文化治理成效为本质目标，因此，高校推动帮扶地区文化经济的创新发展，不仅要满足当地文化经济创收的诉求，还要满足凌驾于经济层面之上的乡村公共利益。

文化公共事业价值的实现，是对经济效益背后深层次诉求的满足，是文化精神复苏的载体基础、公共文化体系完善的经济基础、乡风文明苏醒的氛围基础等的不断积淀。高校作为一个具备建筑、设计、产业、品牌、经济等多元学科的资源整合平台，能够推动帮扶地区的文化经济创新，推动当地文化内容的生产、文化空间的建设、文化配套设施与服务的完善、文化组织的培育、文化品牌的建立、文化传承主体的教育等的一体化建设与提升，从而使得优秀传统文化再度焕发魅力，重塑乡村文化生态，不断提高乡村文化的先进性、凝聚性与引领性。

（二）促进传承意义与经济意义的平衡

促进文化资源传承意义和经济意义的平衡有助于文化活力的激发。从2003年9月国家文化部《关于支持和促进文化产业发展的若干意见》、2005年党的十六届五中全会提出社会主义新农村建设至今，乡村旅游业、手工艺创意产业、田园生态综合产业及民俗展演产业、互联网品牌农业等新兴文化产业模式不断丰富，相关专业市场体系不断涌现。乡村传统文化活动已被视为一种治理工具，国家通过鼓励、保护和发展优秀传统文化以重建传统文化与过去、现实以及未来的关联，满足人们的精神文化需求，重建文化自信。在保存中国传统文化的独立性与树立中国文化自信的时代背景下，在乡村传统文化转向文化经济的过程中，必须保障传统文化是可以弘扬和继承的，不能在产业开发和经济转化之际改变传统文化的本质。

随着2009年12月国务院《关于加快发展旅游业的意见》、2014年8月国务院《关于促进旅游业改革发展的若干意见》等政策文件的出台，产业化经营逐步成为乡村文化经济的重要实现形式，将乡村文化和旅游资源转化为文化商品的模式逐渐得以推行。进入“十三五”发展阶段以后，文化产业与旅游产业成为我国的战略性支柱产业，文化和旅游融合发展不仅是产业体系优化发展的大趋势，也成为乡村创新文化经济的重要产业方向。创新文化经济必然影响乡村文化的各个层面，尤其是“+文化”“文化+”的多元产业化形式更是直接将乡村文化作为一种内生资源。高校作为现代文明的教育者，推动帮扶地区的本土文化与现代文化相互整合，有助于促进文化资源传承意义和经济意义的平衡，也将有效地带动帮扶地区的文化发展活力。

（三）发挥经济对文化生态治理的效用

在社会主义市场经济浪潮下，乡村传统文化只有融入经济产业逻辑中，才能更好地在乡村的现代化进程中推动文化的传承创新；必须将现代治理体系置于乡村整体社会文化生态中，才能凸显乡村产业经济本身的文化功能与价值。2018年9月《国家乡村振兴战略规划（2018—2022年）》首次提出“发展乡村特色文化产业”，明确将“乡村特色”作为乡村文化产业发展方向，这不仅指明了乡村本土文化中的优质资源的传承路径，更承认了乡村传统文明的价值。作为中国文明的重要根基，乡村特色文化与现代文明共同推动着乡村特色文化产业的形成。

保护和开发并进的逻辑依旧适用传统遗产遗迹资源的保护与收录，既是对产生于过去农业生产和乡村生活实践、存在于当下的文化成果的保存与资源储备，也是对乡村本土文明与乡村特色的传承。高校的扶贫实践往往以产业经济的方式对帮扶地区的文化资源加以活化，这实则是一个将贫困地区的文化资源置于现代产业经济体系中加以考量的乡村文明现代化过程。在这个过程中，现代产业的文化价值在乡村整体社会文化生态中更能彰显深度。

三、挖掘内涵，打造一体化平台

文化传播需要物化载体，只有有了物化载体，文化才能再度活化，产生溢出价值。从本质上说，激活传统文化，意味着乡村本土文化脱离了原有的文化语境和使用情景，成为一种“死亡的”“可再生的”文化。因此，激活沉睡的传统文化，赋予文化意义或重生的语境，需要将其融入现代文明与现代生活中，实现本土文化与现代文化的融合创新。从乡村特色文化的归属来看，将其转化为文化产品，兼有一定的实用性和观赏性，使传统文化具有新的文化意义，与现代消费需求相契合，推动文化在交流中碰撞，在碰撞中发展。

赋予乡村特色文化新的归属与新的文化意义，不论是在文化产品中打造实用性或观赏性，还是与现代消费需求相契合，都要促进文化载体的打造及自身价值的呈现。为文化发展注入活力，最终还是要通过文化资源的固化，嵌入乡村的业缘关系中。当前乡村社会的联结已经区别于过去乡村社会交往或人际关系产生的血缘、亲缘等联系，文化背后的集体记忆、公共价值依旧是凝聚乡村社会的精神基础。同时这种社会联结又必然地以利益形成新时代乡村社会联结的重要元素，推动文化经济产业的业缘关系成为新的凝聚点。因此，创新文化经济的价值不仅仅是实现利益创收，更要成为乡村现代化进程中构建乡村公共性的业缘基础。

（一）点亮文创，构建文化产品组合

文化经济的消费需求激活往往需要外界市场的介入，以敏锐的市场触角将文化融入产品和服务。同时，想要解决文化产品和服务有效内供不足的状况，就有必要通过开发优质且受欢迎的文化产品和服务，来满足人们日益成熟和挑剔的文化需求。为贯彻这一点，华南理工大学首先将文化资源定位于可外化的实体，依托基于全域概念的本土文化资源体系，依托特色文化资源打造相互关联的文化产品组合。同时，依托学校食品、设计、品牌、产业、旅游等学科优势，综合考虑文化可视化、可体验性和可传播性等，将自然、人文资源的开发与产品设计相结合，紧密联系地方文化与风情习惯。

合理的创新活化是保护文化的最佳方式，华南理工大学意识到要从长远的文化产品联动性和投资吸引效益来看待文化创新活化的问题，构建起一套依托地方特色的文化产品、更利于乡村文化产业的规模化经营方式。在云县的文化创新活化中，华南理工大学从现代化产业体系构建的角度出发，整

合农业、工业、康养等多元资源，为云县文化创新活化的产业找到了以立体的“水、云、路、文、农”五大元素为条件的资源支撑条件。同时围绕“品茶、饮酒、尝果、吃鸡、泡温泉汤”“四菜一汤”的产品组合思路，梳理出云电、云水、云酒、云泉、云鸡、云茶、云果、云糖等8种文化特色产品，为云县制定了专项性的招商宣传册，带动当地文化特产走品牌化、产业化、规模化的经营模式。

华南理工大学还重点关注和打造一县一品、一村一品的文化代表性产品，依托学校食品、设计等学科优势，将食品开发和产品设计相结合，深度挖掘出当地的餐饮习惯与文化内涵。在云县，华南理工大学帮扶团队从山地黑肉鸡这一资源出发，为云县制定“1+3”的文化产品组合，以云县山地黑肉鸡作为区域公共产品，围绕鸡肉和乡村做文章，将来自不同乡村的“火腿木瓜鸡、鸡肉米线、柴氏手撕鸡”作为三个配套特色产品。而在孔美村，华南理工大学则结合当地的潜在资源，开发新的特色优品。不仅利用富含微量元素的好土质，着力发展优质有机水稻种植产业，成立“孔子美种植专业合作社”，引进和种植“软华优1179”等3个优质水稻品种，还将此与华南理工大学师生规模大、消费能力强的互补优势对接起来。在此基础上，着手研究产业升级方案，推动成立孔子美食品发展有限公司，对传统糖饼生产工艺进行改造升级，将绿豆饼、花生糖、盐硝饼等传统食品组合开发成孔美村旅游文化创意产品，强化“非遗+扶贫”“消费扶贫”等新型文创运营模式。

（二）符号为媒，构建品牌形象体系

文化品牌形象能够清晰地展现出乡村文化精神的创新力、影响力和核心竞争力。成熟、高端的文化品牌打造，能够破除过去人们关于乡村文化产业水平火候单一、文化产品同质化无特色、文化服务水平低、文化活动体验性差的陈旧认知。深化文化产品的艺术感和美学内涵，能够优化乡村特色文化的姿态和名片，从而呈现出乡村文化产业与现代化接轨的崭新面貌。乡村文化品牌形象和名片不仅是外来消费者对乡村文化特色的接应标识，更是寄托在文化经济上的文化集体价值的认同标识。

塑造文化商业符号，同时也能塑造乡村集体认同的文化符号。华南理工大学从整个云南的视角来审视云县区位：云县位于临沧，是三区交界的交通要冲；同时也从整个历史发展的进程来审视云县的地位：它既是澜沧江文明的灯塔，又是徐霞客云游的转身之地。云县具备资源条件、发展空间、投资价值多方面的发展潜质，却一直处于西双版纳与丽江两大黄金旅游路线的

图5-6　G214国道上云县文化形象宣传路牌

“盲区”，缺乏一条将优质文化旅游资源形成品牌化、产业化、规划化的“文化出征”路子。优质文化的“出征”能将人群吸引进来，推动文化随产品走出去，是进一步提升文化认同感的重要方式。因此，华南理工大学充分发挥学科优势，为云县确定了一套由文化定位、形象口号、形象标识组成的品牌体系，确定“云游云县”的文化定位，设计出一句文化形象口号“等你千年，养你一生”（图5-6）、一部形象宣传片（图5-7）、一组符合地方文化生态彰显云县文化内涵的产品形象标志（图5-8、图5-9）。吴志才教授团队在全域旅游规划中提出的“等你千年，养你一生”“云游云县，康养一生”的口号脍炙人口，云县彝族音乐人阿卓山、云县彝族诗人千与千寻以及云县宝宝音乐馆欧栗语老师从中得到启发，将其谱写成歌曲《等你千年，养你一生》，在云县广为传唱，该曲还成为云县茶歌。

图5-7　云县文化形象宣传片（视频画面节选）

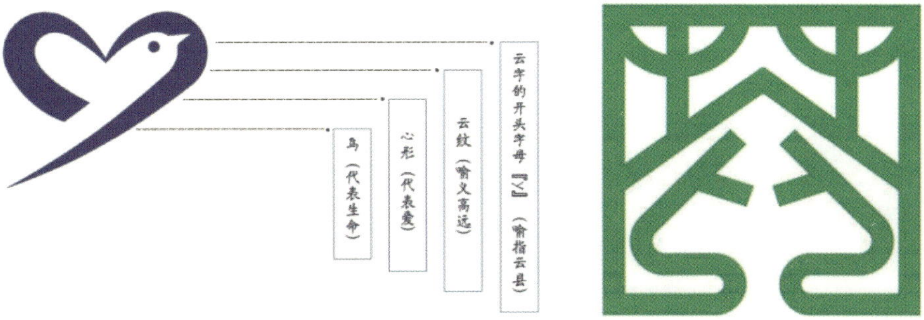

图5-8 华南理工大学为云县设计的旅游公共标志（左）、云县茶业公共标志（右）

图5-9 云县旅游标志及云茶公共标志的应用效果图

对于高度认可的大众文化精神，要进一步将其加以展示和传播。华南理工大学以全域旅游为抓手开展云县脱贫攻坚工作时，对云县的地理坐标、历史坐标和文化坐标进行了详细分析，着力将历史文化精神和文化遗迹作为文化展示的窗口，综合打造一组区域性文化名片。一是着力推动打造茶马文化名片。华南理工大学在全域旅游规划中谋划并打造“茶马古道文化体验带”作为特色文化的核心展现区域。采取“+文化”的规划逻辑，将云县打造成为茶马特色文化的对外展示窗口，塑造起一道“露天茶马文化长廊”，串联多个传统村落，包括哨街社区、安乐村、茂兰社区，沿线茶马遗迹重现往日光彩，将往日艰苦奋斗的日常生活与踏实朴素的百姓精神再度回馈给人民。二是着力推动打造徐霞客文化名片，宣传和弘扬徐霞客精神。华南理工大学在全域旅游规划调研中发掘出云县作为徐霞客一生中足迹“最南端的转折点”的重要历史文化地位（图5-10），引起了当地政府对徐霞客文化的重视。华南理工大学积

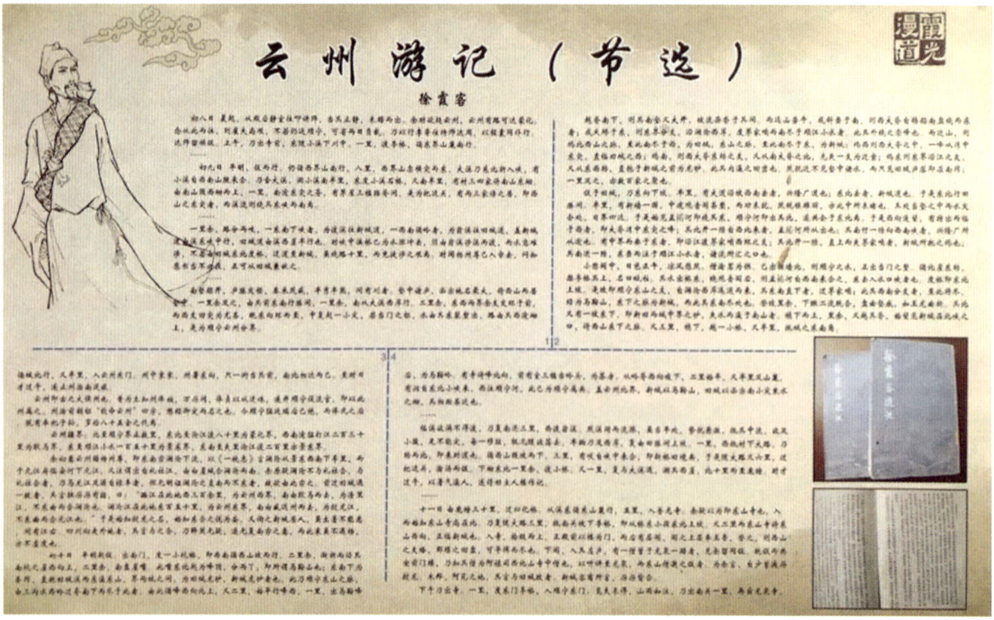

图5-10 《徐霞客游记·云州游记》（节选）

极促进成立云县徐霞客游线标志地认证申报工作领导小组，参与2018年全国第四批“徐霞客游线标志地”寻找与认证现场终审会学习等工作，扎实做好云县“徐霞客游线标志地”认证的相关工作。2019年7月，云县人民政府组织开展徐霞客游云州路线探察考证活动（图5-11）以及徐霞客游云州380周年文化活动，推动云县“徐霞客文化名片”的建设及徐霞客游线遗产保护与申遗研究等方面的工作。这些行动不仅提升了云县的知名度，更重要的是，以此为契机，云县找到了“文化之魂”，当地人民的文化认同感和凝聚力也得以提升。

感悟·专家学者说

伟大的旅行家徐霞客为探寻澜沧江流向，一路南下，徒步至云州，便停止了万里遐征的步伐。可以说，云县为其转身之地，因此需要做活云县的霞客文化。

——云县全域旅游规划项目负责人吴志才教授

图5-11 “徐霞客游云州”路线探察考证活动参与人员合影

将传统文化符号与现代商业元素对接，是营造“地方”与“产品”双层的文化知名度的重要渠道。在孔美村，华南理工大学组织设计学院杨静副教授的师生团队策划设计一组“孔子美”品牌标签和一套产品品牌形象，加强加深孔美村与非遗名号的关联性。孔美村于明天启七年（1627年）改名为“孔子美”，“孔美”是后来的简称。孔子美品牌标签的图案设计源于当地祖祠房门架上的守护神——麒麟神兽，寓意地方安定繁荣。该标签以在复古色系中应用较普遍的黑白色为主色，搭配跳跃的青色，既不缺新鲜感，也有复古用色的特点。搭配古红色使用，既有复古感，又不缺乏青春气息。木色作为衬色，在图案中红白青木色为一组，黑白红木色为另一组，两组用作对比色，彰显了深厚的地方文化内涵（图5-12）。

传统产品的包装则以孔美村历史传统和人物为原型。杨静副教授的团队针对不同类型的传统食品，设计了三种不同风格的精美包装和产品名称，组建起孔子美品牌系列。首先，团队将孔美村父子双举、孝义等典故融入传统手工艺食品中，创新设计出“中举绿豆饼、父子双举明糖、仁厚花生糖、孝义盐硝饼”的特色产品组合（图5-13）。其次，团队创新转化当地的农业蔬菜，为孔美村打造了一个特色鲜明的“福德有菜”文创品牌和形象符号，设计了福德老爷蔬果干货礼盒文创产品及包装（图5-14）。最后，团队创新

转化当地的稻米，设计精美包装和宣传画，打造“孔子美农家香米”特色品牌（图5-15）。基于上述产品进行创新的孔子美创意文化村落品牌塑造项目还在2017年中国包装创意设计大赛中获得了一等奖，孔子美的文化名片将随着这套产品形象成为“国家职业教育专业教学资源库”资源而得到进一步的传播。

图5-12　基于孔美村历史传统和人物设计的“孔子美”品牌标签

图5-13　基于孔美村历史传统和人物设计的“孔子美”产品包装

感悟 · 挂职干部说

由于农户受到一些技术、先进市场理念的局限，加上缺乏电商技能，因而难以进一步扩大市场，目前市场只局限在潮汕地区。如今所有的包装设计元素中，都包含了我们孔美村的传统历史文化，只要大家一看到包装，首先想起来的就是潮汕民俗传统，一看就想起了孔美村。

——广东省孔美村首任驻村第一书记梁劲

（资料来源：驻村扶贫，让惠来隆江绿豆饼焕发新活力，2018-07-24，https://www.sohu.com/a/243134714_260855.）

图5-14　孔美村福德老爷蔬果干货礼盒文创产品及包装形象

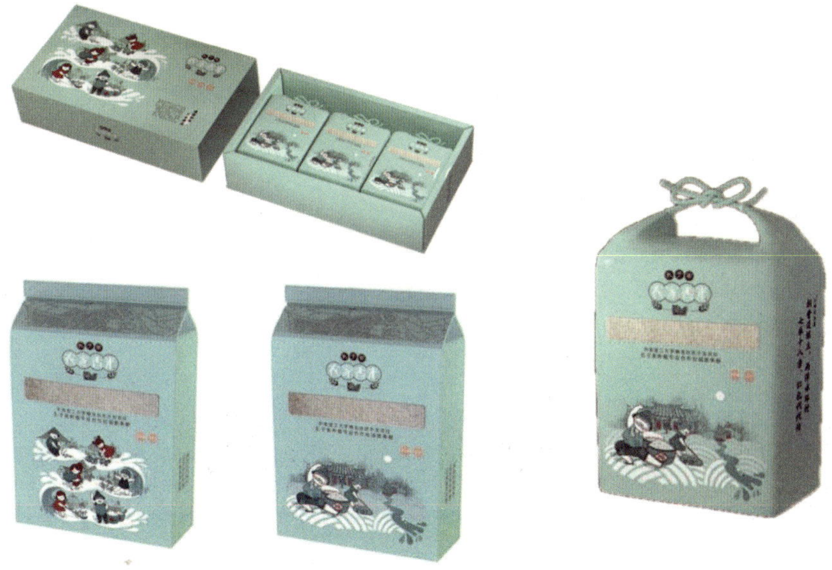

图5-15　孔子美种植合作社的农家香米文创产品及包装形象

一系列文化品牌形象与文化名片的规划设计，不仅为云县和孔美村创造了一个能将文化送出去的统一性符号，建立起地方文化品牌和文化名片，还为当地人民认知本地文化注入了一个集体性的文化符号。这个属于当地村民的文化符号能够在文化经济创新的氛围下提高当地人民参与文化活化的热情和意愿，有益于文化传承、观念更新和建设良好的氛围，从而提升当地的文化品质，改善消费观念。

（三）固化合作，建立稳定的市场平台

文化创新活化要实现的不只是经济创收这一浅层目的，更重要的是实现文化治理层面的目标。文化产品和品牌体系的建立，敲开了乡村文化产业市场的大门。接下来还需要整合多渠道的资源，推动技术、资金、投资、市场等力量与乡村形成稳定的合作关系，当国家政策、资金资源和帮扶组织力量等支持条件撤出后，依旧能够形成乡村文化产业经营的自我再生源泉。因此，资源平台的构建，从短期效益来看能将乡村特色产品推广出去，提升经济创收能力；从长期效益来看，这是一个在产品营销中提升乡村文化产业经营者资源整合和再组织能力的过程，同时也是华南理工大学扶贫实践工作所践行的“扶民”理念。

第一，汇聚多方力量，组建品牌战略联盟。以云县为例，华南理工大

图5-16　云县品牌联盟成立仪式参与人员合影

学秉持“品牌强县”的理念，以云县各大产业龙头企业为主体，推动成立全国第一个县级“品牌联盟”——云县品牌联盟战略平台。成立这个平台，主要目的是以龙头企业来发挥引领的带头作用，通过龙头企业集群联盟，吸引更多中小企业、新兴企业、苗子企业、合作社等加入品牌联盟，共谋发展。同时充分利用学校学术资源，聘请知名品牌专家、校友企业家、学者组成顾问委员会，一起为云县产业发展出谋划策，为当地扶贫开发贡献力量（图5-16）。此外，华南理工大学还通过华南理工大学校友会平台积极为云县宣传推介，并在校友会会刊上专门刊登介绍云县招商引资的文章。

第二，定制高层次方案，嫁接融媒体平台。以云县为例，华南理工大学经过深入调研和实地考察，结合市场环境、立足城市实际，为云县文化旅游产业发展定制了一套品牌推广方案，全方位提升乡村文化品牌传播力。这套品牌推广方案包括云县城市品牌传播概念性方案、“淳林话品牌·云茶”专题方案、“山地黑肉鸡”推广方案等。同时，依托“一档推动中国品牌发展的节目”《淳林话品牌》，打造《淳林话品牌·云茶》《淳林话品牌·云鸡》6期专题节目，向内激发云县特色行业、企业的品牌意识。华南理工大学积极组织临沧澜沧江茶业有限公司、云县国汉生态茶业有限责任公司、云

图5-17 《淳林话品牌·云茶》专题节目录制现场与网络媒体平台播放效果

县惠民茶业有限公司三家企业，到广州参加由华南理工大学新闻与传播学院举办的《淳林话品牌·云茶》专题节目访谈录制，并在广东卫视播出，宣传云县茶产业，提升云茶品牌知名度（图5-17）。

基于融媒体的高端品牌节目《淳林话品牌》是一档由广东广播电视台、华南理工大学、有影响力的品牌和企业家相关平台四方强强联合打造的视听新媒体访谈节目，拥有300多万受众。该节目对外通过广东广播电视台新闻广播以及触电新闻、广东广播在线、蜻蜓FM、企鹅FM、优酷视频、腾讯视频、爱奇艺等新媒体平台进行全方位立体式的推广。华南理工大学综合"电视+广播+音视频+图书"形态打造"云县系列"专题节目，形成云县特色品牌专业化的背书和强有力的传播。首批制作播出的"云茶"专题通过爱奇艺、腾讯视频、微信公众号、喜马拉雅等媒体平台向社会推介，累计播放量和听众已超过1000万次。

第三，推动消费扶贫，将高校转变为新型文化展示平台。在华南理工大学的爱心帮扶中，在乡土文化和现代消费之间架起了桥梁。2019年6月30日，华南理工大学特别选择在第10个广东扶贫济困日举办华南理工大学帮扶贫困地区农特产品展销会，将云县和孔美村的乡村特色产品输送到城市，带进大学校园，摆上师生的餐桌，销售总额达到60多万元。通过以购代捐等方式，采购云县农特产品300多万元，带动4600多户贫困户增收（表5-4）。12家乡村企业、近百种产品通过"爱心"帮扶活动，与现代的城市消费联结起来。

表5-4　华南理工大学直接带动云县产品销售的情况一览

特色产品	销售渠道	经济效益
云县鸡肉米线	在华南理工大学学校饭堂开设云县"鸡肉米线"专窗	年销售额300多万元
云县农特产品	通过以购代捐等方式，采购云县农特产品300多万元	带动4600多户贫困户增收
	举办华南理工大学帮扶贫困地区农特产品展销会	销售总额60多万元

华南理工大学发动教职工、家属和校友等人员踊跃采购扶贫产品（图5-18、图5-19），把特色文化产品等引入学校，实现消费扶贫常态化长效化，带动贫困户如期脱贫、村集体稳定增收，例如在华南理工大学学校饭堂

开设云县“鸡肉米线”专窗，一年能为云县创造300多万元的销售额。华南理工大学食品科学与工程学院技术加持的孟连咖啡产品更是凝聚着华南理工大学的扶贫心血。学校食品科学与工程学院为当地提供全流程指导，一改以往孟连咖啡由于技术落后而造成的粗加工咖啡豆产品状态，不仅帮助孟连将当地的咖啡豆转化成深加工的多元产品，还推动咖啡产业链的形成，一亩咖啡地的收入从3000元跃升至十万元。在为孟连带来直接经济创收的同时，更将孟连咖啡升华为中国咖啡文化，将乡村特色产品的文化内涵与当代消费文化联系在一起，增强了文化经济的活力和动力。

图5-18　华南理工大学党委书记章熙春（左三）、党委副书记刘琪瑾（左四）与工作人员在帮扶贫困地区农特产品展销会现场合影

图5-19　华南理工大学职工在认购的孔子美农家香米的派发现场

第四，依托高校创业创新项目，稳定特色产品的市场对接人。以云县扶贫茶为例，华南理工大学以“爱心扶贫茶”项目拓宽云县茶业的合作方式，在云县建立爱心茶生产基地，充分利用校内、校友和社会资源，推动高校与云县人民政府、临沧和德立茶业有限公司达成合作意向，帮助“扶贫茶”打开销路、拓宽市场。同时，华南理工大学同步成立大学生“爱心茶”创新创业团队，积极组织学生团队参加第五届中国“互联网+”大学生创新创业大赛广东省分赛“青年红色筑梦之旅”等竞赛活动（图5-20），并在校内开设“华南理工大学精准扶贫创新创业产品”主题展示室，为云县茶业的市场拓展找到稳定的对接团队。在助力云县经济增收和解决当地就业问题的同时，华南理工大学激励企业将销售额的30%反哺学校“扶贫专项基金”，用于定点扶贫相关的教育、产业、捐赠等工作。

图5-20　华南理工大学副校长李正（右二）与“爱心茶”创业公益团队主要成员在广东省“青年红色筑梦之旅”竞赛活动现场

第三节 激发精神动力：由个体性向公共性的复苏

乡村不是落后的代名词，其落后的主要原因是文化出现了断裂。这种断裂随着乡村传统文化与生活方式的瓦解而产生，导致乡土文明逐渐丧失内在凝聚力，乡村传统文化精神与价值逐渐缺席。在个人利益至上、个体利益与集体利益相冲突、伦理道德缺席、信任危机等种种因素下，将村民联系在一起的亲缘关系不再如往日那么牢固，乡村文化被解构得支离破碎，乡村人民的家园精神无处安放。新时代背景下，以血缘与地域认同为纽带而建立起来的熟人社会已经逐渐演替为以利益为前提的乡村亲缘关系。

一、文化自我发展潜力薄弱

村民普遍缺乏乡村文化自信，在文化心态、文化素质、文化权力等各方面均持有自卑的心态，新时代乡村文化治理面临着极大的冲击与挑战。

（一）集体性的文化失序

在现代文化冲击下，“我们的文化是落后的”这种集体性文化不自信的观念影响着传统文化，同时也不断消解着村民对乡村集体智慧和公共文化的认同。而文化创新活化效果的不显著，又进一步削弱了人民对乡村本土文化的共识，造成村民整体层面的文化自卑感和对优秀传统的漠视与淡忘，导致乡村集体记忆走向集体失忆的局面。在经济的高速发展和利益引诱下，孔美村于20世纪90年代成为惠来县最早涉足制毒贩毒的村庄之一，部分村民以金钱标准取代道德标准，追求个人利益的最大化，缺乏集体道德感和社会责任感，价值取向渐趋功利化，导致了孔美村乡风民俗日益衰落，原有的文化自豪感被削弱，致使村民精神荒芜、价值迷失。

在孔美村，“全村人民行动起来，打一场禁毒人民战争”“学生不吸毒，校园无毒品”等禁毒标语随处可见。第一次到孔美村，华南理工大学建筑学院的志愿者们在调研走访后都为这样的景象感到震惊，为孔美村制定乡村规划设计方案的叶红副教授也感叹道：“这导致村民的归属感和自豪感崩塌，对外来人非常提防。”乡村社会原有的优秀伦理价值日渐消逝，一旦乡风民俗缺乏共同的精神引导和集体道德感的规范，乡村人民的日常生活和行为决策就将日益陷入经济主导的市场逻辑之中。

（二）思想观念与时代偏离

由于“城市文化下乡”没有根植于乡村社会基础，难以实现文化活动内容与功能定位间的良性契合，导致从送文化到种文化都没能彻底改善乡村公共文化生活缺失的问题。单一的资金投入已经无法实现长效的文化振兴，而技术、理念等在保障文化自治基础中又尚未发挥扎实的效用。当前乡村公共文化服务呈现的状态主要还是国家“在场”下的“文化下乡”，缺乏共同体的集体文化活动，缺乏一种具有地方性文化的、村落“在场”的“内生性文化”。当前乡村集体文化生活的氛围与条件过分欠缺，不仅受到西方文化和现代文化的影响，而且由于缺乏专业性人才的引导，物质文明和精神文明都未得到与时俱进的建设与发展。

在云南，帮扶工作队在走访的过程中得知，云县从少数民族人民农耕文化与集体生活的经验中延伸且流传至今的“打歌”活动受到现代城市文化的影响，逐渐演变成一种“广场舞”形式的活动，且数量逐渐减少，而少数民族文化所特有、具有深厚历史传统的文化活动逐渐流失于大众形式的文化活动中。云县村民不仅较为缺乏思想观念的现代化教育，还缺乏从传统小农经济观念和落后习俗的解放过程中的明确指引。以村民随意采摘、售卖、食用有毒野生菌造成的食物中毒事件频发的问题为例，村民的精神文明素质以及他们与自然的相处之道并没有随着现代教育而逐步提升，乡村集体性的文化素质依旧处于较低水平，与现代市场经济观念和现代公共意识、公德意识、生态意识等存在一定的偏离。

（三）文化治理的参与感低

当今的乡村已基本抛弃传统自然经济条件下的“乡治尚德”观念，但市场经济环境下的“村民自治”仍尚未健全。虽然“乡村自治”长期作为一个乡村社区治理理念在推行，但在推动“自治”的实践中，村民既不具备相应的知识构成，也不具备相应的视野。在华南理工大学帮扶的地区可以明显感受到相似的两种感觉，一是村民对自身及家庭之外的村中事务不关注，二是村民对自身及家庭之外的集体利益和长期利益漠不关心。随着集体文化活动的减少，乡村集体层面出现道德冷漠、群众参与文化事业建设的程度低下、群众文化自治基础薄弱等问题，阻碍了乡村公共事业的有序发展，更加难以实现乡村人民自己建设家乡的文化、乡村人民自己治理自己的文化的目标。

二、以文化自信激发乡村内生能力

在乡村振兴背景下，着力培育乡村文化自信，对推进乡村全面振兴、减贫、培养农民内生动力等均有重要的现实意义。党的十九届四中全会强调：“必须坚定文化自信”。文化自信不只局限于本土与外来之间的主客关系，还包含对传统的乡村文化、生活习俗、生产方式、宗教信仰和经济发展模式等的价值认同。推动乡村文化自信重构，缓解乡土文化危机与文化断裂的困境，才能重新促成村民对乡土文化的确认与接受以及对乡村生活方式、文化行为、思维模式的认可与遵守。

（一）突出与强化村民的主体地位

文化自信重建既要以乡村人民为建立者，又要以其为承载者。习近平总书记指出：“文化自信是一个国家、一个民族发展中更基本、更深沉、更持久的力量。”中国传统文化尤其是乡土文化本质上都是基于中国人民的内生性文化，这种集体智慧不仅是一种文化资源，更是一种内化的动力源泉，因此中国文化自信的建立始终需要依靠群众。身处新时代的农民是乡村振兴的主体，也是乡村精神的传承者和传播者，他们既是文化自信的建立者，更是文化自信的传承者。只有先提高农民素质，点亮他们的精神世界，才能激发他们参与乡村振兴的内在动力、自组织潜力和自发展能力。高校的扶贫实践工作在重视乡村物质文化、制度文化建设的同时，更要先从精神文明建设出发，着力提振农民主体参与乡村振兴的“精气神”①。村民是乡村文化振兴和乡村文化自信培育中的关键主体，高校教育者有必要通过调动村民参与乡村文化建设的积极性、主动性和创造性，确立村民的文化主体地位，形成他们对于乡村的文化认同，以重建乡村文化自信。

（二）发挥公共文化服务的治理效能

文化振兴既要以公共文化服务提升为手段，又要以其为目标。乡村文化事业既是文化治理的对象，又是文化治理的载体。它既是一个涉及价值重构、塑造认同、资源分配、服务供给、产业发展等重要的治理领域，又是政府、社会、企业、公民等多元主体为推动文化事业繁荣发展、满足群众不断增长的精神文化需要而进行良性互动的治理过程。通过文化治理，走文化共建共享的道路，是提升乡村公共文化服务质量的有效路径，是将党和政府推

①重塑“乡村精神”，补齐乡村振兴“文化短板”［EB/OL］.（2019-3-27）［2020-8-30］. http://journal.crnews.net/zgcz/2019n/d2q/jcdj/114778_20190327105429.html.

动和基层群众参与相结合的有效路径。高校在扶贫实践工作中，最终是以激发乡村人民自我振兴的公共利益诉求与自我振兴动力、推动建立乡村共同体为目标的，因此必须推动乡村文化事业的完善、重新激活乡村的公共文化生活。一旦帮扶地区个人与个人之间、个人与集体之间的文化隔阂与利益矛盾得到有效缓解，公共文化服务的治理在推动个体性向公共性的复苏中将具有极大的效能。

（三）理性考量现代化治理的适用性

乡村文化治理既要坚持现代化治理的理念和方法，又要以其为对立面加以审视。乡村振兴的战略任务尤其要倡导以现代化的治理理念和方法来实现乡村文化治理，在乡村文化建设中发挥村民的主体性作用，从文化建设转向自治式的文化治理。如果乡村文化事业与文化产业的建设脱离了其依托的乡村文化本性和社会结构，采用“自上而下”送文化、种文化的方式，即使将文化理念和内容输送到了乡村大地，也极其容易造成文化供需不平衡、不适应、不适用的负面效果。高校在文化层面的帮扶实践工作需要在复兴帮扶地区文化传统的基础上，满足广大农民日益增长的文化需求，保障农民的文化权益，培育乡村主体的内生动力与文化自信，以此为帮扶地区实现文化自治打下扎实的基础。

乡村文化建设的目的是要重新激活乡村活力。不论是传统文化的传承保育，还是文化产业与经济的活化，都不是简单地回到从前，更不能推倒重来，再造一个完全不同的乡村。因此高校应当发挥科研工作者的特质，在乡村文化帮扶治理中站到现代化和城镇化建设的对立面去，带着思辨的逻辑，理性考量现代化治理的方式方法在帮扶地区文化事业和产业振兴中的合理性与可取性。

三、“智志”输入，双道培育公共精神

物质文明与精神文明素质都是文化自信的沃土。在全球化深入发展的今天，植根于优秀传统文化的民族自尊心和自信心，是一个国家与民族融入国际社会大家庭的重要精神支柱。只有在民族文化的沃土上，在共同拥有的精神家园中，才能建立起切合普通大众的历史传统与民族心理的共同话语、价值认同和人文性格①。实现“文化自信”，并跃变为集体的“精神动力”和

①人民网理论频道．以文化自信激发强大精神动力［EB/OL］.（2019-9-11）［2020-8-30］．http：//theory.people.com.cn/n1/2019/0911/c148980-31349134.html.

内生性发展潜力，是高校文化扶贫工作的最终目标，也是扶贫结束后乡村自组织、自发展的持续动力所在。因此，华南理工大学最关键的方式还是“授之以鱼的同时授之以渔”，既关注看得见的乡容村貌的改造，同时也重视看不见的文化精神的建设，将乡村文化治理中优秀的理念、知识与方法播种到乡村，提供全面的文化服务和精神支撑，深化文化队伍建设，形成全员育人格局，提升帮扶县镇和乡村人民“自己发展自己、自己振兴自己、自己治理自己”的潜力和能力。

（一）队伍建设，培育文化治理内生人才

作为一种生活制度和关系网络，乡村本身是一个由亲缘、地缘、民间信仰、乡规民约等联结而成的共同体。乡村社区治理秩序的生成，依靠行政嵌入和村庄内生两个渠道，如果说驻村干部的选派和下放是重视行政嵌入的体现，那么也亟须关注村庄内生力量的自我治理。华南理工大学坚持把扶贫、扶民、扶志三者有机地结合在一起，从思想上、精神上帮扶地方，开展有针对性的思想教育和技术培训，促进转变发展观念，奠定激发内生动力的基础。为缓解乡村治理主体结构的空心化，华南理工大学积极通过挂职干部、驻村书记等行政嵌入的方式改变乡村振兴人才队伍的建设理念和方法；同时，学校积极结合高校西部计划、三下乡社会实践项目，选派年轻学生组成队伍，以项目嵌入的方式进驻乡村，实现人才相互教育的目标；更重要的是，学校积极推进新知识、新眼界、新价值和新技能落地乡村，将现代公民意识、政治文化、现代农业、“互联网+”等理念与技术作为连接城市与乡村、传统与现代的媒介，实现信息回传、资金回流、企业回迁、人才回乡，为乡村振兴注入内驱动力，为乡村建立起一支符合乡村共同体目标的新型治理队伍。

首先，依托高校师资的教育优势，提升现有乡村人才队伍的文化综合素质与治理能力。以云县为例，华南理工大学与云县制定《华南理工大学人才培养与对口帮扶云南省云县工作计划》，将治理队伍人员的综合素养和文化水平的提升工作写入工作计划中，作为实际性任务加以执行。自2013年对口帮扶云县以来，华南理工大学立足云县的实际需求，定期开展干部培训班、华园云州大讲坛和在线学习等乡村社区治理能力培训扶贫项目，精心打造培训精准帮扶平台，努力提升党员干部的综合素质，助推云县脱贫致富和发展腾飞，并取得了明显的效果。不仅投入300多万元资金开通“华园云州在线讲坛”为云县持续注入优质学习资源，还向包括云县在内的整个临沧地区开放价值1亿多元的华南理工大学优质在线学习资源，包括计算机科学与技术、行政管理等13个专业395科次的学习资源。在此基础上，进一步打造“华园云州大讲坛”品牌活动，邀请中国工程院院士、华南理工大学建筑学院教授、华南理工大学建筑设计研究院院长、建筑大师何镜堂先生和中国著名企业文化与战略专家、北京大学国家发展研究院管理学院教授陈春花等相关专家学者，为云县培训人员先后主讲《快速城镇化下的建筑文化传承与创新》《信息社会来临与社会转型升级》等高质量专题报告，为党员领导干部、企事业单位负责人5000余人提供了培训。

其次，采取“请进来”和“走出去”相结合的方式，积极组织云县干部来粤、来穗、来校开展短期培训与交流。在2018年云南省云县领导干部综合能力提升培训班中，华南理工大学组织云县领导干部到学校参与为期三天的培训学习，培训班涵盖“互联网+云计算大数据与五维服务平台构建”“赢得人心的领导艺术”“粤县域经济与新农村建设”“突发事件媒体应对与新闻发布现场模拟演练”等课程，邀请了校内外具有丰富实践经验的专家学者授课，其间还安排学员前往广东省博物馆进行现场教学，以理论和实践相结合的教学方式提升乡村治理人才队伍的综合素养和文化眼界（图5-21）。

再者，助推乡贤理事会、农民合作社等内生治理人才的培育与成长。传统乡村共同体的公共事务是在宗族、乡绅等力量的组织与村民的参与下得以相对独立地运行的。现今，乡村传统治理力量逐渐削弱，国家有力量也有责任进入乡村开展治理工作，但在乡村治理秩序不健全的情况下，国家力量进入乡村往往“水土不服”。华南理工大学在加强乡村基层治理队伍综合能力

图5-21　2018年云南省云县领导干部综合能力提升培训班在华南理工大学举行

的基础上，通过驻村第一书记这一桥梁，积极扶持具有广泛代表性的农业合作组织、挖掘扶持积极投身乡村公共事业的“新乡贤”“致富带头人”及社会组织，使这些乡村治理的新力量成为重建乡村共同体秩序的重要参与者。

最后，积极促进农民实现“主体性”，培植其实业技能、政治文化认同及现代公民意识。为进一步打开农民干事创业的思路，弥补乡村思想文化建设方面的不足，补齐农民致富增收的技术短板，华南理工大学组织师生团队协同当地的村民建立美丽乡村工作坊，通过乡村工匠技能培训、乡村电子商务培训等活动，让自力更生、努力奋斗成为农民思想的主旋律。2017—2019年，已先后有227人（其中贫困人口159人）参加实用劳动技能培训。同时，华南理工大学既注重精神上的扶志，又注重技术上的扶智。为改善农民文化水平落后和知识短缺的现象，驻村工作队联合村党支部进村入户向贫困群众宣讲习近平总书记精准扶贫思想，宣讲党的扶贫惠农政策；鼓励贫困群众发展生产，不断发掘贫困户自身潜力，激发贫困户的主观能动性；进一步引导农民群众知党恩、听党话、跟党走，努力形成现代乡村社会的公民文化认同，提高农民参与乡村文化事业建设的积极性。

（二）对标公共服务，丰富乡村日常文化生活

文化性贫困是比资源性贫困、制度性贫困更难解决的贫困问题。公共文化生活的活跃度是展现乡村集体生活生命力的重要方面，改善乡村生活个体化的问题必须使文化事业、文化产业与整体文化生态相适应。华南理工大学在传统文化资源保育、文化经济创新的基础上，努力对标乡村公共文化服务能力不足的现实情况，积极解决公共文化资源不充裕、公共文化场所不健全、公共文化活动不丰富等具体问题，助推了乡村公共文化服务体系的完善。

为改善乡村公共文化资源不充裕的现状，华南理工大学加大对地方图书公共文化事业建设的支持力度，发动华南理工大学出版社、华南理工大学图书馆对云县图书馆进行捐赠（图5-22），推动华南理工大学公共管理学院对孔美村文化室进行图书捐赠（图5-23）。以云县为例，2019年11月1日，华南理工大学在云县行政中心举行了云县图书捐赠仪式与座谈会。华南理工大学出版社向云县图书馆捐赠其编辑出版的纸质图书5000册，价值15万元；华南理工大学图书馆向云县图书馆捐赠价值30万元的图书10000册，捐赠价值233万元的电子书350万册，共享价值1852万元/年的电子数据库资源。图书捐赠，不仅进一步丰富了云县图书馆的纸质文献和电子文献的入藏量，弥补

图5-22　华南理工大学向云县捐赠图书资源

图5-23　华南理工大学公共管理学院向孔美村文化室捐赠图书

了第六次全国公共图书馆评估定级工作中云县图书馆纸质文献和电子文献总量不足的两大短板，而且对加强未来华南理工大学图书馆和云县图书馆的业务文化交流与合作产生积极影响。

公共文化场所是否健全在一定程度上决定着集体文化生活的供需是否平衡。为改善乡村公共文化场所不健全的问题，华南理工大学既从理念和空间上进行建设指导，又立足于本土文化建设条件，为当地制定相关规划。以孔美村为例，华南理工大学建筑学院、设计学院等团队调研发现，孔美村目前公共服务设施整体上较为缺乏，如缺少文体设施和儿童娱乐设施，孩子们大多数时间只能在设施匮乏的空旷休憩场地或巷道内玩耍；村内老年人较多，但缺乏相关的老年人活动设施；缺乏快递服务点等能够提升村民生活便利程度的设施。

图5-24　孔美村便民服务中心建设前后变化图

考虑到多元的乡村公共文化生活需求，华南理工大学积极整合资金资源，为孔美村开展社会主义新农村示范村整治创建规划，并提出了孔美村便民服务中心暨村委办公室、文化广场及湿地公园、孔美小学综合楼等设计方案，改善了孔美村公共文化场所建设缺乏图纸参考、一刀切的问题。在方案中，村委会转变为集便民服务和行政办公于一体的综合服务中心（图5-24），村民活动广场则既满足了村民日常的文化休闲需求，也作为农作物晾晒地和展示村庄整体形象的场所（图5-25）。

图5-25　孔美村村口文化广场建设前后变化图

（三）精神培育，重塑文明乡风与集体认同

重塑文明的乡风是乡村振兴之“魂”，是彰显乡村文化自信的力量源泉，它要求在乡村营造健康文明的生活方式和养成文明表达的习惯，推进开展移风易俗行动，增强乡村文化的文明教化与约束功能。

首先，重视村规民约对乡风文明的治理作用。孔美村华南理工大学历任驻村第一书记多次修订当地的村规民约，不以陈旧的制度束缚村民的思想境界，保障具体条约内容与时俱进（图5-26）。村规民约作为扎根于民情民俗的乡村共同体约定，是以自治精神为原则，通过协商讨论形成的乡村生产生活共识性规则。在孔美村，华南理工大学积极打破村规民约仅发挥环境卫生管理作用的局面，促进乡村理事会将禁毒等亟须解决的落后问题写入村规民约中。在禁毒问题解决后，驻村工作队意识到不能再让这种压抑的禁毒乡风印刻在群众心里，因此再次推进村规民约的修订，将新农村建设、乡村振兴等积极建设家乡的风向写入其中。同时将其区别于强制规范，推进不断更新的“村规民约”成为乡村文化建设的有力工具，实现乡村共同体的公共精神

图5-26　孔美村2016年环境卫生村规民约、2017年禁毒村规民约及2018年、2020年村规民约

培育，成为重新撬动诸如邻里第一支援、乡贤威望等饱含智慧与温情的乡风民俗的杠杆，重塑文明乡风。

其次，加强日常式的文明渲染与文化教育。为进一步改善村内的文化氛围和提高村民的人文素养，华南理工大学将传统文化、社会主义先进文化融合，采用特色文化墙画、文明宣传教育、文化先进称号等形式，推动村民思想意识的进步，提升村民脱贫的决心与底气。在孔美村，华南理工大学组织设计学院40多名师生到孔美村绘制墙画，墙体彩绘既传承了潮汕民俗文化，又宣扬了社会主义先进文化，让孔美村充满了艺术气息和时代精神，进一步提升了村民对乡村整体文化的认知和共识。在唐氏宗祠的照壁上，绘制的是以“状元出街、五谷丰登、人丁兴旺、和气生财”为主题的壁画，这极大地增强了孔美村内的文化厚重感（图5-27、图5-28）；在孔美小学的内墙上则是村内留守儿童参与绘制的“博学、尊师、孝顺、勤奋”“运动、健康、快乐、阳光”两组主题作品；在村巷之间的墙绘作品展示的则是勤耕细作、吉祥喜庆、家庭和睦、乡间童趣的新农村风貌。同时，华南理工大学扶贫团队在村内开展禁赌、移风易俗宣传教育，使村民们从思想意识上逐步摒弃大操大办红白喜事等陋习；组织开展“好媳妇”“好婆婆”“文明家庭”“环境卫生示范户”“优秀共产党员”等评选活动，树立乡村精神文明的新风尚。

图5-27 孔美村唐氏宗祠照壁的墙绘绘制现场

图5-28　孔美村唐氏宗祠的照壁上的文化墙体彩绘

最后，积极推动民俗文化的复苏。在孔美村，华南理工大学扶贫团队主要通过三大措施复苏传统的民俗文化：一是注重保留古迹、古树、古风和古训，继承历史传统，追寻历史脉络；二是帮助村民修葺古宗族祠堂，修订完善族谱、谱牒、宗谱，传承优良的祖训家风，凝固文化之根；三是积极举办维系乡魂的宗族文化节庆活动，完善村内地位最高的清溪祖祠的文化服务功能，将其改造为集民俗文化和日常休闲活动于一体的文化活动中心，同时将清溪祖祠旁的空地作为搭建大戏台的选址，以延续“潮剧”唱戏等民俗。村民定期祭祀、上香等集体节庆活动在重建后的清溪祖祠也再度活跃，孔美村的传统民俗文化氛围得到了极大的复苏与重振（图5-29～图5-31）。

图5-29　孔美村“上灯节”祭拜活动现场

图5-30　孔美村“游老爷”民俗活动现场

图5-31　村民集体节庆活动在重建后的清溪祖祠举行

不仅如此，华南理工大学迅速响应揭阳市委、市政府提出的“乡贤回归”工程，吸引外出乡贤回乡进行产业开发和投资，强化孔美村“亲血缘、重乡情”的地方文化凝聚力，为孔美村积攒了自发展的重要力量，推动乡村从文化生活个人化向集体化的复苏，推动乡村公共精神的建构。

今年是决战决胜脱贫攻坚和全面建成小康社会的收官之年，要千方百计巩固好脱贫攻坚成果，接下来要把乡村振兴这篇文章做好，让乡亲们生活越来越美好。

——2020年5月11日，习近平总书记在山西考察时强调

下篇

启示

第六章
高校扶贫“RAISE”模式

我国传统乡村社区自成一体，村民关系建立在地缘和血缘关系的基础之上，人与人之间沾亲带故，在相同的风俗、习惯、利益规束下长期共同生活、生产，其发展历程决定了公共性广泛存在于我国的乡村社区当中[①]，而乡村社区的温馨、和谐、可持续发展也主要得益于公共性的彰显。公共性是指相对于“私”领域的一系列具有公开性、共有性和包容性的维系公共生活的基本结构和法则[②]。当前我国农村面临的村庄共同体解体、社会“原子化”、公共治理碎片化等问题，成为众多地区致贫或脱贫具有不稳定性的内在原因，这些现象在理论层面可理解为农村公共性的衰落。华南理工大学在参与扶贫工作之初，就致力于重新构建农村社会的公共性，并探索形成高校扶贫“RAISE”模式（图6-1）。

图6-1　高校扶贫“RAISE”模式logo

①吴业苗．农村社会公共性流失与变异：兼论农村社区服务在建构公共性上的作用［J］．中国农村观察，2014（3）：57-64．

②吕方．再造乡土团结：农村社会组织发展与“新公共性”［J］．南开学报（哲学社会科学版），2013（3）：139-144．

高校扶贫“RAISE”模式不但着眼于贫困户个体以及贫困地区发展的现实问题，更强调把贫困地区作为一个有机整体，为当地构建一个组织的“稳态”，当扶贫力量逐渐减少直至撤离后，当地依然具备自我运转、自我管理、自我发展的可持续性的发展能力。“RAISE”模式中，“R”代表再组织化（reorganize），是振乡扶民的路径；“A”代表自治化的（autonomous）基层组织，“I”代表振奋人心的（inspiring）文化基础，“S”代表可持续的（sustainable）人居环境，“A-I-S”构成振乡扶民的行动指引；“E”代表自我实现（ego），是振乡扶民的最终目标（图6-2）。

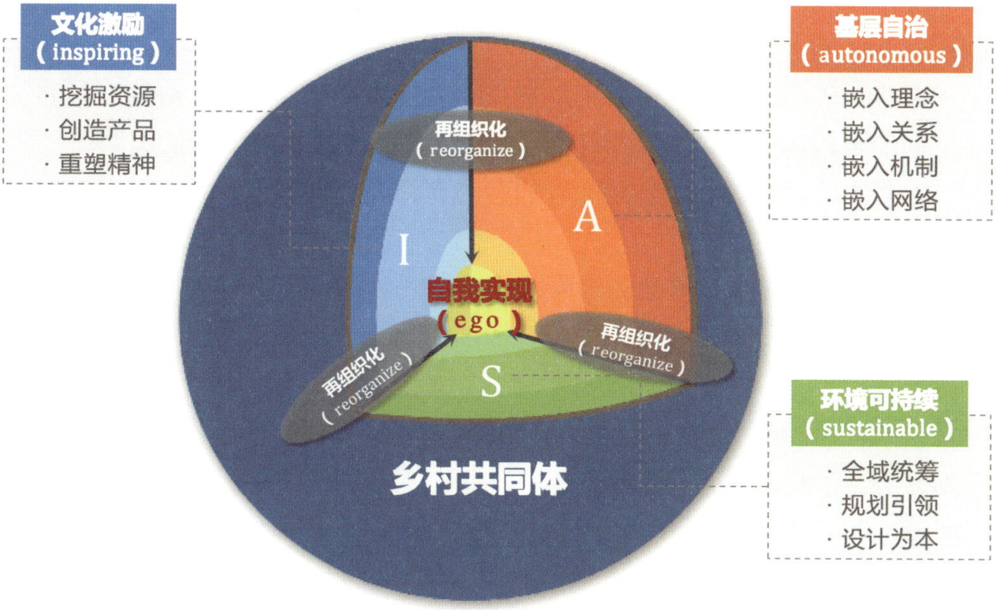

图6-2 高校扶贫“RAISE”模式解构

第一节　路径：再组织化（reorganize）

扶贫参与者是多元的，扶贫模式、机制更是多样的。随着全部脱贫、全面小康目标的实现，特别是我国社会主要矛盾的转化，乡村也从消除绝对贫困的攻坚阶段进入解决相对贫困的常态化新阶段。扶贫模式也从政府主导下的运动式、规模化资源投入的依赖式扶贫向村民主体性、互助式、可持续的减贫模式转变。从政策导向和方式选择来看，以集体性策略实现村民自主脱贫是行之有效的减贫机制。

因此，华南理工大学摸索出一套振乡扶民的高校扶贫“RAISE”模式，旨在推动乡村的公共利益重塑、公共空间再造、公共精神塑造，将“原子化”的个体转变为具备“公共性”的参与者，以此促进乡村社会公共性的达成，重构乡村共同体，推动“无组织”向“有组织”、“弱组织”向“强组织”转变，从而提升乡村社区治理效能，激活自主发展的内生动力。

一、从“无组织”走向“有组织”

当前，乡村逐步进入无组织的局面。中国乡村的组织化是政策主导的产物，历经了互助组—初级合作社—高级合作社的演变过程。乡村的组织化主要还是以“集体经济”为代表，如农民合作社正是一种基于集体经济实现乡村减贫效应共建共享、防止返贫的有效载体和组织形式[①]。集体经济的发展过程与农民从组织化程度较低到较高的演化过程也是完全同步的，甚至在人民公社时期，中国的农民组织化程度达到有史以来的最高点[②]。但随着以家庭联产承包制为核心内容的乡村经济体制改革推行，人民公社解体，乡村进城务工的人口逐渐增多，农民的组织化程度逐步降低。原先形成的乡村集体、乡村集体经济在法律上依然存在，然而所谓的“集体”却大多成了没有

①桂玉．集体性策略下农民组织化反贫困机制的构建［J］．河南工程学院学报（社会科学版），2019，34（4）：11-15，29．

②陈传法．论社区农民集体的再组织化［J］．湖北警官学院学报，2017，30（2）：80-86．

实体组织的“空壳”①。集体经济的缺乏造成了不少“村民富但村集体穷”的现象，作为乡村组织工作最为关键的角色——村集体也逐渐失势，面向村民的组织工作也变得松散。

相较于城市建设，乡村的建设往往较为滞后，缺乏有效的科学理论指导。尤其是乡村理论研究的匮乏导致乡村建设存在一定的盲目性，因此不论是以集体经济为基础的组织形式还是以基层建设为重心的组织形式，如今都难以充分发挥“组织化”的关键作用。乡村经济社会精英流失导致村级组织治理能力弱化，治理主体“缺位”，乡村治理陷入“无组织”困境②。

由此看来，乡村亟须回到“有组织”的状态，及时引导和修正方向，不仅基层组织不能缺位，而且有必要重新调动民间组织的能动性。为改善村民的分散性和乡村的无组织状态，推动乡村个体利益和集体利益的表达机制重新构建，华南理工大学深入帮扶地区，探索学校扶贫模式，以“再组织化”（reorganize）为路径，从多元化的个体诉求出发，围绕居民自治的核心嫁接社会多股力量，将社区、政府与社会组织有效地组织起来。华南理工大学振乡扶民工作的最终落脚点在于乡村社区公共性的建设和达成，使乡村社区从“无组织”向“有组织”转变，以求呈现出个体发展与基层治理均衡发展的乡村振兴面貌，使村民个体在满足多样化需求的过程中找到其主人翁角色。

二、从“弱组织”走向“强组织”

当前，乡村还面临着“弱组织”的困局。“宗族制度”作为乡村组织化的一股关键却隐性的非正式力量，扮演着极其特殊的角色。宗族作为中国传统社会的血缘关系组织在基层治理中发挥着重要作用，族长的领导力极大地促进了集体议事与行动，宗族族规、乡规民约的建立进一步推动了乡村社会秩序的建构及组织化工作。但宗族制度发挥效力的前提是村庄结构的封闭性，即村民留在村庄，不为更好的外部机会所干扰，在这种情况下这种宗族文化引领的非正式制度才能够为村里人所遵守③。

随着改革开放、市场经济和城市化的冲击，乡村结构的封闭性被打破，

①蔡立东，侯德斌．论农村集体土地所有权的缺省主体［J］．当代法学，2009（6）：78.

②杨帅，温铁军．农民组织化的困境与破解：后农业税时代的乡村治理与农村发展［J］．人民论坛，2011（29）：44–45.

③贺振华．转型时期的农村治理及宗族：一个合作博弈的框架［J］．中国农村观察，2006（1）：24–29.

部分村民寻求到更好的外部机会，个人可支配资源增加及个人意识增强，导致组织村民的工作更为困难。随之而来的便是乡村集体意识和集体归属感的消解，乡村由此也出现了诸如年轻人外流、邻里关系淡薄、凝聚力低弱、文化消减等各种问题。中国乡村的宗族组织从兴起到衰落，当前又进入一个新的复兴阶段，它的积极作用与消极作用并存，虽然这有利于乡村传统的传承、乡村社会的稳定，但同时也影响着乡村基层政权及社会主义精神文明的建设①。

以往乡村的"组织化"主要以政府通过一定的制度安排给予乡村组织以合法性及各种政策支持，国家给予其一定的参与空间，并特别强调要保证其参与的可控性和有序化，从而实现相对稳定的国家与乡村社会关系②。通过组织化的方式实现对贫困群体的赋权，有助于建立可持续减贫的组织体系，强化村民的组织依托。在此过程中，既要以再组织化为手段，还要以"强组织"为长远目标，以推动乡村的组织化状态从"无"和"弱"向"有"和"强"的状态转变。

首先，高校扶贫应以再组织为手段。从地方政府视角来看，主政方希望与新兴的社会力量进行合作，进而实现维持基层社会秩序的目的。从基层治理逻辑来看，只有不断探索和创新乡村治理的新机制，才能更好地应对日益复杂多变的乡村经济与社会变化。对此，扶贫的主旨则是在实现社会"有序"治理轨道的前提下，鼓励地方积极创新，组织不同社会力量积极参与社会治理，把新发展起来的社会力量纳入基层党组织可调配的资源体系中，提高基层社会治理的"活力"。对于高校来说，再组织化的手段则是一个作为"外来组织"的媒介进驻乡村，为乡村嫁接各类资源的过程。华南理工大学正是基于高校的社会角色和职能，以"培育"（"RAISE"）作为振乡扶民的关键点，以园丁的角色自视，在地区培育的过程中"以树木之法树人"，去粕存精（疏枝剪叶）、对接资源（嫁接良枝），直到受帮扶地区"枝繁叶茂"、自主生息。

其次，高校扶贫应以强组织为目标。积极参与扶贫是高校的责任和担当，作为高等教育的主阵地，高校拥有丰富的教育资源，在振乡扶民中发挥

①寇翔．宗族势力复兴在乡村治理中的作用分析［J］．中南民族大学学报（人文社会科学版），2005（3）：23-26.

②王萍，吴晨．再组织化与村庄治理：农村商会的生发机制［J］．浙江工业大学学报（社会科学版），2019，18（4）：429-434，441.

着不可替代的作用。要实现2020年农村贫困人口全部脱贫和全面建成小康社会的目标，必须构建包括高校在内的全社会广泛参与的大扶贫格局①。高校在精准扶贫中具有突出的优势，作为没有直接利益关联的介入主体，高校能以更客观的身份为地方精准扶贫带去理念、知识、技术、人力、资金和服务，以研究与实践相结合的方式，“将科研成果写在祖国的大地上”。高校在精准扶贫当中既能实现“育人”“育产”，还能帮助地方厘清政策环境，实现高位对接。因此，华南理工大学在帮扶过程中扎根基层，充分发挥高校的“桥梁作用”，通过双向衔接的方式推动帮扶地区的全域治理，以消除“致贫因素”、打通“治理体系”、搭建“共建平台”，积极触发基层组织、理事会、农民合作社等乡村组织在乡村治理中的作用，以推动地方扶贫实现从“输血”到“活血”再到“造血”的进阶演化，持续性地回应自主发展与强组织的目标诉求，最终促使乡村在外来帮扶力量退出后依旧能够保持自我发展能力和葆有自主能动性。

第二节 着力点：乡村公共性（A-I-S）

乡村公共性需要以公共利益为纽带，以谋求公共利益最大化为主旨。乡村公共空间是乡村社会公共性的承载物，而公共精神是道德规范公共性、乡村社会公共性的流动载体，可以传递和创造公共意识。高校作为教育工作者介入扶贫工作，更加注重村民的教育、培训和内化，以乡村公共性为核心理念，以乡村基层组织、乡土文化和人居环境三个方面为抓手，依循“四个嵌入—三个面向—三个突破”的高校扶贫“A-I-S”行动指引，重塑乡村公共性，构建新时代下的乡村共同体。

一、基层自治（autonomous）

自治就是以公民为主体，由社会多个主体共同参与群众服务和社会公共事务管理，这不仅体现了法治的民主化，还有助于形成社会治理人人有责、

①积极参与扶贫是高校的责任和担当［EB/OL］.（2019-7-2）［2020-8-30］. http://newspaper.gzu.edu.cn/html/paper/2019-7/2/5111.html.

人人尽责的局面。实现乡村基层自治，需要依托乡村公共性组织，它是指社区成员为达成公共事业与公共利益，以平等、合作、参与等公共精神和公共规则为原则而自发形成的团体或组织①。高校通过资源“嫁接”“四个嵌入”的方式，整合“个体—集体—群体”多层次需求，逐步引导和推动乡村社区具备公共性的原生组织成长和转型，最终推动乡村公共利益的实现。

（一）嵌入理念，输入柔性资源

华南理工大学十分注重对致贫原因的诊断，在正式开展扶贫工作前，首先将妨碍扶贫工作的消极影响因素予以排除。例如，华南理工大学在帮扶孔美村过程中，先将该村的“毒瘤”根除，使当地恢复持续成长的能力，具备基本的自我发展基础。

华南理工大学作为高等教育机构，具有明显的平台优势，拥有丰富的政府、校友企业、社会团体等多类型资源，且资源柔性较高，使学校在资源共享、资源整合和资源输入方面都具备了先天优势。华南理工大学针对各类资源组合构建了不同的“资源包”，为帮扶地区提供了丰富的选择空间，适应了不同类型贫困地区的需求。

（二）嵌入关系，嫁接亲和性资源

贫困地区多是由于资源匮乏或资源挖掘能力不足而导致“显性”资源短缺，因此，不同扶贫主体进入贫困地区后的首要工作就是挖掘资源，这一阶段的发力点主要在乡村的“个体”上，重点包括村干部、乡村精英、贫困户等个体，应与其构建起紧密的信任合作关系。

为确保资源具有有效性，华南理工大学在输入资源时，首先考虑资源输入的“亲和性”，即其与村落本身能力及需求的匹配程度。华南理工大学倡导的是一种“导师化”的陪伴式帮扶，其中学校党政机关领导等一类的“军师团队”，为贫困地区的长远发展勾勒战略性蓝图；专家学者一类的“技术导师”，为破解贫困地区脱贫致富的技术性难题提供智力支持；驻村第一书记这一常驻当地的“生活导师”，扎根在当地手把手教给村民自我管理、自我发展的技能。这些具有较高亲和性的资源本身就拥有丰富的“磁性”，能够推动贫困地区发掘更多自身拥有的潜藏资源，形成“资源的发酵”。

①李远，崔月琴．公益组织参与农村公共性建构的内涵、困境与出路［J］．江汉论坛，2019（11）：116-122.

（三）嵌入机制，挖掘黏合性资源

当资源嵌入乡村后，还需要提升其黏合性，使得资源不易“脱嵌”。华南理工大学在引入资源后，致力于协助帮扶地区构建起相对稳定的利益联结机制。尽管乡村社区中宗族组织、基层党组织等既有组织承载着部分公共性，但公共性缺失和异化的问题依然存在。因此华南理工大学在推动帮扶地区基层自治化的过程中，并非完全舍弃了乡村既有的公共性组织，而是基于乡村社区原生组织的特性，构建了一个自下而上的“参与阶梯”，使得不同类型的村民均可在集体舞台上找到自身的位置，在村民与村民、村民与政府及企业等主体之间构建起相对稳定的关系链条。

（四）嵌入网络，培育成长性资源

2020年是全面建成小康社会和打赢脱贫攻坚战的收官之年，我国广大乡村面临着脱贫攻坚与乡村振兴有效衔接的问题。当扶贫工作完成后，受帮扶地区最终面临高校扶贫力量逐步退出的问题，因此村庄的成长性将影响其能否扎实地从脱贫攻坚走向乡村振兴的道路。华南理工大学高校扶贫“RAISE”模式旨在协助构建起当地村民与相关资源间相对稳定的关系与机制联系，有意识地培养当地村民的自主意识，同时最大限度地发挥他们的主观能动性，使村民个人得到成长。不仅如此，乡村建设的成果需要惠及乡村本身，使乡村形成自我生长的良性循环。

在乡村社会内部，华南理工大学以社区营造的方式激发村民的自主参与意识，通过基层党组织与传统组织相结合的方式培育起帮扶地区的组织结构的先进性，以获得更广范围的群体认同，并使两类组织在对外关系上肩负起关于家乡发展的社会责任，在更广的平台上形成公共品牌并参与公益事业，构建起属于村落内部的社会关系，为其积累坚实的社会资本，从而增强其应对风险的能力，成为新时代的“有为集体”。

二、文化激励（inspiring）

乡村社会的公共精神可以说是乡村社会的“灵魂”，公共精神的缺失有可能阻碍村民对个人或集体行动做出正确的价值判断。乡村社会逐渐显现出人情淡薄、利己主义甚至尔虞我诈等不良风气，这同时也是当前乡村社会缺乏发展内生动力的重要原因。因此，开展乡村建设的首要任务并非建房和修路，而是恢复公共精神①。公共精神的重要表征，就是地方文化。“文化是依赖象征体系和个人记忆而维护着的社会共同经验”②，这说明新时期从乡村文化建设到村民的文化认同，并非依靠外来主体父爱式的“输入”就能实现，而是需要与当地村民在实践中共同“再造”。华南理工大学基于“三个面向”，促进贫困地区的文化治理，通过扶贫实践与资源整合构建起文化扶贫的组织化过程，推动贫困地区文化传统、文化经济与文化精神三个要素的再造，最终培育起当地人民自我组织、自我发展、自我治理的内生动力。

（一）面向历史，挖掘资源

我国传统乡村是典型的熟人社会、人情社会，其社会关系建立在血缘之上，构成了一张复杂、融合的关系网，保障着乡村社会生产生活的日常秩序，并形成了较为强烈的地方性。但随着社会经济的不断发展，乡村传统的生产生活方式逐渐瓦解，人情关系趋于冷淡，互惠理性逐渐消失。而适应当前时代发展背景的新精神、新文明尚未形成，导致村民精神世界呈现“真空”和“失重”的状态。

地缘是血缘在空间上的表现形态，也是血缘交叉与融合的场所，为乡村共同体和新公共精神提供了成长的载体。华南理工大学介入帮扶地区后，首先帮助村民“认识自我”。通过开展广泛的基础性调研以及深入的历史研究，全面挖掘帮扶地区的文化内涵，梳理“文脉”，通过对文化反复、深入的灌输、传播和强化，使得村民对自己家乡的文化有更加深刻的认识。以此为基础，进一步通过党建引领，促进乡村凝聚力上升为国家凝聚力，将政治自信与政治认同融入乡村文化生活、文化经济与公共精神之中。华南理工大学还充分发挥自身在规划与设计领域的特长和优势，将当地特色文化纳入当地的组织建设和空间规划中，将文化元素固化到各类基础设施、公共空间中，把文化内涵外化为地缘层面的表征，使得这部分传统文化的精髓化作春风细雨，浸润村民的精神世界。

（二）面向现在，创造产品

要激发文化活力，就需要赋予文化与时代“对话”的能力。既往的乡村文化资源往往“躲在庙堂内”，为乡村社会内部所共享。业缘是在资本和市

①Schattschneider E E. Ethical standards in American public life // Political parties and the public interest［J］. Annals of the American Academy of Political & Social Science，1952，280：18-26.

②费孝通. 乡土中国［M］. 北京：北京大学出版社，1998.

场要素开始介入乡村社会后所产生的新型乡村社会关系的“血脉”。所谓的业缘，是在亲缘和地缘关系基础上，通过相同或相关的职业、产业所形成的社会关系①。由于它建立在资本和市场规律之上，因此它比传统的地缘关系更富有柔性，更能加固地缘关系。

华南理工大学尝试将乡村当地的特色文化创造性地转化为文化产品，通过“产品研发—产品组合—形象构建—渠道开拓”等体系化的发展思路，推动文化价值与市场价值同频共振，将文化资源固化成乡村的业缘关系，促进乡村社会关系走向稳定与发展。

（三）面向未来，重塑精神

新时代下的乡村亲缘关系不再单纯以血缘为纽带，而成为一种以公共利益为核心的社会关系。随着乡村社会走向开放，政府政策、社会资本、社会团体等外部要素逐渐流入乡村，但是市场化发展也对乡村公共精神的重塑带来了一定程度的冲击。乡村从稳定脱贫走向乡村振兴，离不开农民“精气神”的提振，这就需要为乡村重新构筑起能够协调多元参与主体、彰显公共利益的亲缘关系，它既是乡村地缘、业缘的粘合剂，又是真正实现乡村振兴的文化母体。

华南理工大学尝试通过组织化建设，包括构建人才队伍、强化文化公共服务、协助制定村规民约等方式，重新凸显村民在乡村建设中的主体地位，提升村民“自己发展自己、自己振兴自己、自己治理自己”的潜在能力。

三、环境可持续（sustainable）

乡村社区公共空间是乡村社会中不同主体基于公共性需求，按照社会人际交往规则进行社会活动和思想交流的公共场所②。但是乡村公共空间并不是一成不变的，它会随着乡村社会需求的变化而变化。华南理工大学从“全域—社区—民居”三个层面实现突破，通过人居环境建设，为乡村组织化建设提供一个稳定的、可持续的公共空间载体。

（一）全域统筹突破部门壁垒

当前乡村发展普遍面临发展不均衡的问题，这也是精准扶贫工作需要重

①孙婧雯，等．农旅融合视角下新型乡村社会关系架构及提升路径：以浙江金华陈界村为例［J］．地理研究，2020，39（3）：696-708.

②吴业苗．农村社会公共性流失与变异：兼论农村社区服务在建构公共性上的作用［J］．中国农村观察，2014（3）：57-64.

点突破的瓶颈。在实际扶贫工作当中，乡村潜在的扶贫资源并不缺乏，但是缺少有力的“指挥棒”将分散在不同主体间的资源整合起来并形成合力。

华南理工大学提出以全域旅游引领地方发展的思路，其重点在于有效借力，在资源和资金有限的情况下，最大限度地整合现有资源，发挥最大的扶贫效用。首先，从全域旅游的战略性规划入手，提供包括战略定位、行动抓手、实施路径全链条化的战略指引，形成“一张蓝图干到底”的行动魄力。继而以全域旅游作为切入点，突破政府部门在实际工作中的条块化惯性，尽可能地在基层层面统筹各部门资源以推动乡村建设。同时兼顾当前经济发展和生态可持续发展的需求，最终实现更大范围内的乡村公共空间的共建共享。

（二）规划引领突破社群壁垒

乡村公共空间对于促进乡村社会关系的稳定、提升乡村社会资本、促成集体共识、提高乡村自我管理能力、强化乡村地方认同等方面都具有正向作用。传统农业社会中，乡村公共空间主要为村中祠堂、寺庙、社戏场所等，其后逐渐转变为学校、稻场和麦场等，发展到今天的大树下及河道旁的空地、小卖部等场所，这些地方是村民参与乡村公共事务等社会生活的主要场所，乡村的许多公共议题正是在“田间地头”得到解决的。然而随着乡村社会的“原子化”，乡村公共空间趋于小型化和碎片化，使得村民变得不爱踏出家门参与公共事务，乡村社区关系开始疏离。

华南理工大学在开展帮扶工作时，十分重视乡村社区层面公共空间的营造。首先，通过“三清三拆”的方式，对不适合乡村发展的公共空间进行改造，为村民营造一个安全的居住环境；其次，通过新公共空间的建设，促使村民走出家门与邻里互动，重新构建社会关系；最后，通过村落文化元素与公共空间的叠加，将当地文化的精神内涵外化为物质空间，为村民营造一种健康、舒适、积极向上的居住氛围。

（三）设计为本突破主客壁垒

在乡村中，生活性的公共空间是最为常见的，它可以是村口的一口老井或一棵老树，也可能是某户人家的院落。这些空间都与村民息息相关，是乡村生活方式的具体载体，彰显着乡村生活的独特魅力。乡村社会经济的发展要求乡村传统民居与私宅更多地去承载乡村公共参与、公共活动的需求。将村民的公共参与需求融入乡村日常生活当中，既有利于满足村民对乡村人居环境的功能性需求，又能够营造乡村的地方感。

华南理工大学在开展乡村民居改造过程中，注重乡村民居在空间、功能、社会关系方面的协调。规划团队认为，“乡村需要的不是具体的，而是一个能够适应村民不同生活需求的改造设计导则”。因此，最后采用功能需求模块化的“5+N”改造策略，其中“5”是指村民的5种生活居住功能，“N”则承载着村民包括生活居住功能和多元的生产功能在内的多种功能。民居的改造整合了村民在私人空间与公共空间上的需求，突破了主客之间的需求壁垒，从而提高了村民参与公共事务的积极性。

第三节 目标：内生动力（ego）

随着扶贫攻坚进程步入决战决胜、全面收官的关键阶段，依靠外来主体供给支持的扶贫措施已不能满足贫困地区可持续发展的需求，未来需以公共性建设实现个人目标与集体目标的统一，肯定集体利益实现过程中个人价值的作用，提升自主发展能力和内生动力，实现“人人相善其群”的图景，以巩固脱贫成效，促进乡村振兴，这是华南理工大学振乡扶民的最终目标。

一、“自我实现”奠定“集体认同”

根据马斯洛需求层次理论，人人都有自我实现和保持独立人格的需要，从这种需要出发，就有了自主管理的概念①。而在集体中体现个人价值，是促进自主管理、自觉维护集体利益的重要途径。伴随自我价值在集体中的实现，自我价值感和集体荣誉感也油然而生。这些情感体验促进自信、自尊和自强的产生；反之，则易产生自卑感，自暴自弃②。这一现象在孔美村尤为突出。在华南理工大学帮扶团队进驻之前，全村弥漫着禁毒的压抑氛围，村民不愿走出家门，不认同自己作为孔美村村民的身份，自我封闭。因此，要从根本上改变孔美村的精神面貌，推动其可持续发展，还需要对村民进行“心理建设”，提升全村的个人认同感和集体认同感。

①霍双．行走在个人价值与集体意志相统一的路上：教师内驱动力激发的根本性策略初探［J］．中国校外教育，2016（31）：33，36.

②林崇德．心理学大辞典（下卷）［M］．上海：上海教育出版社，2003.

马克思主义自我实现观阐述了“自我”与“集体”的辩证关系，强调了人类社会发展进程中人的自我实现是历史的、社会的，只有把自我实现与社会发展统一起来，保持个人价值与社会进程的一致性，才能实现自我、完善自我。换言之，集体作为人的共同体，是每个人生活的社会舞台。集体不仅是维护自我生存和发展的保障，也是个人自我实现的条件和手段。个人与社会集体之间是相互依存、相互作用的。个人依赖于社会集体，社会集体使个人得以生存，使个人的能力得以发挥和增强，使个人的利益得以实现，并为个人全面的自我发展创造了条件①。

在理论指导下，华南理工大学通过构建贫困地区的公共性来满足、发展、激励人的需求，进而提高人的积极性、能动性。在公共性的培育过程中，强调既要实现集体利益，也要实现自我价值，创造个人认同感。一旦个人价值在集体中充分体现，便能够激发个人对集体的认同感，让他们关心身边事，并自觉维护集体利益。例如，华南理工大学在人居环境的工作上，采用动员的方式让村民积极参与到本村人居环境的治理工作中，促进他们在公共事业中发挥自身作用，从而增强村民的主人翁意识。“主人翁”身份的转变又标志着“公共人”身份的树立，它激发了个体的归属感、幸福感及集体荣誉感，促进村民自觉维护共建成果和共同利益，并激发出他们的自我发展诉求和内生动力，最终形成集体合力，积极实践自我“造血”。

二、“文化自信”凝聚“集体力量”

文化认同是文化自信的基础和源泉，作为一种基于对民族自我价值、自我能力和自我发展前景的自我肯定并坚定执行的强大精神力量，文化自信是推动全面深化改革最基础、最深厚、最持久的精神动力，是全面深化改革的思想源泉，是全面深化改革方法论的智慧来源②。文化认同，是人们在长期共同生活中所形成的对本民族最有意义的事物的肯定性体验，其核心是对一个民族的基本价值的认同，是凝聚这个民族共同体的精神纽带，是这个民族共同体生命延续的精神基础。文化自信，是一个国家、一个民族、一个政党对自身文化价值的充分肯定和积极践行，是对自身文化生命力的坚定信念。对比两者的概念，文化认同侧重于对同一种价值观的认知和归属，文化自信

①刘世玉．论自我实现与集体主义价值观［J］．辽宁税务高等专科学校学报，2001（1）：45-47.
②舒隽．文化自信：全面深化改革的强大精神动力［J］．求索，2018（5）：39-47.

则侧重于文化功能作用的发挥，即在认同的基础上民族精神力量的凝聚及调动。从历史过程来看，文化认同和文化自信是文化发展问题的两个方面，文化认同过程之中产生文化自信，文化自信又带来更高层面的文化认同[①]。

2013年底，党的十八届三中全会提出了全面深化改革的总目标，即“完善和发展中国特色社会主义制度，推进国家治理体系和治理能力现代化”，其中国家治理体系、治理能力的构建与培育得到前所未有的重视。具体到文化领域，全面深化改革过程中对治理问题的关注也孕育了“文化治理”“文化治理能力”等概念。文化治理是形塑内生秩序的有效方法，而流畅的运行秩序是乡村可持续发展必需的状态。

在积极承接定点帮扶工作后，华南理工大学在实践中逐步识别根源性问题，试图通过文化治理手段重构地方秩序；并借助“文化治理”方法，形塑集体主义伦理原则，树立集体的文化自信，以将长效扶贫机制通过“内化”形式固定下来，从而防止扶贫后时代由于高校等扶贫主体的退出导致出现再度返贫的情况。贫困地区的优秀传统文化为文化治理工作奠定了良好的基础，也是涵养文化自信的沃土。华南理工大学以社会主义核心价值观为引领，试图挖掘传统文化精髓，促进传统文化与现代文化的衔接，转变成容易为当代人“消化”的形式，逐步将“共同的文化”塑造成“共识的文化”。集体性文化认同的形成，将激发文化自信所蕴涵的强烈发展愿望，壮大乡村振兴的群众队伍，凝聚强大的精神动力。

①增进文化认同 坚定文化自信［EB/OL］.（2016-10-27）［2020-8-30］. http://theory.people.com.cn/n1/2016/1027/c49157-28812758.html.

第七章
希望的田野：高校扶贫在路上

扶贫是一项目标明确、工具清晰的“技术性”增收工作，需要嵌入多元治理主体构建、乡村治理与发展、城乡一体化协同发展、减贫国际化合作等环节中。乡村振兴战略指明了我国实现乡村现代化发展的方向和目标，如何推动脱贫攻坚与乡村振兴的有机衔接也成为“后2020”时代实现贫困治理现代化的重要话题。在新时代的乡建背景下，高校依旧是乡村振兴中的重要角色，与全社会一同守望着乡村更加灿烂的未来。

第一节　衔接后扶贫时代：减贫、城乡融合与社区营造

“后2020”时代，如何防止贫困反弹并实现扶贫效果长久化、制度化，成为政府及社会各界必须面对和考虑的战略性问题。在全面建设小康社会的决胜阶段，实现脱贫不返贫、持续减贫与乡村振兴战略的有效融合，对于破除城乡二元体制、构建科学乡村治理体系、实现共同富裕均具有重要意义。

一、减贫治理：解决相对贫困问题的基础

脱贫攻坚解决的是处于绝对贫困状态这部分群体的脱贫问题，随着2020年绝对贫困的消除，扶贫工作的重心将转向相对贫困。党的十九届四中全会提出，要“打赢脱贫攻坚战，建立解决相对贫困的长

效机制”。相对贫困是一个持续存在的现象，它只能在贫富差距逐渐缩小的过程中得到缓解，这说明“减贫”将作为扶贫后时代的一项任务长期存在。持续推进乡村的减贫治理工作，保障其连续性与长效性，将成为衔接扶贫后时代的重点任务。

减贫治理工作的持续推进实际上是不断缓解相对贫困这一问题的基础和保障。过去往往将脱贫攻坚与乡村振兴关系简单理解为“先脱贫，后振兴”的线性过渡关系，然而目前正处于现代化进程中中国乡村建设的转轨阶段，为契合中国乡村治理的时代性，有必要打破这个认知。从更宏远的时空范畴来看，乡村落后产生于相对贫困的加重和现代化治理的不科学，扶贫后时代乡村建设既需要将重心从小众脱贫转向大众减贫，也需要从科学理性治理的角度出发，不断改善乡村的现代化建设方式。

二、城乡融合：推动乡村同步发展

乡村振兴以实现城乡融合为关键目标，其实质是通过乡村偏向的战略导向对以往城市导向的发展思维的纠正[①]。城乡发展不平衡、乡村发展不充分等问题最终影响的是社会经济可持续发展。随着新一轮户籍制度改革的开启、农业农村投入规模的不断扩大、乡村公共服务体系的不断完善，城乡融合有了更扎实的基础。“城市”与“乡村”的融合是基于经济基础的文化和社会的融合，它更是检验整个中国社会经济结构科学性、社会阶层分化合理性、全面小康社会甚至共产社会达成性等方面的重要标准。

新时代的乡村建设强调的是对乡村特质的保留，因此城乡融合不能让乡村掉入乡村城市化的陷阱中，更不能将乡村文化原封不动地保留传承而使其脱离现代文明。其关键应是推动乡村文化与现代文明的接续并进。乡村无法脱离城市，它必须在与城市的联系中不断形成对自身时代意义的认知，因此也需要乡村将城市视为其在社会结构杠杆上的合作者，实践与发挥好城市在乡村振兴中无法被取代的角色与功能。

①张英男，等. 城乡关系研究进展及其对乡村振兴的启示［J］. 地理研究，2019，38（3）：578-594.

三、社区营造：实现乡村自治的手法

在脱贫攻坚的阶段性任务结束之后，乡村将面临帮扶力量、社会外来力量撤出后其自身是否具备能力去达到自我振兴、自我发展、自我治理的考验。因此，在新背景和新条件下，衔接扶贫后时代及乡村振兴下一阶段的重点方向，仍需以激活与利用乡村本土资源及内生力量为主，既要重视减贫治理的体制机制建构，也要从更系统的层面看待乡村未来的社区化发展问题。

当前新型农村社区这一惠民政策主要改善的是乡村居住环境和基础设施，但在实现乡村的“景美”“设施美”之余，还要进一步推进“人美”的实现。社区营造是一种乡建理念，也是一种乡建手法，需要兼顾社区居民需求的满足（人）、历史文化的延续（文）、地理特色的维护（地）、在地产品的开发（产）和社区景观的创造（景）等功能。乡村振兴路径的实践已经从资源活化转向主体活化，下一步还要从实现乡村自治、自组织、自发展的方向推动乡村进入社区化建设的轨道，实现社区主体、文化、人居环境、产业等各方面资源的机动对接与嵌入。社区营造通过社区“造人”以及“社区人才培力”，构建出一套乡村社区居民参与、社区自我持续发展、不再单纯依赖外部力量的自治机制，真正调动居民的主体性与参与性，实现“人美”的目标。

第二节　演好新角色：寻找高校扶贫的新坐标

能力的缺乏，是乡村长期落后、难以摆脱贫困境地的主要因素。“唯有教育，可拔穷根”，高校正是在这里找到了助力脱贫、服务社会的发力点。扶贫领域的拓展，其实是高校服务社会领域的进一步拓宽，越来越多的高校走出校园孤岛，深度融入国家经济与社会建设，其价值作用也被社会重新认知。

对于乡建来说，这是最好的时代。高校配合国家和社会在政策、资金、资源等方面的支持，为帮扶乡村搭建了一个宽松的舞台，普遍达成了良好的脱贫成效。高校扶贫工作集中央意志、国家战略、政府行为、全社会责任于一身，大任当前，各高校无不保持高度的政治站位，把振乡扶民作为一项重

要政治任务加以对待和落实，将扶民助民、产业扶贫、教育扶贫等活动与本校的学科专业建设结合在一起，在收获服务社会的成就之余反哺高校建设。在新时代，支持乡村振兴战略的实施与推进，持续深化贫困地区人才与制度化建设工作，以组织化促成乡村公共性与自我发展的目标的实现，将成为高校持续关注的课题。

一、乡村振兴的智囊团

高校智囊团是智库体系中的重要角色，是学术知识与国家政策之间重要的沟通桥梁，也是推动政策实施落地的重要驱动力。未来我国持续减贫与乡村振兴目标的实现，离不开高校智囊团的参与和支持。

高校智囊团始终需要立足于学术高地，以国家政策与发展目标为核心，提出具有前瞻性、可持续性的长效发展建议与战略计划。目前，高校的角色正逐步从扶贫工作中的协助力量向核心力量转变，在扶贫中发挥着越来越重要的作用。与此同时，受各高校定点帮扶村落的模式及决胜脱贫攻坚任务的目标的影响，在时间与绩效的考量下，高校智囊团更加关注项目短期落地的可行性与其扶贫效益的大小，而忽视了乡村外来力量脱嵌后项目的可持续性与国家政策长远目标的实现的问题。在长效发展计划的制定与实施上，高校智囊团在能力与属性上相较于政府机构都更具优势。在能力上，高校智囊团具有多学科、多领域、人才聚集的复合性优势，能够对政策目标进行全方位、多视角的解读并提供完整的解决方案。在属性上，高校智囊团相比于政府公职人员、企业扶贫机构等，更具稳定性与持久性，其人员流动率低，团队认知能够长期保持高度一致，有利于持续、稳定地推动计划实施、促使目标实现。因此，高校智囊团必须充分发挥自身在学术理论上的高度与优势，为乡村振兴提供长效可行的战略项目计划，跳出“短效项目”的陷阱，更好地为乡村振兴与持续减贫奉献力量。

高校智囊团仍要继续踏足扶贫前线，以满足贫困农户的真正需求为原则，制定具有针对性、科学性和亲民的决策建议。学术理论与现实实践必然存在距离，高校既要看到扶贫政策的长远目标，也要关注贫困农户的短期诉求，既要放眼未来，也要脚踏实地。高校作为学术高地，远离政府体制机制，在贫困农户眼中是真真正正的“外来人”与“读书人”。相比于政府公职人员、企业扶贫机构，高校扶贫力量在身份角色层面更容易得到贫困户的信任与接受，也更容易与贫困户进行深入的交流，建立稳固的关系，发现贫困户的真实诉求。因此，高校作为扶贫与乡村振兴中越来越重要的核心力量，必须坚持走入帮扶一线，在扶贫政策实施、落地的前沿发现问题，在实地调研与考察中找出解决方案，切实满足乡村振兴过程中不同主体的真实诉求，从而提高乡村振兴下一步工作的针对性与有效性。

二、乡村治理的人才枢纽

持续发挥高校的人才枢纽作用是高校参与扶贫工作的应有之义。衔接扶贫后时代，高校应持续对接乡村人才需求，充分利用高校自身的人才体系与高校之间的人才网络，为乡村发展提供一个持续的、联动的、共享的人才资源库，实现一站式、链条式的人才输送。

高校作为我国教育体系中的终端组织，担负着直接为社会培育人才和输出知识的责任，在参与社会帮扶（尤其是在扶智扶志方面）中其可谓是基础性的中坚力量。在乡村建设的道路上，高校将始终是一个为乡村把守门哨的智库队伍，不断地为乡村调配高契合度、高质量、高水平的人才资源。许多高校教师及科研人员，将研究课题带到田间地头，将智库智慧、研究成果与专利在帮扶地转化为现实的生产力。高等教育从精英教育向大众教育推进，有知识有技能的高校毕业生不断增多，为乡村基层一线提供了较为丰富的人才储备[①]。高校要充分发挥其多学科、多领域的人才优势，根据乡村实际的人才需求，抽调各学科的优秀人才形成具有针对性的人才队伍，实现一站式、链条式的配套人才输送。

高校要充分利用其人才网络，发挥人才调配库的作用。高校形成了一个囊括学校党组织、教职员工、五湖四海的学生、遍布全球的校友等多层次的专业性人才网络，能满足乡村减贫治理、社区营造、城乡融合等不同层面的人才需求。高校联动社会资源，进而形成体系化的人才库，为乡村扶贫与发展提供了支撑力量，已然成为乡村治理的人才枢纽站。在后扶贫时代，高校需扮演好在建设乡村美好未来中的新角色，一方面需要持续对接乡村治理的人才需求，在提升村两委为代表的基层治理能力、多元自组织发展及治理能力、村民参与治理能力等方面为乡村输送高质量的人才队伍，持续推进乡村的制度建设与内生能力培育，激活乡村各类组织的治理能力；另一方面，高

①李义良，奉公．高等院校培养服务基层人才的责任与作用：以大学生村官计划为例［J］．江苏高教，2016（4）：88-91.

校需要充分利用自身的关系网络，通过高校关系网络、专家学者网络、校友人脉网络，调动高校资源、人才资源、社会资源参与到乡村扶贫、治理工作之中，为乡村发展提供多元的人才力量。

三、乡村建设的导师

高校学者的智慧一直伴随着乡村建设。近一个世纪以来，乡村发展问题始终是学界关注的重大问题。从梁漱溟的新乡村建设运动实践，到费孝通的江村调查及小城镇理论的提出，高校学者的研究与探索为政府科学决策提供了依据，为乡村的进步打下了基础。当前的乡村，内外情势都发生了前所未有的变化，乡村贫困治理的难度显著增加，乡村治理的目标定位已然大大地超越了往昔。“乡建”问题的复杂性决定了新时代的乡村治理需要聆听包括高校在内的众多学科领域专家学者的声音。

高校拥有关于乡村组织建设、文化传承与活化、人居环境、产业发展等多个领域的人才资源，通过组织化的方式，高校能够将外部资源引入乡村建设的实践之中，使其在乡村中拥有合适的定位。同时，持续开展教育、培训，连贯地培育村民的自我发展能力，为乡村公共利益的形成奠定基础；通过人居环境改善、产业帮扶等方式提升村民自我发展的动力，为乡村公共空间的形成奠定基础。通过文化传承与活化强化村民自我发展的精神动力，为乡村公共精神的形成奠定基础。高校就像一位从城市来到乡村为村民授业解惑的导师，传授村民生存发展的知识与能力，塑造村民坚韧向上的精神与品格，使村民具备自我减贫与治理的能力、找到内生发展的长效路径，为乡村振兴、治理与建设指明了方向。

为振乡扶民找寻更加厚重的经验和知识支撑体系以及更科学、更理性的方法与路径、保证决策的科学理性等，这些都不能缺少高校团队的理论支持与实践参与。未来，深化高校作为乡村家园发展的导师身份，还要实践两个层面的智慧指导。一方面，要对标乡村目前仍然需要补足的发展短板，实现乡村自我发展的最终目标，从高校中选配适合的智库力量加以指导；另一方面，智慧型技术与渠道在推进乡村的现代化治理过程中有较大的应用空间，将高校服务通过大数据、互联网等信息渠道注入乡村，有助于实现高校帮扶乡村的常态化与即时落地性，继而继续深化组织化介入乡村的方式，从而及时指导乡村公共利益、公共空间、公共文化等各方面事务的建设，不断促成乡村的公共性。

第三节　乡愁反哺：守望乡村的未来图景

孕育人类文明的乡村，有挥之不去的乡土摇篮情怀——乡愁。乡愁原是城镇化的副产品。没有多年来的农民进城，便没有现代意义上的城镇化，便无法催生出浓厚的乡愁情结。随着乡村与城市的二元分化，乡愁也逐渐演变为一种文化情感和消费品，成为人们对乡村家园的一种“异乡守望”和“原乡记忆”。乡村建设工作进行至今，乡村面貌已发生巨大变化，未来乡村更美丽的图景值得继续守望。在多元主体的参与建设下，中国乡村将会是一个走向善治的、充满文化自信的、承载乡愁的社区共同体，乡村建设必将呈现出一个更加具象化、更令人憧憬的图景。

一、走向善治的社区共同体

善治是现有治理形式的发展和进阶，在新时代背景下有必要促成乡村社会治理形态由多元主体帮扶建设向善治转变。现有的乡建成效为乡村走向善治积累了自治、法治、德治的基础，乡村逐渐有了规模不一的自组织，村民组织化难题得到一定破解；党政引领的制度建设、乡规民约等非正式制度重新发挥效能，乡村有了浅层的集体参与感与集体道德感，乡村文化自信随着乡土文化的传承与活化也逐渐得以重塑。

然而，善治不应该成为一种模式，而是一种方法论层面的指导理念和原则。因此，乡村在走向善治、成为社区共同体的过程中，应当摸索更加适合中国乡村历史渊源、社会结构、文化传统等复杂现实条件和多元目标的路径和治理经验，形成具有中国特色的乡村社区善治方案。从善治的方向出发，乡村社区共同体的可持续发展将建立在公共利益、公共空间、公共精神三者归结而成的公共性之上，即建立在居民普遍参与的基础上，在集体参与中彰显、积累并形成社区的公共利益，社区的公共空间充满活力和人气，又依托文化和公共精神内化为社区集体的内生动力。

二、充满文化自信的特色乡村

以文化自信推动乡村公共精神的重塑，不是简单地重复或恢复原有的形态，更不能走向千村一面、留不住乡愁的同质化局面。搭上乡村旅游的快车，一部分乡村已经陷入“建设得不像乡村”或缺乏乡土特色的状态，经济利益矛盾导致出现了乡村人际交往冷漠、传统文化资源开发不当和当地生态环境遭到破坏等一系列问题。乡村理应是一个充满特色与魅力的美丽故乡，是让人们能回得去、留得下的向往之地。可见充满特色与愿景的乡村，始终还是需要文化的支撑。

乡土文明作为中国乡村发展至今的厚重养分，是中国人民的集体智慧，更是中国乡村的特色所在。因此，中国的乡村理应成为人民满怀文化自信的特色乡村，在这里，人们为自己的家乡感到自豪，为自己的优良传统而自信，对自己的未来满怀期待。

三、承载乡愁的旅游原乡

乡愁从本质上来说是人民的精神家园，它是一份记忆与怀念，是一份收藏在内心深处、映射着故乡的情感。作为一种情感获得，乡愁是构成乡村社区共同体的公共精神基础。这种情感原本随着地理空间的变迁不断向外扩散，从微观、具象的空间意象延伸至宏观、抽象的文化认同与集体共识，但在实际上却逐渐在空间和日常仪式中消解。2013年全国新型城镇化工作会议对新型城镇化的发展提出了新的要求：“要让居民望得见山、看得见水、记得住乡愁。”作为文化传承层面的“乡愁”一词首次出现在官方话语中，记住乡愁、留住记忆已经成为乡村振兴和传承乡土文明的重要使命。乡愁在不同年代的故乡和不同代际的群体之中不断地被赋予新的内涵和情感寄托。新时代的乡愁是在一定的时空条件下产生的，涵盖了乡土味道、乡村风貌、集体记忆、传统民俗等方面的乡村空间与人的变迁。

乡愁的主体也在城镇化进程中不断得到扩展，甚至在农民洗脚上岸、换脑进城的过程中，乡愁中的“乡”已经逐渐演递成“原乡”，成为超越故乡、家乡等的大乡村概念。当前及未来，乡愁都将成为一种乡村资源，承载着人与乡村之间的情感联结、文化认同与传承等意义。在乡村振兴和城乡融合的建设中，“记住乡愁、留住记忆”的理念和资源价值应当深深嵌进乡村，使乡愁寄托于人与自然和谐共生的生态文明建设及乡村旅游的发展之中，唤醒村民对家乡、游客对乡村的乡愁记忆和情感依恋。

对原乡及文化的向往和亲近，是乡村旅游的灵魂，人们往往是在乡村历史、文化和文明的浸淫中产生内心共鸣，在旅游过程中满足对自身乡土文化的依恋和慰藉。乡村旅游不仅是当前乡村建设和文化振兴的产业开发方式，更是现代人“寻回”乡愁的重要方式。旅游原乡，人们的乡愁将不断。

附录一
华南理工大学教育脱贫攻坚大事记（2013—2020年）

2013年

- 2013年3月，华南理工大学按照教育部关于滇西边境山区区域发展与扶贫攻坚工作的统一部署，定点帮扶云南省临沧市云县，选派资产经营有限公司党委书记朱文建到云县挂职担任副县长，同时选派党委研究生工作部副部长黄国清到云南省普洱市孟连傣族拉祜族佤族自治县（下称“孟连县”）挂职担任副县长。
- 2013年4月，广东省确定河源市和平县彭寨镇群联村（下称“群联村”）为华南理工大学对口帮扶单位。学校选派党委办公室（学校办公室）正科级干部梁劲作为驻村干部进驻群联村。
- 2013年6月，孟连县组团赴华南理工大学商谈产学研合作事宜，调研华南理工校友企业并开展招商洽谈。
- 2013年6月，成立华南理工大学扶贫开发领导小组，学校党委书记、校长任领导小组组长。
- 2013年7月，广东粤微食用菌技术有限公司副董事长李森柱一行到孟连县考察并指导食用菌资源开发。
- 2013年7月，华南理工大学建筑学院周剑云教授、郑力鹏教授带领博士科技服务团到孟连调研，开展孟连城乡规划问诊、娜允古镇保护与开发调研指导，代表学校捐建孟连民族小学爱心图书室。
- 2013年7月，华南理工大学党委书记杜小明带领调研组赴云县、孟连县，围绕边区建设、基层党建、绿色生态种植产业、城乡发展规划等内容进行调研。
- 2013年7月，学校研究生暑期社会实践团队赴孟连县富岩乡开展暑期支教活动，并对孟连县的教育状况做专题调研，形成调研报告。
- 2013年8月，华南理工大学邀请广东省中医院孔畅、林强、林良才三位专家赴孟连义诊并在县人民医院做专题培训。
- 2013年8月，华南理工大学轻工与食品学院吴辉教授，校友企业家林岩、刘睿等一行赴孟连专题调研农产品深加工，现场指导解决企业生产过程中的问题。

- 2013年8月，华南理工大学新闻与传播学院朱剑飞教授、黄桂萍副教授一行赴孟连，就孟连形象宣传片制作开展前期调研。
- 2013年8月，华南理工大学启动群联村村委会综合维修改造一期工程。
- 2013年9月，临沧市委常委、云县委书记李志勇率领党政代表团来校商谈对口帮扶工作和校地合作事宜。校地双方签订了《华南理工大学—云县对口帮扶战略框架协议》。
- 2013 年 10 月，由华南理工大学、广州电视台和珠江电影制片厂的专家、教授及导演组成的联合拍摄组一行 7 人，到孟连拍摄孟连形象宣传片。
- 2013年12月，临沧市云县县长唐永飞一行访问华南理工大学，与学校建筑设计研究院就云县大控蚌地热资源的开发利用和规划设计进行了深入探讨。
- 2013年12月，华南理工大学党委常委、党委办公室（学校办公室）主任陶韶菁带队到群联村调研指导帮扶工作，慰问贫困户。
- 2013年12月，华南理工大学支持群联村启动冬修水利工程，完成1.2公里三面光引水渠修复，受益农田211亩、村民176户。
- 2013年12月，华南理工大学建筑学院党委书记司聚民和周剑云教授第二次赴孟连调研新民居规划与设计。次年3月，《孟连村寨新民居示范工程》图纸交付孟连县政府。

2014年

- 2014年初，华南理工大学派出由中国工程院院士何镜堂牵头组成的专家小组，对云县总体规划修编进行指导，并为云县大控蚌热泉招商引资项目做了概念性规划设计方案，其中“花世界、水天堂”旅游项目方案起点高、理念新、定位准，具有很强的招商引资吸引力，该规划设计方案价值超过300万元。
- 2014年1月，孟连县公信乡班文村小学举行华南理工大学附属小学捐赠衣物和书籍发放仪式，全校108名贫困学生领取了捐赠衣物和书籍。
- 2014年1月，华南理工大学党委书记杜小明带队到群联村调研指导扶贫工作，出席磜下村村道硬底化工程奠基仪式，并代表学校向群联村捐赠扶贫资金。
- 2014年4月，华南理工大学选派电力学院党委副书记李华兵到云县挂职担任副县长，选派轻工与食品学院高级工程师陈荣到孟连县挂职担任副县长。

· 2014年4月，华南理工大学20多位外籍教师、留学生组队到群联村开展乡村义教活动，并为村小学捐赠图书和教学用品。

· 2014年6月，华南理工大学支持群联村所属的11个自然村完成11座垃圾收集站建设工作。

· 2014年7月，河源市委常委、市委组织部部长白涛到群联村考察指导村党组织建设，看望和慰问华南理工大学驻村干部。

· 2014年7月，华南理工大学工商管理学院EMBA师生集体资助患有先天性白内障的群联村贫困学生钟玉玲到广州完成手术治疗，让9岁的小女孩重见光明。

· 2014年7月，华南理工大学建筑学院师生团队到群联村开展乡村规划建设编制调研工作。

· 2014年8月，华南理工大学党委副书记、纪委书记刘琪瑾带领专家团队到孟连县调研，指导智力帮扶工作和探讨对孟连县咖啡企业的产业帮扶方案。

· 2014年8月，华南理工大学暑期“三下乡”云南支教服务队36名大学生志愿者到云县民族中学支教。

· 2014年8月，华南理工大学党委副书记、纪委书记刘琪瑾带队赴云县对接需求，商洽帮扶项目。新希望六和股份有限公司联席董事长兼首席执行官陈春花教授一同前往，为云县高原特色养殖产业把脉，提出指导意见。

· 2014年9月，华南理工大学在云南茅粮酒业集团有限公司设立“专家工作站”的申请获云南省立项批准。

· 2014年10月，华南理工大学党委副书记、纪委书记刘琪瑾到群联村考察指导帮扶工作，并代表学校捐赠扶贫资金。

· 2014年10月，华南理工大学在广州举办“2014年云县领导干部培训班”，培训云县干部50余人。

· 2014年10月，在前期试验种植成功的基础上，华南理工大学在群联村开展200亩百香果基地种植项目，发动贫困户及其他村民参加。

· 2014年11月，华南理工大学在群联村开办百香果种植培训讲座，当地村民踊跃参加学习。

· 2014年11月，由华南理工大学全额资助建设的群联村中心桥工程顺利完工并通过验收，桥面宽4.5米，承重10吨。

· 2014年11月，云县相关领导在华南理工大学2014年校友理事会暨海内外校友分会负责人会议上作专题推介。

- 2014年12月，华南理工大学开展“华工真情 迎冬送暖”——援助滇西物品捐赠活动。全校师生共捐出书籍6804册、衣物6300件、文具3827件，价值约45万元。
- 2014年12月，华南理工大学工商管理学院EMBA学员一行20人到云县游学。
- 2014年12月，在华南理工大学的协调下，上海市慈善人士秦志刚在上海企业家的支持下，为孟连县腊福小学师生每人配置一套床上保暖用品，配置羽毛球拍及羽毛球，组建校羽毛球队。

2015年

- 2015年1月，华南理工大学党委书记杜小明到群联村考察指导帮扶工作，并为学校支持建设的明福路（礤下村自然村道）、中心桥以及村委会综合改造工程等帮扶项目的落成揭牌。
- 2015年1月，华南理工大学组织群联村村民和贫困户共同成立了“华群种植专业合作社”，以发展优质水稻、百香果、高山茶油种植为“三驾马车”的产业扶贫工作全面提速。
- 2015年3月，在华南理工大学的协调下，上海市慈善人士秦志刚在上海“同一苍穹下”基金会的支持下，发动社会爱心捐赠，资助孟连县35名失依儿童的学习及生活，每个失依儿童每年获得资助款3600元，资助活动持续至今。
- 2015年4月，华南理工大学选派继续教育学院副院长张坚雄挂职担任云南省云县副县长，选派大学城校区管委会学生工作办公室副主任吴远东挂职担任云南省普洱市孟连县副县长。
- 2015年6月，华南理工大学轻工与食品学院李汴生教授赴孟连县考察调研，并代表学院与孟连华盛农牧科技发展有限公司签订了技术开发合作协议，双方围绕“滇西特色牛肉精深加工产品及技术项目”以及产业化展开合作。
- 2015年6月，华南理工大学组织开展“情牵孟连·爱心助学”捐赠活动，发动学校师生捐献爱心物资，折合人民币16万元。
- 2015年6月，华南理工大学资助云县一中30万元建设“华园馨香计算机室”。
- 2015年7月，华南理工大学经济与贸易学院电子商务系左文明教授等专家一行3人赴孟连县考察指导电商产业发展。
- 2015年7月，华南理工大学研究生暑期支教志愿者服务队赴孟连一中开展支教活动。

· 2015年8月，根据中央关于选任第一书记到贫困地区挂职有关工作要求，华南理工大学选派就业指导中心科长鲁明挂职担任云县茂兰镇茂兰村第一书记。

· 2015年8月，华南理工大学联系广东华文航空艺术职业学校捐资援建云县茂兰镇“后山小学爱心浴室”；联系广东户外媒体村捐资援建云县大寨镇“慢赖邦别小学爱心浴室”，解决了山区400多名小学生洗热水澡难的问题；联系香港贝尔幼儿教育集团对茂兰镇的5名特困、残疾儿童进行一对一帮扶。

· 2015年8月，华南理工大学联系广东华文航空艺术职业学校与云县教育局签署《教育扶贫战略合作协议》，对学生就读及就业进行全面帮扶。

· 2015年8月，华南理工大学继续教育学院与云县教师进修学校签署合作办学协议，在云县设立网络教育校内学习中心，在学费、免试免考、学历学分互认等方面给予多项优惠政策。此外，华南理工大学广州学院给予云县学子每人每年5000元的学费优惠。

· 2015年8月，华南理工大学党委副书记、纪委书记刘琪瑾赴孟连县考察指导工作。

· 2015年8月，华南理工大学公共管理学院党委书记邬智一行4人赴云县、孟连县考察指导，并为云县和孟连县干部进行了“群体性事件治理与舆情应对”和“基层公务员的压力化解与工作动力再注”的培训，“华园云州大讲坛”（第一期）成功开讲。

· 2015年8月，华南理工大学艺术学院党委书记冯向阳、副院长梁军教授带领的专家组一行7人赴孟连县开展为期8天的艺术教育培训交流活动。

· 2015年8月，华南理工大学党委副书记、纪委书记刘琪瑾一行赴云县考察调研，深入了解帮扶需求，对接合作。

· 2015年8月，云南省委组织部、科技厅、财政厅、人力资源和社会保障厅联合批准中国茅粮酒业集团有限公司成立“曾新安专家工作站”，工作站正式挂牌。

· 2015年8—9月，华南理工大学校长助理、经济与贸易学院党委书记吴业春及经济与贸易学院副院长江金波教授等专家一行4人赴孟连县考察指导旅游产业发展。

· 2015年8月—2016年4月，华南理工大学先后投入资金450多万元用于开通与维护“华园云州在线讲坛”，并免费向包括云县在内的整个临沧地区开放学校优质在线学习资源。

· 2015年9月，华南理工大学化学与化工学院向来自云县茂兰镇茂兰村的新生发放5000元助学金，大学城学工办给该生安排了勤工助学岗位，可为该生提供每月500元的生活补贴。

· 2015年9月，通过互联网公益众筹，华南理工大学成功筹集5万多元资金和40吨水泥帮助群联村群联小学修建操场和门坪。

· 2015年9月，云县县长唐永飞一行带队来校调研座谈，参观华南理工大学轻工与食品学院、建筑学院等，并在干部和企业人才培养、村落规划、职业教育发展、农产品加工等方面提出了具体的帮扶需求。

· 2015年起，华南理工大学教育发展基金会筹资15万元在云县设立学子助学基金，连续五年，每年提供3万元，对贫困学子进行资助帮扶。

· 2015年10月，华南理工大学轻工与食品学院李汴生教授团队与孟连华盛农牧科技发展有限公司联合申报的科研项目“孟连县生态牧场建设、肉牛育肥及特色牛肉制品加工关键技术研究与产业化”顺利通过云南省科技厅组织的专家评审，项目立项资助经费达300万元。该项目同时被推荐为“云南科技创新强省计划（农业）州（市）党政一把手科技示范工程项目”。

· 2015年10月，华南理工大学党委书记杜小明到群联村检查指导帮扶工作，推进各帮扶项目建设，第一批群联百香果开始上市销售。

· 2015年11月，华南理工大学成功举办孟连县2015年“互联网+农业”电商（广州）培训班。

· 2015年11月，华南理工大学成功举办孟连县2015年中小学骨干教师（广州）培训班。

· 2015年11月，华南理工大学附属实验学校分别与孟连县公信乡中心学校和孟连县民族小学签订结对帮扶协议。

· 2015年11月，孟连县农业科技考察团赴华南理工大学调研学习。

· 2015年11月，云县44名科级以上党政管理干部在华南理工大学参加培训。

· 2015年12月，华南理工大学生物科学与工程学院院长谭文教授到云县实地考察调研云县生物产业，并达成初步的战略合作意向。

· 2015年12月，华南理工大学联系佛山华粤教育集团、广州中元教育集团出资援建云县“大寨留守儿童之家”“棠梨坝村留守儿童之家”。

· 2015年12月，华南理工大学联系广州云纵有限公司与大寨镇古树茶专业合作社签订了商贸合同，帮助云县大寨镇销售80多万元的茶叶。

- 2015年12月，华南理工大学“构建多层次、多形式的教育帮扶体系”项目，被教育部评为2015年度“滇西边境片区精准扶贫典型落地项目”。
- 2015年12月，华南理工大学出资20万元援建孟连县民族中学计算机教室1间，为其配套45台教学用机及相关课桌椅等设施。
- 2015年12月，华南理工大学在孟连县设立“华南理工大学励志奖学金”，金额共计15万元，自2016年起连续5年，每年提供3万元奖励孟连县品学兼优的初、高中学生。

2016年

- 2016年1月，华南理工大学教育发展基金会筹资15万元设立“云县学子助学基金”，在云县实施“爱心圆梦大学”捐赠助学行动，自2016年起连续5年，每年对云县家庭经济比较困难的大学生进行帮扶。
- 2016年1月，华南理工大学争取到了中国教育发展基金会润雨计划90万元资金，用以支持云县茂兰镇阳光希望小学宿舍楼项目建设。
- 2016年1月，华南理工大学经济与贸易学院（旅游与酒店管理学院）专家组第二次赴孟连县考察旅游产业发展情况，并正式启动《孟连县旅游发展总体规划》修编工作。
- 2016年2月，华南理工大学食品科学与工程学院李汴生教授前往云县实地考察调研云县高原特色农业、中草药种植、畜牧和食品加工业。
- 2016年2月，在云县第十二届澜沧江啤酒狂欢节期间，华南理工大学联系广州白云山拜迪生物医药有限公司、得园（元亨）投资集团、香港昇丰集团、广东省物资进出口公司、广州诺诚生物制品股份有限公司等客商前往云县参加招商引资推介会，并在边境货物进出口贸易、生物制药开发、软件科技园开发等领域达成初步合作意向。
- 2016年3月，华南理工大学教育发展基金会向云县捐赠了80台mini cooper音乐播放器。
- 2016年3月，华南理工大学附属实验学校领导率附校各学科骨干教师一行6人，赴孟连县开展了为期一周的中小学教育培训交流活动。
- 2016年3月，华南理工大学挂职干部助力孟连县安居工程建设，定点联系孟连县芒信镇芒卡村，实现芒卡村建房合同签订率100%、开工率100%，竣工率名列孟连县各乡（镇）村前茅。

- 2016年3月，华南理工大学驻群联村干部梁劲获评“广东省扶贫开发‘双到’工作优秀个人（2013—2015年）”称号。
- 2016年4月，华南理工大学建筑学院教授、国家一级注册建筑师王国光，硕士生导师吴桂宁以及建筑学院负责人等组成专家团深入云县调研指导村庄规划工作，并就村庄规划为云县作“华园云州大讲坛”第二期专题培训。
- 2016年4月，孟连县医疗卫生考察团赴华南理工大学和广州市部分三甲医院考察学习。
- 2016年4月，得园（元亨）投资集团与云县人民政府签署了《云县高原特色农业及现代化产业体系构建战略合作框架协议》，并在云县注册成立云县翰林茶业有限公司，在云县第一期投资3000多万元收购3300亩生态茶园，后逐步扩大至1万多亩，建设茶厂和初制所，年产值达5000万元，填补了云县出口空白。该集团现在临沧市其他地区均有投资。
- 2016年4月，华南理工大学选派后勤处副处长赵宏挂职担任云南省云县副县长，选派经济与贸易学院副教授徐勇挂职担任云南省孟连县副县长。
- 2016年4月，广东省委确定华南理工大学定点帮扶村为揭阳市惠来县隆江镇孔美村（下称“孔美村”），华南理工大学选派校团委副书记梁劲挂职担任孔美村驻村党总支第一书记兼扶贫工作队队长，选派学校党委办公室（学校办公室）接待与会务管理科科员谢振立、研究生院培养办公室副主任郑锐奇挂职担任孔美村驻村扶贫工作队队员。
- 2016年6月，华南理工大学组织师生多次前往孟连中小学及农业科技企业开展调研活动。
- 2016年7月，云县46名科级以上党政干部来校学习，参加“华园云州大讲坛”第三期专题培训。
- 2016年7月，华南理工大学2名研究生支教团成员到茂兰支教，打造茂兰数字社区。
- 2016年7月，华南理工大学党委书记杜小明到孔美村调研扶贫工作并捐赠扶贫资金。
- 2016年7月，华南理工大学统战部门及有关专家、教授一行12人到云县开展精准扶贫调研，举办了“信息社会来临与社会转型升级”专题讲座。
- 2016年7月，由华南理工大学牵头，联合南方医科大学南方医院与孟连县医院组建的远程会诊系统正式启动。
- 2016年7月，华南理工大学党委统战部部长黄国清率领学校党外专家调研团到孟连开展“华工大讲堂”活动，调研团考察了孟连边合区、县医院等医疗部门及学校，就如何为孟连县医疗部门、中小学进行精准扶贫开展系列调研。同时，出席“华南理工大学向民族中学捐建计算机教室”活动揭牌仪式。

- 2016年7月，华南理工大学经济与贸易学院院长王仁曾、副院长陈珺到孟连慰问，捐赠华南理工大学校服并调研旅游资源和部分学校。
- 2016年7月，华南理工大学选派研究生到云县文体广电旅游局开展为期一个月的社会实践活动。
- 2016年8月，华南理工大学公共管理学院专家学者一行5人前往云县举办“群体性事件预防与应对”专题讲座。
- 2016年10月，华南理工大学帮扶茂兰社区一户茶农打造茶叶品牌“桐缘阁”，同时资助其一台佳能微单相机，帮助其开办微店“云县桐缘阁茶业”和申请微信公众号“桐缘阁茶业”。该微店当年营业额超12万元，年平均营业额超10万元。
- 2016年10月，孟连县四套班子各一名副职带队来华南理工大学进行访问并参加培训。
- 2016年11月，华南理工大学党委书记杜小明、组织部常务副部长吴垒到孟连慰问、座谈和考察。
- 2016年11月，孟连选派学校校长8名、骨干教师16名来到华南理工大学附属实验学校进行跟岗培训。
- 2016年12月，华南理工大学建筑学院叶红副教授带队到孔美村调研，开展社会主义新农村示范村创建规划设计。
- 2016年12月，华南理工大学联系和组织民间热心人士考察16名家庭困难的孟连学生，由深圳和广州的爱心人士长期资助，直到大学毕业。

2017年

- 2017年2月，华南理工大学用为孟连县添置10块电子白板众筹活动第一期的款项购买了5台65寸教学一体机、1台实物展示仪、1台打印机，分别安装在景信乡糯各村小学、景冒村小学、朗勒村小学、勐柏村小学和孟连县民族小学。
- 2017年3月，华南理工大学启动孔美村申报“广东省古村落”“中国传统村落”前期筹备调研工作。

- 2017年4月，华南理工大学启动《孟连县旅游发展总体规划》编写工作。
- 2017年4月，华南理工大学党委副书记、纪委书记刘琪瑾一行前往孟连县开展调研和考察，并代表学校参加孟连县明信片发行仪式。
- 2017年4月，华南理工大学邀请暨南大学附属华侨医院、深圳市第六人民医院7位医学专家到孟连开展义诊和培训，义诊受益人员近300人次，培训受益医生达150人次。
- 2017年4月，华南理工大学选派资产处科员曾嘉钟挂职担任孔美村驻村扶贫工作队队员。
- 2017年5月，华南理工大学选派软件学院党委副书记张健挂职担任云南省临沧市云县副县长，选派轻工科学与工程学院副研究员周雪松挂职担任滇西应用技术大学普洱茶学院教务处负责人。
- 2017年6月，孟连第二批45名领导干部来到华南理工大学参加培训。
- 2017年7月，华南理工大学联系博研慈善基金相关企业家20余人到云县大寨镇就教育帮扶开展调研，并达成捐赠建设荒田小学"爱心浴室"的帮扶意向。
- 2017年7月，云南省临沧电视台《临沧新闻联播》栏目头条以"华南理工大学全力帮扶云县精准脱贫出实效"为题，报道华南理工大学帮扶云县成效。
- 2017年7月，住房和城乡建设部办公厅发布《关于做好第五批中国传统村落调查推荐工作的通知》，孔美村正式启动申报第五批"中国传统村落"工作。
- 2017年7月，华南理工大学研究生院和团委组织相关专业学生8人分别到云县人民政府办、团县委、农业局、林业局、供销社和茂兰社区等有关部门和一家茶企进行为期三周的社会实践服务活动。
- 2017年8月，华南理工大学副校长邱学青到孔美村调研扶贫工作，并会见惠来县主要领导，推动落实孔美村历史文物建筑保护工作。
- 2017年8月，华南理工大学选派经济与贸易学院组织员（正科岗）毛善超挂职担任云县爱华镇德胜村党总支第一书记。
- 2017年9月，华南理工大学党委书记章熙春带领学校相关二级单位负责人以及专家团队赴云县开展调研考察，明确提出"走出一条具有华南理工特色的'精准扶贫精准脱贫'之路"。
- 2017年9月，致公党广东省委会副主委、华南理工大学公共管理学院院长吴克昌教授为云县主要党政干部近百人做了题为"社会转型背景下的基层治理创新：背景与路径”的学术报告；国内知名品牌战略和传播专家、广东省新媒体与品牌传播创新应用重点实验室主任、华南理工大学段淳林教授为云县主要党政干部及当地企业界代表做了题为“移动互联网时代的整合品牌传播”的学术报告。

· 2017年10月，华南理工大学帮扶孔美村定点扶贫项目“‘五位一体’精准扶贫 协调推进乡村治理”被评为教育部“第二届直属高校精准扶贫精准脱贫十大典型项目”。

· 2017年10月，孟连县四套班子各一名副职带队来到华南理工大学进行访问并参加培训。

· 2017年11月，华南理工大学党委副书记、纪委书记刘琪瑾一行12人到普洱市调研，推进落实精准扶贫工作并捐赠图书。

· 2017年11月，华南理工大学选派生物科学与工程学院正科级辅导员韩红操挂职担任孔美村驻村扶贫工作队队员。

· 2017年11月，华南理工大学鼓励和指导孔美村青年创业致富带头人带领贫困户成立惠来县孔子美种植专业合作社，并建立电商交易平台。

· 2017年12月，华南理工大学协调广州视睿电子科技公司向云县教育系统捐赠70寸的交互智能一体机15台（价值约45万元），设备直接交付云县各乡镇小学，用于提高云县小学英语开课率，同时推动开启云县小学英语提升计划。

· 2017年12月，华南理工大学结合孔美村传统历史人文和产业扶贫成果，推出“孔子美农家香米”，打造特色鲜明的“孔子美”农业品牌。“孔子美—创意文化村落品牌形象塑造项目”获中国包装创意设计大赛一等奖。

· 2017年12月，云县县长字清华率队到华南理工大学对接帮扶工作，华南理工大学党委书记章熙春，党委副书记、纪委书记刘琪瑾先后会见。字清华县长还走访了华南师范大学附属中学、广东实验中学、执信中学、广州市第二中学、广州中学等省市重点高中，积极为云县招聘优秀退休高中教师，助力教育事业的发展，最终成功招聘到北京十二中数学特级教师刘文武、广东实验中学英语高级教师黄少云到云县一中工作。

· 2017年12月，华南理工大学争取到了中国教育发展基金会润雨计划120万元资金，用以支持云县大朝山中学、团结完全小学、茶房临云国税希望小学、漫湾新村完全小学、漫湾完全小学修建围墙、浴室和运动场等。

2018年

- 2018年1月，华南理工大学党委副书记陶韶菁率队赴云县实地调研指导精准扶贫工作，与云县委书记李明奎、常务副县长谭波等进行了全面深入的交流，并正式启动了云县全域旅游规划项目，学校组建了以吴志才教授为组长、魏立华副教授为副组长，文化旅游、规划设计、新闻传播、品牌营销等跨学科专家学者参与的全域旅游规划项目团队，开展了为期十余天的第一阶段调研考察。
- 2018年1月，华南理工大学建筑学院叶红副教授带队完成孔美村《社会主义新农村示范村整治创建规划》的编制工作。
- 2018年1月，华南理工大学指导孔美村在全县范围内率先启动并基本完成新农村示范村整治创建“三清三拆”工作。
- 2018年3月，孔美村《社会主义新农村示范村整治创建规划》获“美丽乡村·幸福蓝图”——“碧桂园杯”南粤村庄（整治）规划设计大赛特等奖。
- 2018年4月，华南理工大学党委副书记、纪委书记刘琪瑾一行6人前往普洱市调研茶产业及咖啡产业发展情况，助力普洱茶学院专业建设。
- 2018年5月，华南理工大学再次选派经济与贸易学院组织员（正科级）毛善超挂职担任云县爱华镇小忙兔村党支部第一书记。
- 2018年6月，华南理工大学联系爱心企业向云县爱华镇小忙兔村捐赠水泥25吨，村民投工投料新修了一条村组道路。
- 2018年7月，华南理工大学党委统战部部长王丹平率党外专家教授组成的统一战线支教团赴普洱茶学院开展学科建设与新教师培训工作。
- 2018年7月，华南理工大学团委首次派遣2名西部计划志愿者高琦、赵征到云县大寨镇慢赖村邦别完全小学开展为期一年的支教工作。
- 2018年7月，华南理工大学驻孔美村工作队队长梁劲获评“揭阳市扶贫模范”称号。
- 2018年7月，云县第一完全中学的15名同学参加全国青少年高校科学营·华南理工大学分营活动。
- 2018年8月，华园云州大讲坛报告会在云县举行，华南理工大学广东旅游战略与政策研究中心主任吴志才教授结合云县全域旅游规划成果和乡村振兴战略，做了题为“发展全域旅游助推乡村振兴——创造云县美好生活”的专题报告。
- 2018年8月，华南理工大学附属实验学校分别与云县民族中学、爱华完全小学和大寨镇邦别完全小学签订帮扶协议，协议双方互派优秀骨干教师交流学习。

· 2018年8月，华南理工大学党委副书记陶韶菁率队赴云南省云县实地调研指导精准扶贫工作，与云县委书记李明奎、县长字清华等进行了全面深入的交流，并开展了云县全域旅游发展总体规划项目终期汇报和投资考察洽谈等工作。规划成果被云县政府采纳并获得高度评价。《云县全域旅游发展总体规划（2018—2035年）》出台，形成了"'1+5'五位一体"的全域旅游规划成果，即一个全域旅游总体规划加一套云县形象设计系统、一套招商项目库、一个招商宣传专题片、一套品牌推广方案、一套乡村振兴民居改造指引。

· 2018年8月，华南理工大学党委副书记、纪委书记刘琪瑾带领学校附属实验学校教师和学校统一战线医疗专家团队（华南理工大学附属广东省人民医院、附属广州市第一人民医院、校医院医疗专家团队）12人，赴云县开展免费义诊、手术指导、带教查房、学术讲座等一系列教育和医疗帮扶活动。

· 2018年8月，在华南理工大学的支持下，孔美村在全县范围内率先获批惠来县"新农村示范村项目"建设，环村道硬底化项目、雨污分流项目陆续启动实施。

· 2018年9月，经过华南理工大学与云县的共同努力，华南理工大学定点扶贫县云县达到退出贫困县标准，正式退出国家贫困县行列，成为云南省首批、临沧市首个脱贫摘帽县。

· 2018年9月，临沧市50名金融干部来到华南理工大学，参加2018年云南省临沧市投融资专题培训班。

· 2018年9月，华南理工大学帮扶云县项目"打造'一体化'全域规划，构建'扶贫链'造血机制"，入选"教育部第三届直属高校精准扶贫精准脱贫典型项目"。

· 2018年9月，华南理工大学校长王迎军到学校大学生创新创业基地，调研"爱心茶"·华南理工大学精准扶贫创业项目，听取了相关负责同志介绍，并指导精准扶贫项目工作开展。

· 2018年9月，云县委书记李明奎一行15人来校调研，在华南理工大学精准帮扶云县工作推进会上，上海秦森园林有限公司与云县签订全域旅游与精准扶贫项目战略合作框架协议书。调研队伍深入广州企业招商考察，并到惠州博罗考察乡村全域旅游示范点。

- 2018年10月，华南理工大学校长高松在2018教育扶贫论坛上做主旨发言，介绍学校扶贫经验，受到教育部领导高度肯定。学校定点扶贫经验被国务院扶贫办《中央单位定点扶贫案例》收录。
- 2018年10月，华南理工大学联系广东裕丰食品股份有限公司等单位赴云县实地考察山地黑骨鸡、核桃等农特产品，签订了12亿元的投资意向书。
- 2018年11月，云县教育系统9人来到华南理工大学附属实验学校参加培训学习。
- 2018年11月，华南理工大学出版社向云县图书馆捐赠图书5000册，价值15万元。华南理工大学图书馆向云县图书馆捐赠图书10000册，价值30万元；捐赠电子书350万册，价值233万元；共享电子数据库资源，价值1852万元/年。
- 2018年11月，华南理工大学广东省村镇可持续发展研究中心常务副主任叶红副教授带队，为云县菠萝村、慢赖村、小忙兔村开展乡村规划调研，分别编制出台了三个村的《乡村发展建设规划》，并开展“华园云州大讲坛”活动。
- 2018年11月，华南理工大学鼓励支持孔美村青年创业致富带头人在村内开办制衣坊，打造“扶贫车间”。
- 2018年12月，华南理工大学党委副书记、纪委书记刘琪瑾到孔美村调研，指导孔美村党组织建设工作。
- 2018年12月，华南理工大学举办云县领导干部综合能力提升培训班，来自云县县委、人大、政府、政协各系统的干部共30人参加了培训。
- 2018年12月，华南理工大学在学校“第一届全球校友代表大会”上积极推介云县产品，帮助销售“爱心茶”1000饼，价值20万元。
- 2018年12月，华南理工大学联系广州控智电子科技有限公司向云县教育局捐赠一批教育信息化设备，价值100万元。
- 2018年12月，华南理工大学校长高松、党委副书记陶韶菁到孔美村调研，指导精准扶贫和新农村示范村建设工作。
- 2018年12月，华南理工大学校长高松带领相关部处负责人、专家、云南校友会负责人等赴云县调研。其间，学校与云县签订了《深化定点帮扶实现脱贫奔康备忘录》《消费扶贫意向书》《“爱心茶”采购协议》，并向云县捐赠价值155万元的资金和物资；华南理工大学经济与贸易学院吴志才教授被特聘为云县经济社会发展顾问。

- 2018年12月，华南理工大学争取到了中国教育发展基金会润雨计划150万元资金，用以支持云县大寨镇慢赖村邦别幼儿园建设项目。

2019年

- 2019年1月，临沧市副市长赵贵祥一行来华南理工大学走访，就临沧市存在的主要困难以及下一步工作计划与学校进行详细沟通。
- 2019年1月，华南理工大学党委组织部部长麦均洪率学校建筑设计院专家一行5人，对普洱茶学院新校区的规划建设进行考察调研。
- 2019年1月，华南理工大学驻孔美村工作队队长梁劲被评为广东省“2018年度扶贫贡献人”。
- 2019年1月，以全域旅游规划中提出的“等你千年，养你一生”为歌名的云县茶歌，在云县新年茶话会上由云县委书记李明奎宣布，并进行了首场公开演出。
- 2019年2月，根据广东省文学艺术界联合会发布的《关于认定第六批广东省古村落的通知》，孔美村入选第六批广东省古村落。
- 2019年2月，华南理工大学驻孔美村工作队队长梁劲获广东省“2016—2018年脱贫攻坚突出贡献个人”称号。
- 2019年2月，云南省委、省政府就华南理工大学对云南多地帮扶工作取得的显著成效发来感谢信。
- 2019年3月，华南理工大学党委副书记、纪委书记刘琪瑾带队到云县开展乡村振兴调研工作。
- 2019年4月，华南理工大学食品科学与工程学院党委书记谭志伟一行11人深入云县调研并开展对口帮扶工作。
- 2019年4月，华南理工大学党委书记章熙春带队到临沧市参加2019教育部滇西脱贫攻坚部际联系会、教育部直属系统扶贫工作推进会，并作为4个“精准扶贫精准脱贫典型项目”直属高校代表之一，介绍了华工—云县帮扶模式。
- 2019年4月，华南理工大学党委书记章熙春深入云县调研当地基础教育和相关产业发展状况并召开座谈会，提出学校将进一步优化、细化全域旅游规划“‘1510’一体化全域发展策略”。
- 2019年4月，华南理工大学对口帮扶云县爱华镇小忙兔村引资项目核桃加工厂完成前期征地工作，正式开工建设，项目总投资200万元。

- 2019年5月，云县彝族协会会长杨天龙一行到华南理工大学录制云县茶歌《等你千年，养你一生》并开展艺术交流活动。
- 2019年6月，《中国教育报》头版以“学校和扶贫点跳出‘产业双人舞’”为题，报道华南理工大学定点帮扶云县的工作经验。
- 2019年5月，根据广东省扶贫工作统一部署，华南理工大学选派华南协同创新研究院副院长苏秋斌挂职担任孔美村驻村党总支第一书记兼扶贫工作队队长。
- 2019年6月，根据住房和城乡建设部、文化和旅游部、国家文物局、财政部、自然资源部、农业农村部发布的《关于公布第五批列入中国传统村落名录的村落名单》，孔美村正式入选第五批中国传统村落。
- 2019年6月，华南理工大学党委副书记、纪委书记刘琪瑾主持召开专题会议，研究在校开展消费扶贫工作。
- 2019年6月，华南理工大学举办帮扶贫困地区农特产品展销会，展示销售云县、孔美村等地区的农特产品，销售额达60余万元；并开展云县农特产品技术、销售对接会。
- 2019年6月，华南理工大学轻工科学与工程学院赴滇西应用技术大学普洱茶学院开展党建活动和对口帮扶调研工作。
- 2019年7月，华南理工大学组织云县27名龙头企业负责人赴京参加“强化科技支撑，助力乡村振兴”专题培训班。
- 2019年7月，华南理工大学选派财务处正科级干部张玉彪挂职担任孔美村驻村扶贫工作队队员。
- 2019年8月，华南理工大学党委组织部部长麦均洪带队赴云县调研，召开座谈会，讨论研究云县全域规划“1510”实施方案，并为学校引进的企业——果果核桃合作社揭牌。
- 2019年8月，华南理工大学团委选派4名西部计划志愿者黄棉、熊桂、孔令融、王泽嵩分别到云县县委办公室、政府办公室、县委组织部开展为期一年的志愿服务。
- 2019年8月，华南理工大学援捐的孔美村村口景观石和文化广场落成。
- 2019年8月，在华南理工大学的推动下，全国首个县级品牌联盟——云县品牌联盟成立。联盟以云县各大产业龙头企业为主体，吸引中小企业、合作社等加入，同时聘请华南理工大学的品牌专家、校友企业家组成专家委员会，一起为云县产业发展出谋划策，为云县扶贫开发贡献力量。

· 2019年8月，华南理工大学选派建筑学院副处级组织员刘卫忠挂职担任云县爱华镇小忙兔村第一书记。

· 2019年8月，华南理工大学校长助理房俊东到云县爱华镇小忙兔村开展调研，并慰问学校驻村干部。

· 2019年9月，华南理工大学投入产业帮扶资金6万元，资助云县爱华镇小忙兔村合办核桃加工厂，并签订了合作协议。

· 2019年，华南理工大学联系唯品会信息科技有限公司，为云县300余名中小学生提供助学金70余万元。

· 2019年10月，华南理工大学党委副书记、纪委书记刘琪瑾到孔美村调研扶贫工作。

· 2019年10月，华南理工大学帮扶云县项目“以智提质　聚财育才　品牌引领助力云县县长振兴”入选“第四届直属高校精准扶贫精准脱贫十大典型项目”。

· 2019年10月，华南理工大学挂职干部张健获得“云南省脱贫攻坚奖扶贫先进工作者”荣誉称号，毛善超获得“临沧市优秀驻村扶贫工作队员”称号。

· 2019年10月，《新快报·广东扶贫特刊》用两个版面的大篇幅对孔美村从“涉毒村”到“打卡地”进行了专题报道，华南理工大学帮扶孔美村的工作引起了社会的广泛关注。

· 2019年11月，华南理工大学幼儿园前往云县草皮街幼儿园开展支教帮扶活动，并与云县草皮街幼儿园签订《华南理工大学幼儿园·云县草皮街幼儿园教育扶贫协议》。

· 2019年11月，华南理工大学附属实验学校校领导带领实验学校部分教师赴云县开展为期五天的支教活动，并向云县中小学生捐赠书本、校服等物资。

· 2019年11月，华南理工大学党委书记章熙春到孔美村调研扶贫工作，并与揭阳市委、市政府主要领导会谈。

· 2019年11月，华南理工大学离退休教工党支部向云县爱华镇小忙兔小学捐赠校服60套，价值约6000元。

· 2019年11月，华南理工大学附属实验学校与云县爱华镇小忙兔小学签订结对帮扶协议，并到部分贫困家庭拜访慰问。

· 2019年12月，孔美村94户贫困户412人率先脱贫，脱贫率达到100%。孔美村的贫困发生率、农民收入、集体收入、人居环境、村道建设、饮水安全、水利和电力设施、电视信号和宽带网络、公共服务、党组织建设十项指标均达到贫困村退出标准，从贫困村出列。

- 2019年12月，孔美村党群服务中心建设项目竣工并投入使用，华南理工大学校长高松，党委副书记、纪委书记刘琪瑾，揭阳市副市长曾瑞如，惠来县委书记蔡淡群共同为党群服务中心剪彩。
- 2019年12月，华南理工大学争取到了中国教育发展基金会润雨计划160万元资金，用以支持云县爱华镇小忙兔小学、漫湾镇密竹林小学、幸福镇幸福完全小学、大寨镇邦别完全小学运动场、厕所、食堂等建设项目。

2020年

- 2020年1月，华南理工大学党委副书记麦均洪主持召开“精准扶贫模式的高校探索——华南理工大学的实践与启示丛书”编写筹备会。
- 2020年1月，华南理工大学荣获揭阳市“优秀帮扶单位”称号，孔美村被评为“揭阳市示范村”“揭阳市特色村”。
- 2020年1月，华南理工大学援建孔美村河堤景观工程竣工。
- 2020年1月，华南理工大学开启首届“孔美少年志　华工帮扶情”冬令营活动，活动为期3天2晚，共邀请了43位贫困学生和优秀学生到广州参观。
- 2020 年 1 月，《羊城晚报》在 1 月 25 日以“毒村蝶变，孔美要建最美村小”为题，专题报道了华南理工大学定点帮扶孔美村的成效，引起社会广泛关注。
- 2020年2月，《人民日报》以“乡村旅游打出品牌”为题，报道华南理工大学对口扶贫云南云县成效。
- 2020年2月，在滇西脱贫攻坚部际联席会暨教育部直属系统扶贫工作推进会议上，华南理工大学定点扶贫云县工作受到教育部部长陈宝生肯定。
- 2020年3月，发源于孔美村的新农村建设方式“小工匠”做法获中央和省扶贫部门肯定，已在揭阳市全市推广。
- 2020年3月，华南理工大学党委副书记麦均洪主持召开定点帮扶云县工作计划研讨会。
- 2020年3月，华南理工大学党委书记章熙春召开“精准扶贫模式的高校探索——华南理工大学的实践与启示丛书”编写研讨会，成立丛书编审委员会，确定各分册负责人，持续推进丛书编写工作。
- 2020年3月，华南理工大学推动孔美村与王老吉供应商广东深华药业有限公司合作，学校投入15万元实施70亩仙草种植项目，并带动康美南药基地和省定贫困村山栗村加入种植行列。

· 2020年4月，华南理工大学云县挂职干部围绕“脱贫攻坚与乡村振兴如何实现有机衔接”主题对云县驻村工作队队员开展培训讲座。

· 2020年4月，华南理工大学—云县定点扶贫工作推进会召开。会议通过视频连线的形式举行，华南理工大学校长高松、党委副书记麦均洪，云县县长字清华、副县长周先荣、县人大常委会副主任穆天平出席了会议。

· 2020年4月，华南理工大学援建孔美村的130千瓦屋顶光伏发电产业项目通过验收，并网发电。

· 2020年4月，《中国教育报》在头版头条以“用知识让山乡挖到‘金矿’”为题，报道了华南理工大学对口帮扶云南云县的工作经验与成效，报道被教育部网站全文转发。

· 2020年5月，华南理工大学驻孔美村第一书记苏秋斌被评为2020年“广东省向上向善好青年”。

· 2020年6月，华南理工大学投入20万元，完成云县爱华镇小忙兔村村委会党群服务中心改造工程。

· 2020年6月，华南理工大学学生工作部（处）购买10000多份普洱茶赠送给全体2020届毕业生作为毕业礼物，以实际行动助力云县脱贫攻坚。

· 2020年6月，中国工程勘察设计大师、华南理工大学建筑设计研究院院长倪阳一行，到云县开展图书馆、文化馆、博物馆以及三河六岸建设调研，并开展“华园云州大讲坛”活动。

· 2020年6月，华南理工大学土木与交通学院教授虞将苗一行到云县爱华镇小忙兔村考察调研。

· 2020年7月，华南理工大学党委副书记麦均洪到孔美村调研扶贫工作，并与揭阳市委副书记陈小锋和惠来县委书记蔡淡群会谈。

· 2020年7月，华南理工大学“精准扶贫模式的高校探索——华南理工大学的实践与启示丛书”编写组到云县调研并开展旅游帮扶。

· 2020年7月，华南理工大学党委副书记麦均洪一行3人到滇西应用技术大学总部开展调研帮扶工作。

· 2020年7月，《南方日报》在“七一”建党节对华南理工大学帮扶孔美村工作和驻村第一书记进行报道，引起社会广泛关注。短短一年时间，学校帮扶孔美村工作的相关报道登上“学习强国”教育平台7次、获得新华社专题报道1次、得到广东卫视报道2次。

- 2020年8月，“华南理工大学计算机科学与工程学院结对帮扶学校”在云县职业高级中学揭牌。
- 2020年8月，华南理工大学法学院夏正林教授在“华园云州大讲坛”做了题为“基层治理中的法治思维与方式”的专题报告。
- 2020年8月，华南理工大学工商管理学院陈明教授为云县品牌联盟企业负责人开展如何打造农产品品牌的培训，培养企业的品牌意识，助力企业打造农产品品牌。
- 2020年8月，华南理工大学团委选派钟淑莹、林译涵、陈思敏、林汉轩、马弘寅、林珊、洪鑫、许永鸿等8名西部计划志愿者到云县晓街、栗树、涌宝、茶房等4个乡镇开展为期一年的志愿服务。
- 2020年8月，华南理工大学联系广东温氏集团下属广东壹先生食品有限公司与云县5家企业签署战略合作框架协议。
- 2020年8月，华南理工大学校长高松、副校长李正带队到云县调研并与西部计划志愿者座谈。
- 2020年10月，华南理工大学等帮扶孔美村项目“从重点涉毒村到美丽红色村的蝶变——华南理工大学牵头组团高校帮扶孔美村　打造定点帮扶新模式”入选“第五届教育部直属高校精准扶贫精准脱贫典型项目”（高校组团式扶贫项目）。

附录二
华南理工大学选派定点扶贫挂职干部基本情况

序号	姓名	派出时间	扶贫地点	扶贫期间职务	派出时校任职务
云南省临沧市云县					
1	朱文建	2013.4—2014.4	云南省临沧市云县	副县长	资产经营有限公司（华工大集团）党委书记
2	李华兵	2014.4—2015.4	云南省临沧市云县	副县长	电力学院党委副书记
3	张坚雄	2015.4—2016.4	云南省临沧市云县	副县长	继续教育学院副院长
4	鲁　明	2015.8—2017.8	云南省临沧市云县茂兰镇茂兰社区	驻村第一书记	学生就业指导中心就业市场与信息科科长
5	赵　宏	2016.4—2017.5	云南省临沧市云县	副县长	后勤处副处长
6	张　健	2017.5至今	云南省临沧市云县	副县长	软件学院党委副书记
7	毛善超	2017.8—2018.4	云南省临沧市云县爱华镇德胜村	驻村第一书记	经济与贸易学院组织员（正科级）
		2018.4—2019.9	云南省临沧市云县爱华镇小忙兔村		
8	刘卫忠	2019.8至今	云南省临沧市云县爱华镇小忙兔村	驻村第一书记	建筑学院副处级组织员
云南省普洱市孟连傣族拉祜族佤族自治县（简称“孟连县”）					
1	黄国清	2013.4—2014.4	云南省普洱市孟连县	副县长	研究生工作部副部长
2	陈　荣	2014.4—2015.4	云南省普洱市孟连县	副县长	轻工与食品学院高级工程师
3	吴远东	2015.4—2016.4	云南省普洱市孟连县	副县长	大学城校区管委会学生工作办公室副主任

（续表）

序号	姓名	派出时间	扶贫地点	扶贫期间职务	派出时校任职务
4	徐　勇	2016.4—2017.5	云南省普洱市孟连县	副县长	经济与贸易学院副教授
滇西应用技术大学普洱茶学院					
1	周雪松	2017.5至今	滇西应用技术大学普洱茶学院	副院长	轻工科学与工程学院副研究员
河源市和平县彭寨镇群联村					
1	梁　劲	2013.4—2016.4	广东省河源市和平县彭寨镇群联村	驻村干部	党委办公室（学校办公室）正科级干部
广东省揭阳市惠来县隆江镇孔美村					
1	梁　劲	2016.4—2019.6	广东省揭阳市惠来县隆江镇孔美村	驻村工作队队长、第一书记	校团委副书记
2	苏秋斌	2019.5至今	广东省揭阳市惠来县隆江镇孔美村	驻村工作队队长、第一书记	华南协同创新研究院副院长
3	谢振立	2016.4—2017.10	广东省揭阳市惠来县隆江镇孔美村	驻村工作队队员	党委办公室（学校办公室）接待与会务管理科科员
4	郑锐奇	2016.4—2017.4	广东省揭阳市惠来县隆江镇孔美村	驻村工作队队员	研究生院培养办公室副主任（正科岗）
5	曾嘉钟	2017.4—2019.4	广东省揭阳市惠来县隆江镇孔美村	驻村工作队队员	资产处科员
6	韩红操	2017.11至今	广东省揭阳市惠来县隆江镇孔美村	驻村工作队队员	生物科学与工程学院正科级辅导员
7	张玉彪	2019.07至今	广东省揭阳市惠来县隆江镇孔美村	驻村工作队队员	财务处正科级干部

附录三
历届教育部直属高校精准扶贫精准脱贫典型项目

高校名称	项目名称
第一届教育部直属高校精准扶贫精准脱贫十大典型项目	
湖南大学	“花瑶花”文化创意产业精准扶贫项目
华中科技大学	科学精准规划　共建美好家园
中国药科大学	发挥药学优势　全力打造“巴山药乡”品牌
清华大学	教育帮扶南涧县典型项目
上海交通大学	思源致远，携手发展
华中农业大学	大力实施“六个一”模式　提升产业精准扶贫效能
北京大学	探索“1+8”帮扶模式　加快推进精准扶贫工作
北京交通大学	发挥学科优势特色　扎实有效推进扶贫工作
浙江大学	科技引领，助推产业扶贫
复旦大学	建立系统长效机制　深入推进健康扶贫
第二届教育部直属高校精准扶贫精准脱贫十大典型项目	
湖南大学	基于地域特色（花瑶）农旅融合创客孵化项目
南京农业大学	“四位一体”助力定点扶贫“精准”落地
中国药科大学	“中药配方颗粒”产业精准扶贫项目
华南理工大学	“五位一体”精准扶贫　协调推进乡村治理
上海交通大学	科技助力产业
浙江大学	洒向苗疆都是爱　育得苗岭花盛开——浙江大学医学院附属第二医院组团式帮扶贵州省台江县人民医院纪实
厦门大学	厦门大学发挥校友作用　推动定点扶贫工作见实效
重庆大学	构建“一二三六”精准扶贫模式　探索精准扶贫新路子

（续表）

高校名称	项目名称
中国农业大学	依托建设平台，激发内生动力 “三精准”助力产业发展
华中科技大学	整合资源精准造血构筑“三个三”健康扶贫体系
第三届教育部直属高校精准扶贫精准脱贫十大典型项目	
华南理工大学	打造“一体化”全域规划，构建“扶贫链”造血机制
南京农业大学	“用金牌、助招牌、造品牌”铸就精准脱贫持久内生动力
华中农业大学	本禹志愿服务队实施“四大工程”助力精准扶贫
浙江大学	景东无量山乌骨鸡良种繁育及产业化技术示范推广
湖南大学	贫困地区人居环境治理模块化系统解决方案
电子科技大学	智慧岑巩 脱贫奔小康
中国药科大学	镇坪县飞渡峡“中药康养小镇”建设项目
中国农业大学	党建扶贫“1234 培养“一懂两爱”农业队伍
同济大学	规划引领，绘就美丽乡村新蓝图
华中科技大学	科技创新培育特色产业 绿水青山就是金山银山
第四届教育部直属高校精准扶贫精准脱贫十大典型项目	
中国药科大学	发展康养产业 巩固脱贫成果 助力乡村振兴
中国农业大学	“科技小院”扶贫新模式 助力镇康县脱胎换骨
中山大学	阿者科计划
南京农业大学	“南农麻江 10+10”行动计划 探索精准扶贫乡村振兴新路径
四川大学	搭建医疗扶贫彩虹桥 救助儿童先心病患者
华南理工大学	以智提质 聚财育才 品牌引领助力云县长振兴
西北农林科技大学	“三团一队”精准发力 助推合阳脱贫摘帽
厦门大学	建设扶贫产业园 探索帮扶新模式
西安电子科技大学	“农掌门”科技扶贫 搭建农民致富新平台
电子科技大学	打造“电子信息 + 教育”扶贫新模式 深入推进“1234”基础教育强基工程

（续表）

高校名称	项目名称
第五届教育部直属高校精准扶贫精准脱贫典型项目	
华南理工大学等	从重点涉毒村到美丽红色村的蝶变——华南理工大学牵头组团高校帮扶孔美村 打造定点帮扶新模式（高校组团式扶贫项目）
西北农林科技大学	让青春梦想与脱贫攻坚同频共振——西北农林科技大学研究生助力脱贫攻坚的探索与实践
西安电子科技大学	金银花开金银来 校地共谋大产业
浙江大学	紫金普洱：一片叶子富一方百姓——浙江大学助力景东茶产业项目简介
电子科技大学	智慧大农业打造精准扶贫新模式，拉开乡村振兴新篇章
中国传媒大学	“光明影院”构筑脱贫攻坚道路的“文化盲道”
兰州大学	书写在陇中黄土高原上的“小草大事业”
中国药科大学	我在镇坪有块“田” 巩固提升脱贫成效 压茬推进乡村振兴
清华大学	首创“乡村振兴工作站”模式 助力脱贫攻坚到乡村振兴的有效衔接
重庆大学	“五帮五促”助攻坚，稳边富民促振兴
吉林大学	养殖场管家，助力农民养牛羊
华中农业大学	弘扬新时代愚公精神 铺筑脱贫振兴希望路

资料来源：依据中华人民共和国教育部网站资料整理而成。

附录四
《等你千年，养你一生》和《帮扶之爱》歌曲曲谱

等你千年，养你一生

1=E $\frac{2}{4}$

稍快 愉悦地

千与千寻、阿卓山 词

阿卓山、欧栗语 曲

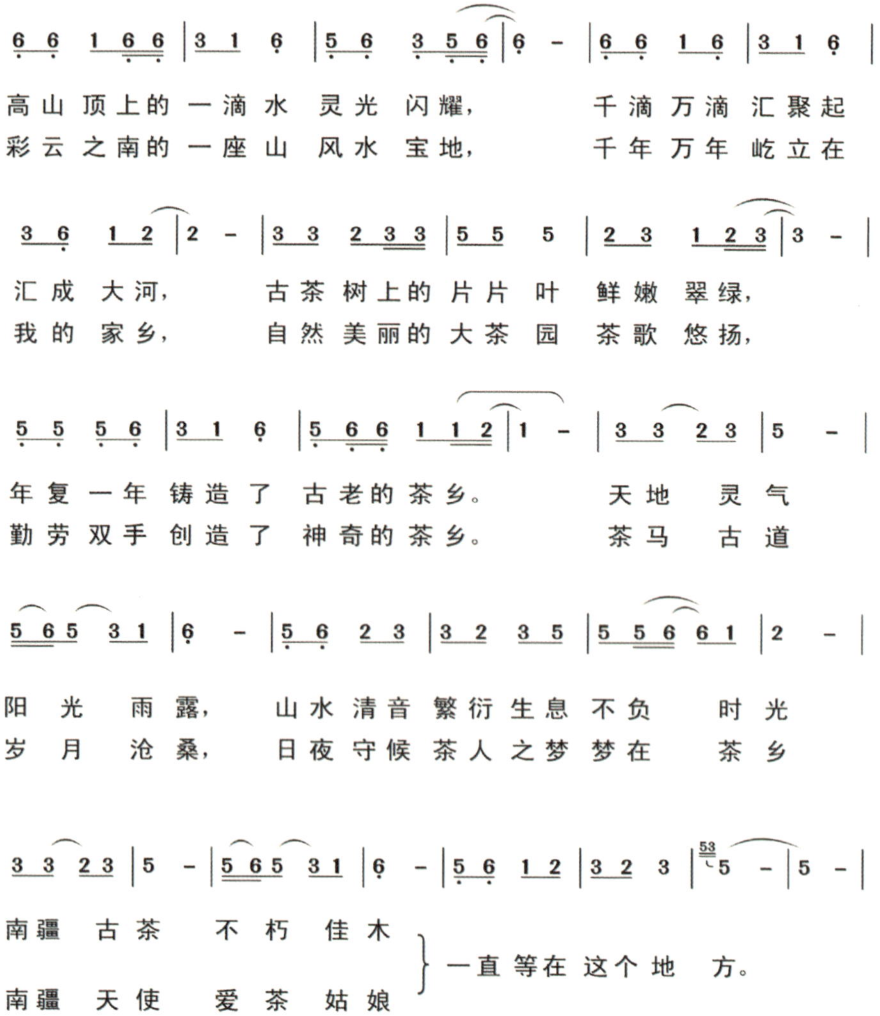

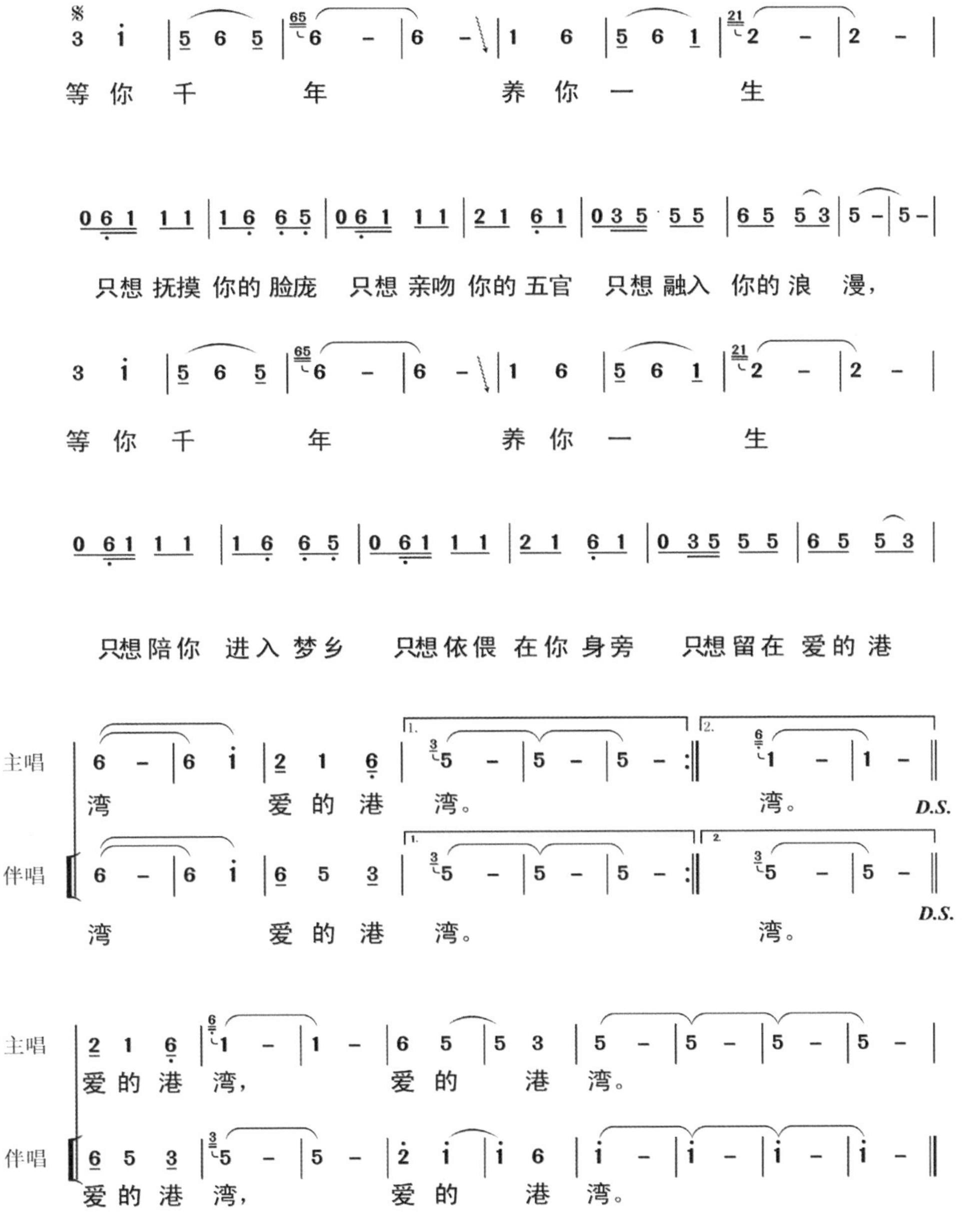
等你千年 养你一生
只想 抚摸 你的 脸庞 只想 亲吻 你的 五官 只想 融入 你的 浪 漫，
等你千年 养你一生
只想陪你 进入 梦乡 只想依偎 在你 身旁 只想留在 爱的 港
主唱
湾 爱的 港 湾。 湾。
D.S.
伴唱
湾 爱的 港 湾。 湾。
D.S.
主唱
爱的 港 湾， 爱的 港 湾。
伴唱
爱的 港 湾， 爱的 港 湾。

帮 扶 之 爱

1=♯F $\frac{4}{4}$

千与千寻 阿卓山 词
阿 卓 山 欧栗语 曲

中速 深情地

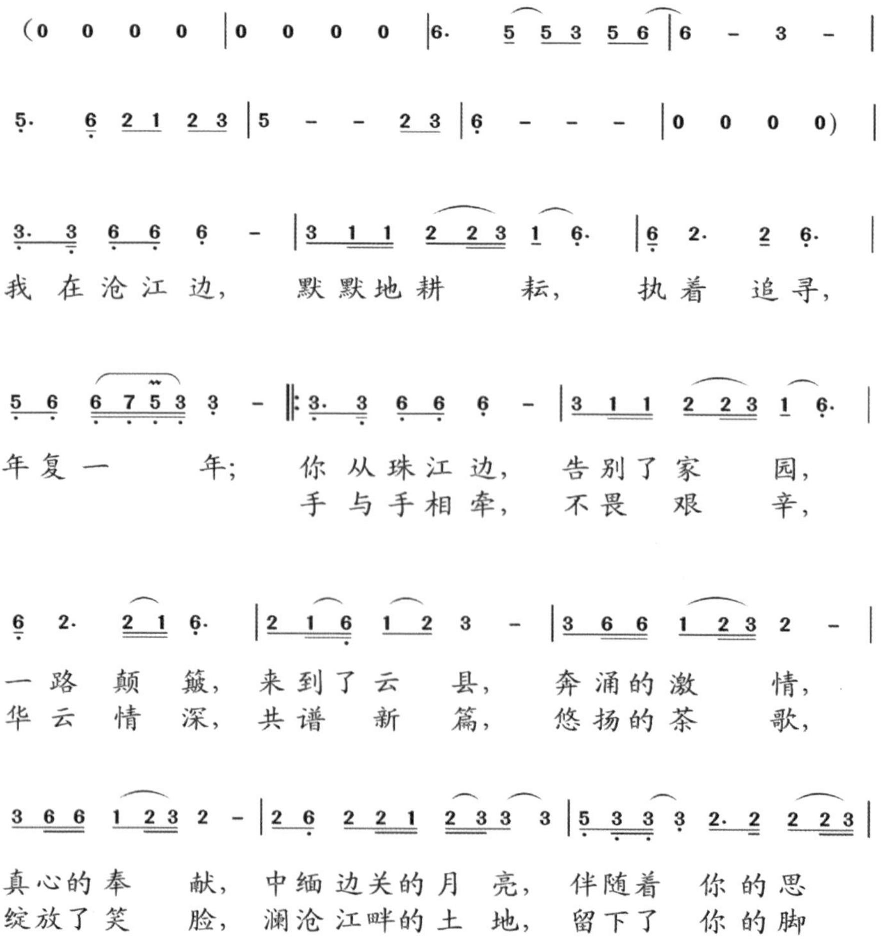

念， 啊 哎！
印， 啊 哎！
大山深处我们的心相 连，
智慧浇灌旧貌换新颜， 神圣的使命，历史的画 卷，
各族同胞铭记于 心， 帮扶之爱直到永
远 永 远。
D.S.
结束句 自由地
直到 永 远。

后 记

春播希望种，秋收硕果满神州。2013年起华南理工大学定点帮扶云南省云县、孟连县以及广东省孔美村。2018年9月，云县成为云南省史上第一次、滇西第一批、临沧第一个脱贫摘帽县，正式退出国家贫困县行列。随后，孔美村94户贫困户412人全部脱贫，从贫困村出列。2019年4月，华南理工大学党委书记章熙春再次踏足云南省云县，与吴志才教授等专家团队以及云县挂职副县长张健一同调研时指出，2020年是新时代精准扶贫精准脱贫关键之年，也是决战决胜脱贫攻坚的收官之年，华南理工大学作为“双一流”大学应该有责任担当，总结高校精准扶贫工作经验，推动扶贫成果转化，深化理论模式推广，为高校精准扶贫的理论突破贡献“华工智慧”，同时为后2020时期乡村振兴接续脱贫攻坚高校承担的新使命提供“华工方案”。在此背景之下，“精准扶贫模式的高校探索——华南理工大学的实践与启示丛书”由此诞生。

随后，华南理工大学举全校之力推进丛书编写工作。由学校党政领导统筹，党委组织部、社会科学处、学校出版社等多部门联合推进，汇集公共管理、工商管理、旅游管理等跨学科专家智慧，一线扶贫干部全面参与，历时半年先后举行近十次编写研讨会及近十次实地调研，最终形成三本著作，即《授人以渔：重教扶智实践与创新》《产业崛起：兴业扶产实践与创新》《全域共兴：振乡扶民实践与创新》，总结出华南理工大学“三扶一体”活血路径，“三力协同”长效机制的扶贫模式。此套丛书的编写是对华南理工大学扶贫模式的深化与提炼，华南理工大学定点扶贫的每一个成果，都倾注了无数华工人和云县、孟连县、孔美村等帮扶地区所有党政机关部门及民众的心血与汗水；每一个鲜活、生动的案例背后都是一个个有理想、有抱负、有坚强意志的扶贫干部的缩影，为我们呈现了一幅高校定点扶贫事业的真实图景。

本书《全域共兴：振乡扶民实践与创新》作为分册之一，以全域共兴为理念，从组织扶贫的角度切入，探讨乡村公共性的重塑以及农村可持续发展的路径。作为一项集体智慧的产物，值此新书付梓之际向对本书撰写提供大力支持的领导干部和专家学者以及编写组成员致以诚挚的感谢。感谢学校党委组织部、社会科学处等部门在全书编写过程中为编写组提供坚实的统筹、组织和后勤保障。感谢学校工商管理学院张卫国教授、社会科学处李石勇处长和李秋成主任等专家对本书写作提出中肯意见。感谢卢家明社长等华南理工大学出版社的同仁，是他们严谨、认真的工作态度，才使本书得以顺利出版。本书写作分工具体如下：前言由吴志才与林辉煌共同撰写；第一章和第二章由林辉煌撰写；第三章由吴志才与黄诗卉共同撰写；第四章由吴志才与廖梓维共同撰写；第五章由吴志才与张凌媛共同撰写；第六章、第七章由黄诗卉、廖梓维和张凌媛共同撰写；后记由吴志才与黄诗卉共同撰写。华南理工大学旅游管理系本科生王博文、刘家熳同学也对本书均有贡献。此书在编写过程中翻查和引用大量华南理工大学定点扶贫工作中的实践案例与图文材料，已尽量在参考文献中详尽列出，如有错漏或偏颇，深表歉意。

2020年是决胜脱贫攻坚、全面建成小康社会之年，在这个历史关键时刻，我们谨以此书向广大奋斗于脱贫攻坚一线的朋友们致敬，并与所有关心我国农村未来发展的学者们交流精准扶贫中的实践、总结和思考。我们深刻地理解到，无论是脱贫攻坚还是乡村振兴，主体都是农民。“走进农村”是我们的第一步，我们与村民同吃、同住、同发展，与当地村民、政府、企业以及各类社会组织构建起“乡村共同体”。未来，我们将继续关注农村成长，致力于乡村建设，动员一切可以动员的力量，将农村组织起来，再造乡土团结！